智能交通研究与开发丛书

ADVANCED CONTROL TECHNOLOGY AND APPLICATION
OF ROAD TRAFFIC NETWORK

道路交通网络先进控制技术及应用

张立立 李 敏 李凯龙
赵 琦 谭洪鑫 张翔宇 著
李坤煜 秦国君

机械工业出版社

本书从数据补全、区域划分和协调牵制控制策略三个方面研究了交通网络先进控制技术。交通信号区域均衡控制的完整解决方案为交通信号区域协调控制提供了一些新的解决思路和实现路径，对交通信号控制领域的理论研究和应用实践具有一定的参考意义。

本书可为相关产业界、学术界、研究界人士提供参考，也可供交通行业等众多相关行业人士阅读参考，并可作为交通类相关专业本科生和研究生的教材。

图书在版编目（CIP）数据

道路交通网络先进控制技术及应用/张立立等著. —北京：机械工业出版社，2023.5
（智能交通研究与开发丛书）
ISBN 978-7-111-72971-6

Ⅰ.①道⋯ Ⅱ.①张⋯ Ⅲ.①交通网-交通控制 Ⅳ.①U491.1

中国国家版本馆 CIP 数据核字（2023）第 062856 号

机械工业出版社（北京市百万庄大街22号　邮政编码100037）
策划编辑：李　军　　　　　责任编辑：李　军　丁　锋
责任校对：张晓蓉　徐　霆　　封面设计：张　静
责任印制：单爱军
北京虎彩文化传播有限公司印刷
2023年7月第1版第1次印刷
169mm×239mm・14.5 印张・14 插页・258 千字
标准书号：ISBN 978-7-111-72971-6
定价：129.00 元

电话服务	网络服务
客服电话：010-88361066	机 工 官 网：www.cmpbook.com
010-88379833	机 工 官 博：weibo.com/cmp1952
010-68326294	金　书　网：www.golden-book.com
封底无防伪标均为盗版	机工教育服务网：www.cmpedu.com

序

20年智能交通领域沧海巨变，乘风破浪，我国智能交通领域的研究者、从业者从少到多，由弱到强。现如今我国已经成为世界智能交通的重要组成和主要力量。

自IBM提出智慧地球以来，从信息技术、互联网技术、大数据、云计算、人工智能、自动驾驶、车路协同、5G等，再到近期国家提出的"新基建"，技术的有力驱动和支持者的摇旗呐喊，让更多的人走上了追逐智能交通技术红利的道路，甚至喊出了要解决交通拥堵的宏伟口号。传统交通控制理论范畴下，缓解交通使用者出行需求与道路资源供给的矛盾是交通控制问题研究的核心。因此，经常听到很多专家、学者、从业者和管理者对交通拥堵产生原因的分析，大体上的最终落脚点都是交通需求大于供给，在这样观点的加持下，智能交通，尤其是智能交通控制技术已然成为破解交通难题的利器。

本人有幸进入该领域十年，经过了很多现场的调试和分析，对智能交通控制有了一些个人的观点和研究结果，不至于被盲目的技术追求和虚幻缥缈的目标蒙蔽双眼，将不断探究交通拥堵的本质、交通控制的理论发展和交通管控技术的边界。

我国正大踏步向着第二个百年奋斗目标前进，智能交通技术也将迎来新的机遇和挑战，在这关键时期，深刻理解并促进交通控制的理论与技术足以给人更加振奋的信心，从而以更好的姿态拥抱我国智能交通的崭新未来！

张立立
2022年9月于北京石油化工学院（清源校区）

前言 PREFACE

几十年来，围绕交通控制系统、信号控制设备、检测设备等智能化发展方向，我国已形成了一系列的理论研究、技术应用和产品成果，但交通信号控制系统的控制模式并未发生根本性变化，该模式与当前智能时代的技术发展与应用需求难以匹配。城市交通控制本质上是"控制"问题，需要从控制理论与技术的视角进行研究、开发和产业化应用。

本书为本研究团队系统阐述交通控制理论与技术的第二部专著。第一部专著从控制理论视角，对混合交通流交通状态辨识和道路交叉口主动控制两部分内容进行了详细描述。本书将研究对象从交叉口扩展到道路网络，进一步研究控制建模、区域划分、控制算法和控制系统等典型问题。本书既是对以往研究的延续，也期望更深入探讨城市交通信号控制的潜在问题和未来发展方向。

第1章概述，深入回顾交通控制的前世今生，重点综述了交通信息补全、交通控制区域划分、交通网络控制、网络牵制控制等国内外研究情况，深入分析城市道路交通控制当前存在的典型问题和未来发展方向。

第2章数据补全与估计，系统介绍了道路交通流量数据补全的相关研究，提出了基于GAN算法的交通流量数据补全方法和基于低占比浮动车数据的受控交叉口流量估计方法，为交通控制的数据完备性提供支撑。

第3章控制建模与区域划分，提出了基于时空资源动态分配的交叉口模型，并研究了场景驱动的交叉口主动控制理论及方法。以此为基础，扩展至道路网络控制建模及区域动态划分。

第4章控制算法与控制系统，介绍了子区均衡牵制控制策略和区域协调控制方法的相关理论，并基于此开发了交通信号控制系统的核心功能。

第5章应用案例，介绍了一些研究和实践过程中的案例，包括具体到北京市石景山区杨庄东街交通综合优化改造、山东省潍坊市东风街绿波协调控制和城市道路路网区域智能控制的研究等。

最后，回顾已经开展的研究和实践工作，并展望了未来发展。

本书虽然重点介绍了理论研究方面的一些内容，其实也是著者在城市道路交通控制领域10年经历的回顾。其中有研究，有实践，有思考，更有感慨。

本书还得到了北京市科学技术协会2021—2023年度青年人才托举工程项目（BYESS2021164）、北京市数字教育研究课题（BDEC2022619048）、宁夏自然科学基金一般项目（2022AAC03757）、北京市高等教育学会课题（MS2022144）、教育部产学合作协同育人项目（2206070391722210）等的资助。

著者

2022年9月于北京石油化工学院

目 录

序
前 言

第1章 概 述 /001

1.1 交通信息补全研究现状 /004
1.2 交通控制区域划分研究现状 /006
1.3 交通网络控制研究现状 /007
1.4 网络牵制控制的研究现状 /009
1.5 交通控制存在的问题及发展方向 /011
1.6 本书内容与结构安排 /013

第2章 数据补全与估计 /014

2.1 基于GAN的数据补全算法研究 /014
　2.1.1 路网信息图像化 /014
　2.1.2 交通信息补全算法研究 /017
　2.1.3 实验分析与应用 /023
2.2 基于低占比浮动车数据的受控交叉口流量估计 /027
　2.2.1 基于浮动车数据的受控交叉口流量估计 /027
　2.2.2 基于RBF神经网络逼近算法的流量反推修正方法 /030
　2.2.3 仿真参数标定 /034
　2.2.4 仿真验证 /038
2.3 小结 /045

第3章 控制建模与区域划分 /046

3.1 基于时空资源动态分配的交叉口控制 /046
　3.1.1 交叉口时空资源动态分配模型 /049
　3.1.2 基于双层优化的时空资源动态分配 /055
　3.1.3 仿真验证 /060
3.2 场景驱动的交叉口主动交通控制 /064
　3.2.1 交叉口主动交通控制概述 /064
　3.2.2 交叉口主动交通控制模型 /068
　3.2.3 场景驱动的交叉口主动控制算法 /075
　3.2.4 交叉口交通控制模型退化描述 /082
　3.2.5 仿真验证 /085
3.3 基于均衡k划分的信号控制区域动态划分 /091
　3.3.1 路网拓扑建模 /091
　3.3.2 基于均衡k划分的子区动态划分问题描述 /092
　3.3.3 路网均衡k划分算法研究 /096
　3.3.4 实验分析与应用 /099
3.4 小结 /102

第4章 控制算法与控制系统 / 103

4.1 基于节点群状态一致的子区均衡牵制控制策略研究 / 103
- 4.1.1 节点群状态一致与牵制控制 / 104
- 4.1.2 路网交通控制模型 / 105
- 4.1.3 线性系统一致性与部分变量稳定性 / 107
- 4.1.4 子区边界反馈牵制控制综合 / 111
- 4.1.5 路网状态观测机制 / 117
- 4.1.6 路网内部信号控制 / 119
- 4.1.7 实验分析与应用 / 123

4.2 基于牵制控制思想的区域协调控制方法研究 / 138
- 4.2.1 多子区协同控制模型 / 139
- 4.2.2 线性系统一致性与部分变量稳定性 / 142
- 4.2.3 多子区协同控制设计 / 143
- 4.2.4 拥堵子区牵制控制策略 / 145
- 4.2.5 边界输入流量分配与路口信号配时 / 147
- 4.2.6 实验分析与应用 / 148

4.3 交通控制系统设计与研发 / 159
- 4.3.1 系统的特点与目标 / 160
- 4.3.2 平台结构设计 / 160
- 4.3.3 控制系统功能应用 / 163

4.4 小结 / 167

第5章 应用案例 / 168

5.1 北京市石景山区杨庄东街交通综合优化改造方案研究 / 168
- 5.1.1 杨庄东街周边整体情况及存在问题 / 168
- 5.1.2 综合优化改造方案 / 171
- 5.1.3 数据采集与仿真分析 / 174

5.2 山东省潍坊市东风街绿波协调控制研究 / 179
- 5.2.1 设计内容 / 179
- 5.2.2 设计原则及方法 / 180
- 5.2.3 交叉口信号控制及配时方案 / 187
- 5.2.4 运行效果 / 208
- 5.2.5 后续工作 / 211
- 5.2.6 存在问题及建议 / 211

5.3 城市道路路网区域智能控制研究 / 213
- 5.3.1 数据采集 / 213
- 5.3.2 信号远程控制 / 215
- 5.3.3 子区划分算法实现 / 216
- 5.3.4 控制算法编辑与在线仿真 / 218
- 5.3.5 控制效果评价 / 219

5.4 小结 / 222

结 语 / 223

参考文献 / 224

第1章
概 述

作为理论与技术创新应用的重要领域,城市道路交通长期得到国内外学者的关注,其中城市道路交通控制作为保障居民出行安全、出行效率和出行舒适度的主要措施,更是成为该领域研究的重点。我国城市道路交通控制的研究与实践的发展历程可分为4个阶段[1],分别称为交通控制1.0(机械化),交通控制2.0(电气化),交通控制3.0(信息化)和交通控制4.0(智能化),如图1-1所示(该图主要列举了4个发展阶段中交通控制的对象、目标、方法、控制器、检测器和评估的演进情况)。

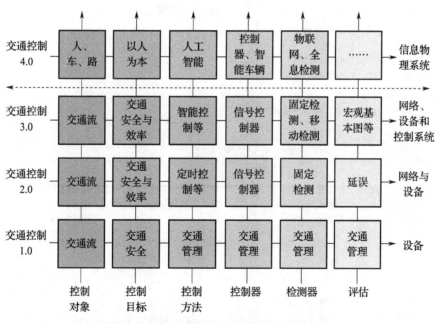

图1-1 我国城市道路交通控制的发展阶段

交通控制1.0被称为机械化时代,以上海出现的第一个人工切换交通信号灯为代表,这便是我国城市道路交通控制的初始阶段。交通控制2.0和交通控制

3.0 则是经历最长也是对改善城市交通贡献最大的阶段，20 世纪 80 年代 SCOOT 和 SCATS 进入我国，它们推动了我国城市交通控制信息化的进程，同时也促进了国家相关部门和国内学者在交通控制系统的研究，增加了研发领域的投入。2000 年以后，尤其是近几年我国城市居民交通出行需求成倍增长，且呈现出具有我国地域特点的混合交通流特性。交通需求的多样性、交通流复杂特性、城市发展不均衡性以及被控对象的不确定性等，对城市交通控制的理论、控制策略和控制手段都提出了新的要求，特别是在大数据、云计算、边缘计算、人工智能、物联网、车联网等技术快速发展的今天，我国城市交通控制进入了以智能化为核心的交通控制 4.0 时代，其更强调在未来城市交通背景下信息、计算和控制的深度融合。

如图 1-2 所示，回顾从交通控制 1.0 到交通控制 3.0，不变的是技术的演进、检测数据类型、被控对象、控制目标和执行器，变化的是理论方法。而从交通控制 3.0 到交通控制 4.0 变化最为明显的是被控对象、控制目标、理论方法和

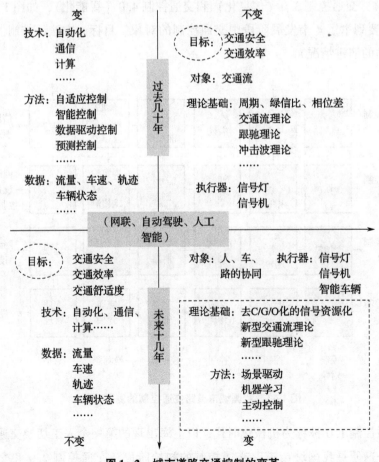

图 1-2 城市道路交通控制的变革

执行器。其中，被控对象从交通流变为人、车与路的协同，控制目标由交通安全与交通效率增加为交通安全、交通效率与出行者交通舒适度，执行器从信号灯、信号机变为信号灯、信号机、智能车辆等，这些都表明城市道路交通控制关注的主体已经从交通流转变为交通参与者，这不但契合了当前新技术的演进方向和越来越丰富的应用场景，也符合我国一直倡导的"以人为本"的理念。

自20世纪60年代以来，世界各国交通学者基于交通信号控制软硬件技术，以及信号组网技术和交通工程经验，研制了多种交通信号控制系统软件，部分控制系统在我国多地得到了广泛的应用，也在交管实践中取得了较好的效果。但国外控制系统不适应本土交通特性也是一个现实问题，国内的控制系统也在面临着许多新的问题，主要有以下几个方面：

（1）服务于交通控制的关键有效信息缺失，影响交通信号系统的控制效果

国内外各种先进的交通信号控制系统所特有的控制策略和算法对检测数据的精度、完备性和覆盖范围有着严苛的技术要求。然而，在实际的城市道路交通建设和管理中，由设备损坏、年久失修、安装操作不当等造成的检测数据缺失现象非常普遍和严重，这必定会对交通信号控制系统的控制效果产生很大影响。因此，确定检测数据缺失程度和检测设备缺失分布对信号控制效果的影响十分必要，其能够有效鉴别出信号控制失效是否由检测数据缺失造成，利用数据融合技术和数据补偿技术，可以提升控制系统的控制效果，从而缓解交通拥堵。

（2）复杂的交通路网缺乏有效的解构理论来满足控制系统的实时性要求

对于大规模路网的协调控制问题，为了降低控制系统的算法复杂度，提高系统的实时优化能力，首先要解决的就是基于单位节点关联特性的路网解构问题。但从交通系统的宏观特性来讲，路网中总有个别瓶颈交叉口或路段的存在，交通流分布总是存在不均衡，路段的饱和程度也总是存在不同程度的差异。单纯以路口相似性、关联性为路网解构的优化目标，无法适应路网管控的实际需求。因此，系统控制策略实施前，务必要考虑路网的宏观特性和瓶颈路段、交叉口的约束作用，结合控制系统的控制目标，设定相应的路网解构目标和方法。

（3）交通信号控制算法及策略与路网交通流特性的匹配程度不够

交通拥堵是交通流运行过程中的一种表现形式，解决交通拥堵的过程也是分析拥堵成因以及物理演化的过程，国内多数城市的交通流呈现过饱和和不均衡分布的特点，因此在制定控制策略时就要确定控制系统的优化目标和路网交通的重点控制对象。在不同拥堵情况下，除了控制子区内部的点控、线控的协同优化控制外，还需要融合路网边界控制，通过子区层面的宏观协调来实现整个路网的管

控目标，建立具有自适应能力的智能区域路网控制体系。

（4）网络控制策略缺乏实际场景的检验，欠缺"检测——控制——评价"闭环检验机制

每一种信号控制系统从研发到实际应用都经历了漫长的阶段，主要原因在于城市道路交通的复杂性和场景的实际性。只有经历了实际场景的应用，才能发现系统在可靠性、安全性等方面存在的问题，这是实验室的模拟环境根本无法检测的。因此，虽然先进的交通控制算法在实验仿真阶段能够取得良好的效果，但因无法在实际场景中验证，也无法确定其性能，从而限制了研究和应用的发展。因此，对于交通信号控制领域的研究学者而言，只有经过实际应用路网检验的控制算法和策略，才能称之为真正意义上的应用系统。如何搭建并实现"检测——控制——评价"闭环检验机制一直以来都困扰着领域内的研究者。

1.1 交通信息补全研究现状

路网交通状态的及时获取是智能交通系统的基础，但受限于环境条件、车流条件、检测设备等，在实际应用场景下，交通检测器采集到的交通数据总会存在缺失、失真、噪声等问题[2]。数据故障直接导致交通状态处理和识别过程中信息失真，进而影响控制系统的应用效果。因此，在实际应用中有必要对故障数据进行识别与修复，进而为数据应用的下游环节提供精准的逻辑输入。

基于此，浮动车、地磁、摄像头等自动检测方法在近些年来获得了快速的发展。如，2018年，I. Laña等使用浮动车数据对马德里（西班牙）地区的交通状况进行了预测分析，发现交通状况预测模型是否精确与数据利用策略有关，并基于此结果提出了两种机器学习方法来进行数据补全[3]。2015年，Yisheng Lv等使用交通大数据统计了不同饱和度下的交通通行能力，并基于此结果提出了基于深度学习的交通流预测方法[4]。需要注意的是，以上研究结果对于交通信息完整性的依赖是非常高的，但是对于大多数地区来说，获得完整的交通信息的成本是非常高的，这既受限于采集设备的数量，也受限于采集设备的损坏率。这就要求研究者可以从非完整的信息中对缺失数据进行推测补全，进而对该地区的交通状态进行评估和控制。基于此，研究者在三个方面提出了交通信息补全的方法。

（1）基于历史相似时段交通信息的数据修复

2005年，Dai-heng Ni[5]等提出了采用马尔科夫链—蒙特卡罗模型进行缺失数据修复的方法，该方法在考虑历史交通信息的基础上，增加了对交通状况演变的

预测判断，该方法相对于传统方法，获得了更为准确、鲁棒性更好的交通数据修复结果，但该方法的使用要求寻找到该路段准确的交通发展预测模型，普适性较差。2013 年，Hua-chun Tan 等基于感应线圈获得的交通流数据，提出了一种基于张量的缺失交通数据补全方法的交通信息修复方法，该方法可以根据历史经验数据对当前数据进行补全，可以在一定程度上反映出当时的交通状况[6]，但是该方法对历史数据的依赖性很强，当某时刻交通状况无法在历史交通信息中寻找到匹配信息时，则较难对该时刻的交通信息进行修复。

(2) 基于时空相关性的数据修复

由于关联的多个交通场景之间必然会存在交通信息的相关性，2013 年，Qu 等[7]提出了综合路网交通流相关性的概率主成分分析方法，对缺失交通信息进行补全，但是该方法对交通路网的结构要求较高，对于非密闭性或多样性的交通场景下的交通预测并不能获得较好的结果。2013 年，Li 等[8]利用使用概率主成分分析的方法，分析了交通路网间的时空关联特性，并基于该相关性进行了交通信息补全，该方法在一定程度上考虑了交通路网相关和历史交通状态的综合信息，获得了较好的结果，但该方法仍无法对无统计匹配的交通信息进行分析。

(3) 缺失数据补全的非参数化方法

通过矩阵补全的方法，将采集到的数据填充入矩阵中并对缺失元素进行填充。但从以往的研究成果看，需要考虑数据补全的可行性，通常待补全矩阵是低秩矩阵的情况下补全效果较好。

(4) 基于神经网络学习模型的数据补全方法

基于神经网络的缺失数据补全方法的核心思想是利用未缺失的数据建立训练样本，并将其作为补全网络的输入，相应地以补全的缺失数据为网络的输出，再通过输出值测试训练网络的准确性，但训练网络层数较多、参数标定复杂，以及测试样本缺失属性和位置的不确定性，使得训练网络的复杂度较高。Li 和 Zhang 等[9]提出了基于深度学习的图像数据补全方法，并将其应用到解决医学诊断中的病人数据缺失问题，该方法需要大量样本数据训练网络，对于小样本数据易出现过拟合。与此同时，该方法需利用高斯核平滑图像以提高信噪比，训练网络过程中会产生大量参数，因而在实际数据缺失补全应用中，会带来计算复杂度大、网络复杂离的难题。

现阶段的交通信息通常会被描述为由点 (Node) 和线 (Line) 形成的图 (Graph)，交通特征可以作为权值附加到该图上。而交通信息补全是对图中所缺失的信息进行补全。近几年来，随着机器学习技术的快速发展，信息补全重建技术开始快速发展，例如，2016 年，Dong 等[10]发展了图像重建方法（Super-Resolution Convolutional Neural Network，SRCNN），该方法为面向图像的精细信息重建方法，可以对单帧的低信息图像进行精细重建。同年，Kappleler 等[11]基于运动补偿的方式，可以将多时刻的图像作为网络扩展的输入，从而完成二维信息的精细信息重建。2014 年，生成式对抗性网络（GAN）的提出和应用，更是进一步促进了该领域的发展。GAN 进行的图像补全和超分辨率重建可以适应更为通用的环境，并能够匹配更为复杂的重建需求。

1.2 交通控制区域划分研究现状

交通控制区域的划分主要有两方面的作用：一方面一定程度上减小了控制系统的计算复杂度，使得系统更稳定，另一方面将系统的控制目标细化，确定每个交叉口的最佳控制策略，提高了交通控制效率。

控制区域的划分伴随着计算机技术的发展而诞生，早期的 TRANSYT 系统和 SCOOT 系统都是根据城市交通的静态因素（如行政区划、路段长度等）静态切分控制区域。静态子区划分大多依靠交通工程师的经验来进行研究分析，通常是基于周期、距离、流量三个原则来基本确定交通控制区域。

实际的路网交通状态瞬息万变，仅凭交通工程师的经验很难精确分析各种参数对区域划分的影响程度，即静态的区域划分缺乏理论支撑，也无法对影响因素进行量化，无法得到最佳的划分方案。因此研究交通控制区域的动态划分是十分必要的。动态子区划分技术包括子区划分指标建模和子区划分算法两个关键部分。

（1）子区划分指标建模

合并指标或者关联度指标计算是动态子区划分的常用指标，用来量化表达相邻交叉口划入同一子区的适宜程度。Yagoda 等[12]提出与相邻两个交叉口之间的交通流量 V 成正比、与交叉口间距 L 成反比的合并指标 I，两个交叉口越适合划入同一子区，I 值越大。Chang[13]通过上游协调相位流量、交叉口间距、路段车道数、下游交叉口进口道数，以及交叉口流量等因素来建模交叉口合并期望指标。Lin 等[14]分别建立了交叉口拥挤程度、路段长度、交通流连续性 3 个指标对协调效益影响的量化模型以及划分阈值。Park[15]选择瓶颈交叉口作为核心交叉口，计算一定时间间隔内其他交叉口与核心交叉口之间的路径流量，并通过经验阈值判断交叉口的关联度值。

控制区域划分是路网信号协调控制的基础，国内的学者从 2000 年开始陆续也有了许多研究成果。陈晓明[16]综合考虑流量、距离因素，基于交通波理论，以排队上溯至上游交叉为两个交叉口划入同一子区的临界条件。高云峰[17]对美国《交通控制系统手册》中的关联度模型进行了改进，综合考虑下游交叉口车辆排队长度因素，利用流经两个相邻交叉口的最大路径流量与各条路径总流量的比值，建立了路径关联度指标。马万经等[18]在高云峰的研究基础上，建立了考虑交叉口信号相位、路径流量不均匀性、交叉口间距和交叉口排队的路径关联度模型指标。卢凯等[19]考虑路段排队车辆数、运行车辆数以及周期时长等因素，建立了相邻两交叉口关联度与多交叉口组合关联度的计算模型。杨晓光等[20]研究了过饱和情况下的交叉口关联度确定方法，根据路段排队比确定过饱和交叉口，采用路径流量判别该交叉口的流量源头以及下游关联交叉口，将上述交叉口划入同一子区中。

(2) 子区划分算法

交叉口划入不同的子区中，还需要子区划分算法，明确划分顺序以及划分流程。例如，Moore 等[21]以流量比和交叉口关联性为状态指标，基于层次聚类方法，建立了子区划分流程。Lin 等[22]以拥挤度最大的交叉口为搜索起点，以路径最大流量原则确定搜索方向，将初始交叉口与其满足关联度阈值的相邻交叉口划入同一子区。莫汉康等[23]分别建立了交通诱导影响下的周期子区、流量子区、距离子区的自动划分及合并算法流程。陈宁宁[24]综合考虑协调控制目标，提出了根据路段关联度指标从大到小遍历所有路段的路网搜索算法，进而考虑交通流的状态变化和信号控制效果，建立了子区动态划分和调整流程。

当前子区划分研究领域逐渐形成了较为完整的研究体系。但在系统性、科学性、快速性等方面还存在一些问题，受限于专家经验划分和算法实时性不高等难点，多数方法只停留在研究阶段，难以在实际应用中推广。因此，为更好地满足自适应交通控制系统的实时性以及路网整体控制效益提升的需要，亟须建立一套科学的交通控制子区动态划分体系。

1.3 交通网络控制研究现状

交通网络控制是交通网络信号协调控制研究的一个重要方向，其中将控制理论、复杂网络、计算机技术等多种学科进行交叉，更要从工程实践的角度论证理论研究应用到实际网络的可行性与有效性。近年来，国内外专家学者针对交通网络信号协调控制进行了大量的相关研究，积累了丰富的研究成果。

1. 多目标综合优化控制研究

多目标综合优化控制是通过实时监测交通流的数据，在不同的交通状态下实施不同的协调控制策略，考虑多种交通运行优化目标综合作用，在线或离线优化交通信号配时参数，从而达到缓解拥堵或路网均衡等交通控制目标。

钱喆[25]设定排队延误和最小为控制目标，引用群体动力学控制思想来实现过饱和状态的交叉口群递阶协调控制，上层依据交叉口的排队长度及交叉口群的关联性，计算各交叉口的最佳信号周期及邻接交叉口间的相位差；下层根据每个关键车流的流量大小决定各交叉口相位的绿信比，同时，在优化绿信比时兼顾协调的需求。Ernesto[26]基于用户均衡优化，研究区域信号控制的配时方案优化问题。目标函数定义为道路行程时间最短，采用下降梯度法求解优化模型。但该方法的周期时长、相序组合均事先给出，且交叉口均为两相位，限制了模型的推广。Mariagrazial[27]研究信号周期不变条件下的交通感应控制策略，该方法将行人、车辆分类以及交通模式分类等因素考虑进模型，以最小化控制区域内排队车辆数为目标函数，实时优化交叉口绿信比。Putha[28]从自适应控制的角度出发，将路段的剩余容量作为约束条件，通过爬山法迭代式地寻找相对最优的绿时分配方案。另外还有一种基于排队监测的管理策略[29]，通过设置上游车辆输入的极限阈值，来防止下游路段溢流，基于这种思想整体优化区域交叉口群的配时参数，从而实现协调控制。但是，上述控制策略的实现均依赖于路段排队、排队消散的时间，以及路段的容量的监测，如果监测数据不准或丢失，很有可能达不到预期的优化控制结果。

此外，随着工业控制日益复杂，为了弥补现代控制理论在实际应用中的缺陷，模型预测控制（Model Predictive Control，MPC）方法应运而生。

2. 基于一致性的交通信号控制研究

一致性的概念主要应用于 Multi-agent 系统的分散协调控制，其基本含义为：通过局部信息交互，所有智能体的信息状态最终收敛于同一状态值，如群集、蜂拥、聚集、传感器网络等实际问题的研究。

近年来，在交通信号控制领域，将 Multi-agent 的一致性设计方法应用于交通网络信号控制器的设计当中，使得交通网络某一状态可达渐近稳定一致，即实现交通网络均衡的交通管控目标。在区域交通控制应用中一致性的概念同样为实际的工程应用提供了许多理论依据。

王力等[30]在建模时以路段车辆占有率为节点状态的路网状态空间方程，设计信号控制律，实现路网中各条路段的状态达到一致的控制目标。由于交通网络是非线性系统，很难通过数学模型准确描述区域内路段之间的相互影响和交通状态的一致性过程。为弥补这一不足，李岱[31]针对饱和网络，引入分群一致性思想，以路段放行比例为控制量，建立网络状态空间模型，设计一致性信号反馈控制策略，并得到了空间占有率与路段放行比例的解析关系。

3. 基于迭代优化控制的交通控制相关研究

1984 年，Arimoto 等[32]首次提出用迭代学习的方法解决受控对象具有重复特性的控制问题，即利用过去重复操作过程中的控制信息修正当前的控制行为，并通过更新控制输入来提高系统性能。同样，具有重复特性的交通网络系统也适宜应用迭代学习控制方法，而且迭代学习控制是一种数据驱动的无模型控制方法，能够克服交通流无法精确建模和辨识的问题，有效利用海量的交通检测数据实现交通网络协调控制。

基于此，侯忠生[33-38]提出将迭代学习控制应用于快速路匝道控制中，以入口匝道流入快速路的交通流量为输入，以入口匝道路段的交通流密度收敛于期望密度为控制目标进行建模，并完成收敛性证明。他认为，控制目标不局限于交通流密度，还可将控制目标设置为期望流量，控制输入除了使用入口匝道控制，他还综合考虑了主线控制方法。针对实际路网入口匝道通行能力的限制，他研究了有约束条件下的匝道控制问题。此后，他在现有的各种反馈控制方法的基础上加入前馈迭代学习控制，提出了基于学习增强型反馈控制的快速路交通控制方法。此外，考虑真实路网不是严格重复的特性，他还研究了模型参数及期望目标轨迹迭代变化情况下的 ILC 方法在快速路交通流控制中的应用。经过近几年的发展，迭代学习控制已成为智能交通控制领域中的一个重要研究方向。但在大规模路网控制的应用方面，因为受限于控制系统的时效性和复杂性，仍有许多研究工作需要不断完善。

目前，基于迭代学习解决实际交通网络的控制问题仍存在很多的难点，如实际交通网络的数据缺失、系统测量干扰等因素，迭代步长与配时周期的匹配问题，以及路网周期不统一对系统的干扰问题等。

1.4 网络牵制控制的研究现状

牵制控制的实例在生物世界经常出现，比如，很少一部分的神经元就可以控制线虫的各种生物行为，大约 5% 的蜂群个体就可以引导整个蜂群的觅食行为。

这样的控制策略无疑是高效的、经济的。因此，对于一个给定的动态网络，需要选定几个节点才能实现整个网络控制目标，这样的牵制节点需要分布在什么样的位置能够使网络控制的成本最小，针对这些问题，近年来的研究成果总结如下：

1. 复杂网络结构分析

Chen[39]建立了一个一般网络的模型，可以用来描述复杂网络的动力学方程，包括规则网络、随机网络、小世界网络和无标度网络，模型用外部耦合矩阵和内部耦合矩阵来描述网络的拓扑关系，以及节点间的联系。Xia[40]用不同的代数表达式来描述同步的不同含义，从而使节点达到不同的期望状态，或实现网络的不同控制目标，通过对节点动态状态方程的线性化，推导出主稳定函数，进一步确定 Lyapunov 最大指数与同步区域的曲线关系，并通过求解来确定系统能够同步的条件。

2011 年，Liu 等[41]在 *Nature* 上发表了复杂网络的结构可控性理论的文章，首次利用线性系统结构可控性理论来研究网络的结构控制问题。Wang 等[42]通过最大匹配边集的概念，证明了达到仅需一个牵制节点的网络所需要添加的最少边数。Posfai 等[43]研究了度相关性对网络结构可控能力的影响。Liu[44]通过压缩网络来确定牵制节点，并发现了核心结构出现的平均度阈值。Jin Ding[45]研究了在给定牵制节点的情况下优化网络可控性的方法。文献[46]揭示了控制路径和控制输入的关系，验证了输入信号对于有效控制的必要性。

2. 牵制控制的系统综合分析

随着系统越来越复杂，传统的控制理论系统分析原理及知识可能不充足或者不适用，比如对有向动态网络控制器设置位置的分析，以及驱动节点最少个数的综合分析等。进一步分析满足控制目标的最少牵制节点数目，并设计牵制节点的控制器来实现网络控制目标就是牵制控制综合分析所要研究的内容。

传统控制理论中通过验证状态矩阵与输入矩阵是否满秩来确定系统的结构稳定性，相应地可以通过分析权值的取值来确定网络可控的条件。在研究有向网络可控性时，还会得到一些补充的结论，如"最小输入理论"，用来表达有向网络可控所需要的最少牵制节点数，实验证明这种节点的个数与网络的度分布有很大的联系，有时为了使网络的不可控部分实现可控的性质，甚至需要重构牵制节点的结构来改变原有网络的结构特性。此外还有一些其他的研究成果，对于构成牵制控制综合分析的理论体系起着至关重要的作用。为了寻找网络结构控制中的重要节点，2012 年 Liu 等[47]研究了单节点输入的可控范围问题。对于有向无标度网络，最佳的牵制节点不一定是度值较大的关键节点，按照度的逆排序选择牵制节点甚至可以得到更好的控制效果。P. Deleis[48]提出一种"控制容量"概念来量化牵制节点的选取原则，并指出牵制节点的分布还与节点的入度有关联。而且随着网络规模的增大，网络的数学表达式越来越复杂，因此越来越多的研究者开始使用图论理论，来完善网络的综合分析的理论体系。对于牵制控制的反馈增益的研究，也从最开始的线性定常反馈发展到了自适应控制的阶段。近年来，许多研究者也对网络的牵制同步控制进行了广泛的研究。为克服实现网络同步所需耦合强度较大的弊端，G. B. Koo[49]利用自适应方法对网络耦合强度进行调节，在实现网络同步时获得较小的耦合强度，还可以实现同步任意轨迹的牵制控制。此外，还可以在牵制节点上配置一些数字控制器还可以将牵制理论应用于实际的工程实践中。

3. 牵制控制策略研究

牵制控制常用的策略有固定牵制和随机牵制两种。通过一定的选择原则来确定牵制节点的固定位置，就是固定牵制策略；通过某种随机特性选择牵制节点来实现网络牵制控制，就是随机牵制策略。针对不同的网络特性，可以选择不同的牵制策略来实现控制成本的最优化。

Bo Liu[50]证明了在合适的强度下，用网络生成树的根节点就可以牵制整个网络实现同步目标，并就Laplacian左特征向量与牵制节点选取的相关性给出了严格的理论证明。当网络具有无标度网络的特性时，在实现网络同步的前提下，以节点度降序为原则选取牵制节点个数，并利用混合牵制策略来研究网络全局和局部信息条件下的牵制控制作用。

总体而言，牵制控制在复杂网络中已有了许多研究成果，但目前针对交通网络的协调牵制控制的研究仍是空白，本课题期望通过引入牵制控制的思想，结合交通网络的特性来实现大规模交通网络的协调控制。

1.5 交通控制存在的问题及发展方向

纵观国内外的区域交通控制系统和方法，多数的研究主要集中在网络的系统建模，控制效果的提高，以及控制器设计和控制算法的实现等问题上。由于现实交通系统的复杂性和非线性，以及技术手段的局限，在交通网络的区域控制领域依然存在很多待解决的问题，存在的主要问题表现如下。

1. 受限于交通数据的不完备性，交通信号控制系统经常处于数据残缺状态，进而影响控制系统的效果

随着人工智能技术和数据挖掘技术的进步，交管部门大量多源异构数据被越

来越多的人重视，许多的研究学者期望通过现有的计算机手段来发现这些数据当中隐藏的宝贵知识。海量数据中存在缺失和错误的数据，能否找到合适的数据处理方法直接决定了数据的利用效率，以及能否通过图像化的手段来抽象化交通信息，并利用图像补全领域已有的科研成果来解决交通数据、信息缺失的问题。图像补全算法的性能能够克服统计分析等方法的算法时间复杂度太高的缺点，优良的算法逻辑和流程是算法实时性的有力保障，进而为区域信号协调控制做数据支撑。

2. 基于交通流演化的复杂交通网络结构特性分析和研究不足

交通网络的结构特性除了要考虑路网的拓扑连通特性外，还应该考虑路网需求的分布情况，若将交通网络建模成一个有向动态网络，交通阻抗除了能够表达路网的运行状态外，还能表达节点连线的权值或描述节点特性。交通拥堵只是交通流演化的极端现象，应该从交通网络结构分析入手，寻找网络结构控制的重要节点和瓶颈，分析系统可控与稳定的条件，进一步挖掘拥堵的本质原因，分析交通流演化的周期性规律，并定量地分析网络关键节点的分布特性，从而为设计控制器和控制器参数选取提供一定的理论依据。

3. 控制模式的切换无法适应多交叉口交通需求的波动

由于交通系统的非线性和复杂特性，交叉口群之间的交通流演化模型及交通网络的控制模型，均无法准确建立，所以对实际网络的控制效果也会在某种程度上得不到准确的全局最优解。更重要的是最优解无法适应交通需求的波动，大多数研究将交通需求的非周期性波动作为系统的扰动来设计鲁棒控制器，但控制的效果依然有限。如何着眼多交叉口群之间多重网络需求的演化，根据交叉口群的关联特性制定相应的控制模式切换原则及规律，是交通控制领域的一个亟待解决的问题。

4. 考虑综合控制目标，控制器的结构和算法复杂，控制成本高

交通管控目标通常是多种目标的综合，控制目标的建模除了要保证对现实问题描述的准确性之外，还要考虑求解算法的复杂程度。交通网络有很多的非线性特性，一个多目标综合模型势必会有很复杂的公式表达，从而导致控制器的结构和求解算法的复杂程度较高，再者，传统的区域交通控制，以优化区域内所有交叉口的参数为主，很可能会增加不必要的计算过程，进而无法满足交通管控的实时性要求。此外，控制成本不仅体现在算法的复杂程度上，控制模型的权重系数标定同样是影响控制成本的重要因素，理论上求得的控制反馈增益很可能在实际

中无法实现,即使可以通过多个周期的切换勉强实现控制目标,但复杂交通网络控制的实时性和低成本的要求依然无法保证。

1.6 本书内容与结构安排

本书章节安排如图 1-3 所示。

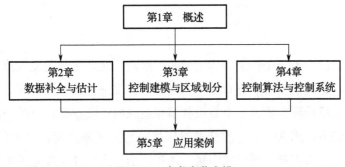

图 1-3 本书章节安排

本书根据城市道路交通网络控制的研究内容和理论体系,共设 5 章进行论述。第 1 章简要介绍城市交通控制的发展历程及交通网络控制涉及的国内外研究情况;第 2 章详细介绍交通数据补全与估计技术;第 3 章阐述交通控制建模与区域划分理论;第 4 章介绍交通控制算法与交通控制系统;第 5 章介绍实际的应用案例。

第2章
数据补全与估计

对于包含成百上千个交叉口的大型城市路网，想要完成交通检测装置的全覆盖，不仅面临巨额的设备购置费用，后期的运行维护也将投资不菲。针对城市道路交通中由路段检测器覆盖不全或设备损坏造成的检测数据缺失的问题，如何通过数据补全的方法来获得全息的交通流信息一直以来都是交通领域的研究重点。随着深度学习、人工智能在模式识别、语音识别、图像补全等应用中取得越来越多令人瞩目的成果，越来越多的科研学者开始尝试利用跨领域的知识来解决本领域的疑难问题。对于交通数据补全与估计的研究，多数的研究人员期望通过交叉口或路段之间的关联关系来定义上下游交通流的潜在关系，虽有许多的科研成果已被论证，但面对大型路网的复杂特性，依然没有太好的方法能够满足数据补全的实时性要求。实时性不能满足，就无法为信号控制提供数据支撑。

2.1 基于 GAN 的数据补全算法研究

生成式对抗网络（Generative Adversarial Network，GAN）算法是近年来机器学习领域的热门算法，它是由生成模型和判别模型两个神经网络模型组成的博弈过程。基于 GAN 的思想，对于交通信息的补全研究也可以另辟蹊径，并最终实现应用落地。本节研究了基于 GAN 算法的交通流信息补全的方法：首先，以路段实际流量数据为基础，进行图像化处理生成交通路网二维信息图；其次，计算考虑时空信息补偿的路网关联矩阵，利用 GAN 算法分析并实现信息图缺失部分的补全，进而得到路网交通流量的完整数据；最后，对比分析所提方法与相空间重构的卡尔曼滤波方法对缺失数据的补全效果，验证了方法的有效性。

2.1.1 路网信息图像化

为将图像处理领域的高效算法应用于交通领域，本节提出了一种将城市路网流量信息转换为交通路网二维信息图的方法，用新的方法和新的视角为交通网络的实时控制提供数据支持。路网信息图像化就是根据路段之间的邻接关系，结合单位时间内的交通流量数据，将路网中路段的流量信息用矩阵的形式来表征，进一步将路网抽象为用颜色表征单位时间路段交通流特性的像素集合，不同的色度代表不同的流量值。图像即像素点阵的集合，对于规模较大的路网，经过路网信息图像化后将形成一幅表征路网流量信息状态的图像。把路网中路段上单位时间内的流量数据与路段编号，以矩阵二维图的形式进行定义和表征。

1. 标准路网图像化

传统以点（交叉口）、线（路段）为要素的拓扑刻画方式无法从图像化的角度来描述路网的特性，本节从图像分析的角度将城市路网抽象为邻接的图块，即矩阵式的二维图。将路段的动态数据以二维图的形式来表征，路段编号与二维图的对应关系如图2-1所示，对于物理结构上缺失的路段用空白格表示。

对于双向路段的路网，定义北向路段和东向路段的流量数据表征为一组二维图，西向和南向路段的数据表征为一组二维图，最终将两组二维信息图进行综合，如图2-2所示，将路网中的各路段进行编号，按照路段的空间位置关

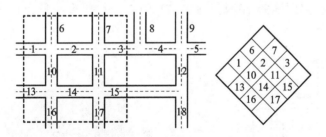

图2-1　路段编号与二维图对应关系——无向网络

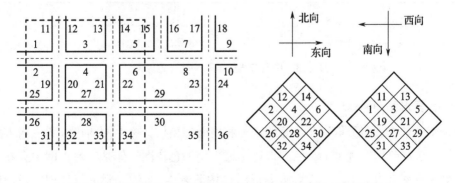

图2-2　路段编号与二维图对应关系——有向网络（双向路段）

系,转换为如图2-2所示的一张规整图片。为便于后期算法的应用,将图片顺时旋转45°。

接下来,采用不同颜色图块表征路段平均流量大小。采用红(R)、绿(G)、蓝(B)三原色相加混合匹配图块颜色,颜色匹配可以用颜色匹配方程式(2-1)表示。

$$Q_i = c(C) = r(R) + g(G) + b(B) \quad (2-1)$$

式中,Q_i为路段i的当前时段的5min的流量;r,g,b为颜色C的参数值。

在可见光380~780nm范围内,利用波长间隔来定义流量的变化区间(最大为饱和流量),可以得到相应的一组颜色匹配方程,见式(2-2),数值参考图2-3b中的渐变色条。

$$\begin{cases} Q_{(i=0)} = c_{380} = r_{380}(R) + g_{380}(G) + b_{380}(B) \\ Q_{(i=n)} = c_{460} = r_{460}(R) + g_{460}(G) + b_{460}(B) \\ \vdots \\ Q_{(i=i_s)} = c_{780} = r_{780}(R) + g_{780}(G) + b_{780}(B) \end{cases} \quad (2-2)$$

路网二维信息图像化如图2-3所示。其中,白色色块为空间上不存在的路段,灰色色块为数据缺失路段,图2-3b中6-80代表编号为6的路段流量为80veh/5min。

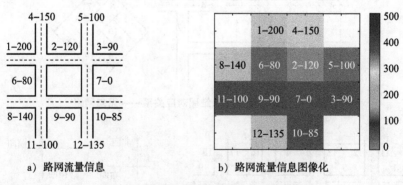

a) 路网流量信息   b) 路网流量信息图像化

图2-3 路网二维信息图像化(见彩插)

2. 异形路口图像化

交叉口物理路形取决于道路的走势和路网的结构,由上面的色块图生成方法可知,区域路网中规整的十字路口可生成规整的色块图,但是实际路网中存在着很多异形交叉口,因此,需要将异形路口按照表2-1的规则进行处理,进而转换成十字路口。

表2-1 异形路口(路段)图像化处理

路形分类	原路形	图像化处理	说　　明
Y字形路口			将左侧路段旋转至水平，右侧补充一条0流量虚拟路段
丁字形路口			在路段右侧补充一条0流量的虚拟路段
边界路段			将上侧路段旋转至水平，在左侧和上侧补充两条0流量的路段

2.1.2 交通信息补全算法研究

1. 路网关联矩阵构建

综合路网的流量特性、路段邻接关系以及路段车流转向比例来构建路网关联矩阵。

在图2-2中，假设路段20的流量只会影响与其相关的路段1和路段4的流量，即路段20与路段1和路段4的相关系数为1，依此获得路网关联矩阵，见表2-2。

表2-2 路网关联矩阵

O\D	1	2	3	4	5	6	23	24	25	⋯
1	0	0	0	0	0	0	0	0	0	⋯
2	0	0	0	1	0	0	0	1	0	⋯
3	1	0	0	0	0	0	0	1	0	⋯
4	0	0	0	0	0	1	0	0	0	⋯
5	0	0	1	0	0	0	0	0	0	⋯
6	0	0	0	0	0	0	0	0	0	⋯
23	1	0	0	1	0	0	0	0	0	⋯
24	0	0	0	0	0	0	0	0	0	⋯
25	0	0	1	0	0	1	0	0	0	⋯
⋮	⋮	⋮	⋮	⋮	⋮	⋮	⋮	⋮	⋮	⋱

使用 7 天的交通数据，基于条件概率对相关矩阵的相关系数进行计算。假设 a 路口的流量改变取决于 b 路口的流量改变，见式 (2-3)。

$$P(a|b) = \frac{P(ab)}{P(b)} \tag{2-3}$$

式中，$P(a|b)$ 为 a 路口的流量增加（减少）的概率；$P(ab)$ 为 a 和 b 路口的流量都增加（减少）的概率；$P(b)$ 是 b 路口的流量增加（减少）的概率。

以潍坊市东风街-潍州路交叉口东方向 5 天（2018 年 3 月 12 日至 3 月 16 日）的地磁流量数据为例，综合路网的流量特性、路段邻接关系以及路段车流转向比例来构建路网关联矩阵，如图 2-4 所示，分别表征路段流量、采样时间与转向比例的关系，绿色代表直行转向比，红色代表左转转向比。

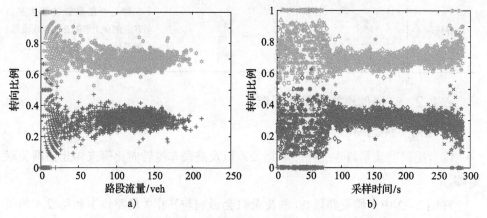

图 2-4 路段流量、采样时间与转向比例关系曲线（见彩插）

由图 2-4 可知，第 70 个采样时间前（凌晨时段）的交通流呈现强随机特性，转向比例的分布较离散，因此采用第 70~288 个采样时间的交通流数据。路网交通流呈现周期性的动态变化特性，采用平均值法来拟合路段流量、采样时间与转向比例的关系曲线，得到路段关联关系曲面图，如图 2-5 所示。

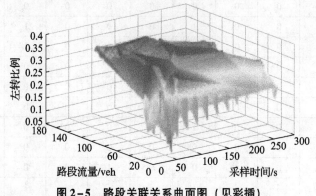

图 2-5 路段关联关系曲面图（见彩插）

路网交通流呈现周期性的动态变化特性，以图 2-2 为例，取某一划分时段的交通流量数据，通过条件概率分析得到路网关联概率矩阵，见表 2-3。

表 2-3　路网关联概率矩阵

O\D	1	2	3	4	5	6	23	24	25	…
1	0	0	0	0	0	0	0	0	0	…
2	0	0	0	0.656	0	0	0	0.23	0	…
3	0.512	0	0	0	0	0	0	0.318	0	…
4	0	0	0	0	0	0	0.45	0	0	…
5	0	0	0.676	0	0	0	0	0	0	…
6	0	0	0	0	0	0	0	0	0	…
23	0.331	0	0	0.254	0	0	0	0	0	…
24	0	0	0	0	0	0	0	0	0	…
25	0	0	0.233	0	0	0.32	0	0	0	…
⋮	⋮	⋮	⋮	⋮	⋮	⋮	⋮	⋮	⋮	⋱

2. 空间-时间信息相关性分析

（1）交通流基本特征

交通流参数是表征交通流状态特征的物理量，交通流的特征主要表现出具有显著的实时动态性、周期相似性和时空关联性。

1）实时动态性：受出行时空分布、城市路网、交通管控条件等因素的影响，同一路段同一天不同时间段内的交通量具有一定的差异性；不同日期同一路段同一时间段内的交通量也不尽相同。同一路段同一天不同时间段内的交通量和不同日期同一路段同一时间段内的交通量都具有相关性。

2）周期相似性：城市居民的出行具有规律性，针对某一指定的路段，它的交通流参数变化曲线表现出周期性。同时，在不同时间尺度单位条件下，交通流参数曲线都表现出很强的周期相似性。

潍坊市四平路-胜利街交叉口的全天地磁采集流量如图 2-6 所示，由图 2-6 还可以看出，2017 年 9 月 15 日与 9 月 16 日的流量曲线的相似性极强，因此，在实际的交通流数据分析中，相同路口的流量特征总是呈现周期相似的特征，但工作日和非工作日的出行特征有变化，因此流量特征也会有一定的差别。

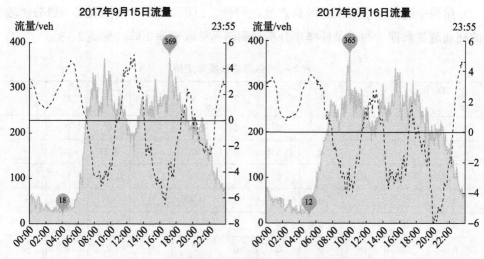

图 2-6 四平路-胜利街交叉口全天地磁采集流量

3）时空关联性：交通流的时空关联性表现在与其相关联路段的历史参数具有关联特性。同一路段每天的交通流呈现相似的趋势，在全天的时间尺度上，相关联的几条路段的交通流同样具有一定的相似性。

（2）参数估计补偿

交通信息在空间和时间上具有相关性和连续性，采用空间-时间信息补偿的方法，对某一划分时段的低可信度的交通信息进行信息补偿。具体方法为以当前时段第一时刻的交通信息图为基准，利用空间-时间估计参数对下一时刻的交通信息进行平滑补偿。空间-时间交通信息补偿可用机器学习的方法进行训练，即对空间-时间交通信息网络估计参数 θ_i 的最优化训练，空间-时间交通信息变换表示方法见式（2-4）。

$$I'_{t+k} = T_\theta(I_{t+k}) \tag{2-4}$$

式中，I'_{t+k} 为 I_{t+k} 经过空间-时间变换 $T_\theta(I_{t+k})$ 后的时段交通信息图；$T_\theta(\cdot)$ 为基于路网关联矩阵的模型，用来模拟道路流量变化。空间-时间信息补偿网络的损失函数使用正则化方法表示，其最优化的参数估计方法见式（2-5）。

$$\theta^* = \arg\min \|I_t - I'_{t+k}\| + \lambda \|LI'_{t+k}\| \tag{2-5}$$

式中，θ^* 为空间-时间信息参数的最优化估计；λ 为正则化参数；L 为拉普拉斯算子。将公式右边对 θ^* 微分，并设其为 0，采用最大梯度下降法进行迭代分析，最终即可获得最优空间-时间信息参数 θ^*。

3. 生成式对抗网络算法

采用 GAN 算法作为路网数据补全的算法工具。GAN 算法的核心思想来源于博弈论中的零和纳什均衡,由 Goodfellow 等首先提出。算法的优化过程是两套神经网络(判别器 D 和生成器 G)的最大最小的游戏过程。GAN 算法的训练过程不断调整,修正 G 和 D 的参数,直到判别器 D 无法判别出判别样本来自生成模型还是真实样本,即认为判别样本为真实数据。此算法优化过程就是让判别器尽力分辨生成器伪造的样本,生成器尽力制作一个伪造样本使判别器无法分辨的博弈过程,为了取得游戏胜利,这两个游戏参与者需要不断提高自身的生成能力和判别能力。GAN 算法已被证明是一个极有效的生成模型,能够面向多种任务,如图像生成、图像细节再现、三维物体生成、视频预测等领域。

假定已有样本数据为 x,生成样本数据为 $G(z)$,那么生成器 G 和判别器 D 的损失函数定义见式(2-6)。

$$F_G(z) = D(G(z))$$
$$F_D(x, z) = D(x) + \max{}^*(\alpha - D(G(z)))$$
(2-6)

式中,$\max{}^*(\cdot) = \max(0, \cdot)$;$\alpha$ 为一个正实数。

由式(2-6)可知,最小化 $F_G(z)$ 就是最大化 $F_D(x, z)$ 中的第二项,即 GAN 算法的优化过程就是一个最小最大化问题。

信息缺失的交通信息序列经过空间-时间信息补偿之后,作为该网络的输入特征,经生成器生成交通信息,然后由路网关联矩阵判别器对生成的交通信息进行判别,最后输出补全后的交通信息,如图 2-7 所示。

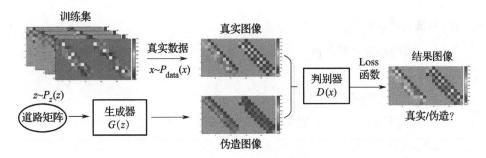

图 2-7 GAN 算法逻辑结构

在给定生成器 G 的情况下,优化判别器 D,训练判别器也是最小化交叉熵的过程,其损失函数的数学表达式见式(2-7)。

$$\min_G \max_D \left(\mathop{E}_{x \sim P_r}[\log(D(x))] + \mathop{E}_{\tilde{x} \sim P_g}[\log(1 - D(\tilde{x}))] \right)$$
(2-7)

式中,P_r 为真实的数据类;P_g 为生成的数据类。将生成式对抗网络应用到交通信息补全问题,其表达式见式(2-8)。

$$\min_{\theta_G} \max_{\theta_D} \left(E_{I^{Re} \sim P_{train}(I^{Re})} [\log(D_{\theta_D}(I^{Re}))] + E_{I^{Mi} \sim P_G(I^{Mi})} [\log(1 - D_{\theta_G}(I^{Mi}))] \right) \tag{2-8}$$

式中，I^{Re} 表示信息补全的图像；I^{Mi} 表示信息缺失的图像；θ_G 为生成器参数；θ_D 为判别器参数。

重建网络的损失函数由均方误差表示，则生成器网络损失函数见式（2-9）。

$$\hat{\theta}_G = \arg\min_{\theta_G} \frac{1}{N} \sum_{n=1}^{N} \left\| G_{\theta_G}(I_n^{Re}, \theta_G) - I_n^{Re} \right\|_2^2 \tag{2-9}$$

本书使用的判别器网络损失函数 l^{SR} 包括三个部分：均方损失 l_{MSE}^{SR}、对抗损失 l_{Gen}^{SR} 及规则项 l_{TV}^{SR}。其表达式见式（2-10）。

$$l^{SR} = l_{MSE}^{SR} + 10^{-3} l_{Gen}^{SR} + 10^{-8} l_{TV}^{SR} \tag{2-10}$$

式中

$$l_{MSE}^{SR} = \frac{1}{r^2 WH} \sum_{x=1}^{rW} \sum_{y=1}^{rH} (I_{x,y}^{Re} - G_{\theta_G}(I^{Mi})_{x,y})^2$$

$$l_{Gen}^{SR} = \sum_{n=1}^{N} -\log G_{\theta_D}(G_{\theta_G}(I^{Mi}))$$

$$l_{TV}^{SR} = \frac{1}{r^2 WH} \sum_{x=1}^{rW} \sum_{y=1}^{rH} \left\| \nabla G_{\theta_G}(I^{Mi})_{x,y} \right\|$$

4. 算法流程

输入：路网拓扑抽象矩阵，仿真交通参数，交通量，路网关联矩阵，路网二维信息图。

输出：补全的路网二维信息图。

1）路网信息图像化。根据路网拓扑和路段流量信息构造路网二维信息图 I_{t+k} 和路网关联矩阵。

2）构造概率关联矩阵 $T_\theta(I_{t+k})$。利用一周的历史数据，基于条件概率计算路网关联矩阵的相关系数。

3）空间-时间信息补偿。经过空间-时间变换 $T_\theta(I_{t+k})$ 后的时段交通信息图采用空间-时间信息补偿方法，进行参数优化估计 $\theta^* = \arg\min \| I_t - I'_{t+k} \| + \lambda \| LI'_{t+k} \|$，即可获得最优空间-时间信息参数 θ^*，最终生成补偿后的路网二维信息图 I'_{t+k}。

4）构造 GAN 算法结构。利用路网二维信息图训练 I'_{t+k} 辨别器，生成概率分

布函数 $P_{\text{data}}(x)$，利用高斯随机变量训练生成器，生成噪声分布函数 $P_g(z)$，调用 MATLAB 中的 GAN 算法库，并根据概率关联矩阵标定辨别器参数。

5）数据补全。以缺失信息的路网二维信息图为输入，利用前面构造的生成器和辨别器，更新损失函数 $\min\limits_{G}\max\limits_{D}\left(\mathop{E}\limits_{x\sim P_r}[\log(D(x))] + \mathop{E}\limits_{\tilde{x}\sim P_g}[\log(1-D(\tilde{x}))] \right)$，最终求得最优解即为信息补全的结果输出。

6）算法终止。

2.1.3 实验分析与应用

1. 实验路网

采集潍坊市区部分路网的实际地磁数据作为数据源，路网数据采集范围包括交叉口 20 个（2 横 10 纵），如图 2-8 所示。路网中的道路均为双向道路，采集时间为 2017 年 8 月 15 日至 10 月 15 日，采样周期为 5min，采集交通流参数为交通量，假设地磁检测器并不能覆盖所有的路段，即随机选取某几条路段的地磁数据设定为完全丢失，在此基础上，对于存在地磁检测器的路段上采集的数据，再采用随机丢失的方式来处理这些数据。

图 2-8 路网卫星（见彩插）

以路段为单位通过变换将路网切割成色块，如图 2-9 所示，图中每个方块代表一个路段，以颜色标识表征路段流量。将流量数据导入相应的数据网格中，通过 MATLAB 生成研究路网的二维信息图，将采集的历史数据作为训练样本应用于补全方法。地磁采集数据格式样例见表 2-4。

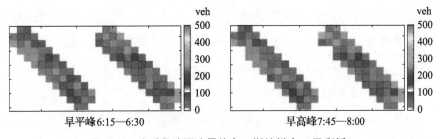

图 2-9 分时段路网流量信息—训练样本（见彩插）

表2-4 地磁采集数据格式样例

地磁采样时间	车道地磁编号（直行）	单车道流量/veh	车道占有率（%）	地磁采样时间	车道地磁编号（左转）	单车道流量/veh	车道占有率（%）
2018年3月13日7:00	206C	16	14	2018年3月13日7:00	1DFE	15	5
2018年3月13日7:05	206C	21	19	2018年3月13日7:05	1DFE	14	29
2018年3月13日7:10	206C	19	32	2018年3月13日7:10	1DFE	15	45
2018年3月13日7:15	206C	23	55	2018年3月13日7:15	1DFE	16	59

基于微观交通仿真软件平台 VISSIM 4.3，采用采集的实际交通流量标定仿真路网。为了充分真实反映路网实际运行状态，仿真模型的周期和绿信比均选取实际路网的运行数据，见表2-5。

表2-5 仿真数据记录

编号	检测器位置/m	流量 Q/（veh/5min）	旅行时间/s	信号周期/s	绿信比
1	30	125	26	118	0.3
2	30	86	24	120	0.25
…	…	…	…	…	…

2. 实验分析

为了验证修复方法的有效性，采用交流流量的偏差百分比来对修复效果进行评价：

$$R = 1 - \frac{\sum_{i=1}^{N} |V_r - V_o|}{\sum_{i=1}^{N} |V_o|}$$

式中，V_r 为修复后的交通流量；V_o 为交通信息丢失之前的交通流量；N 为交通信息丢失区域的交通图像的色块个数；R 为归一化的修复评价系数。

针对单点交通数据缺失、小范围数据缺失和大范围交通数据缺失三种情况进行实验分析。首先对历史流量数据进行了归一化处理，然后采用 MATLAB 函数调用卡尔曼滤波工具包，以5个相同时间段的样本数据为历史数据，数据修复结果如下。

（1）单点交通数据缺失

对于单点交通数据的缺失，所提方法效果略差于传统方法如图2-10所示。这是由于该方法是根据交通路网间的相关概率获得的，而传统方法是基于交通流量的历史特性推演关联关系,使用概率的结果会影响 GAN 网络生成器的性能。但生成的修复信息与原交通信息偏差较小,可满足交通管理的实际需要。

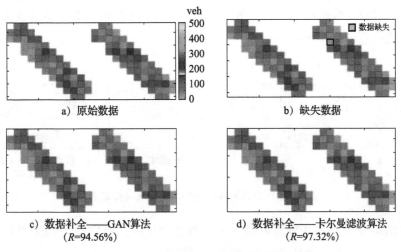

图 2-10　单点数据缺失补全效果（见彩插）

(2) 数据缺失量低于 10% 的补全效果

对于小范围交通数据的缺失（本实验数据缺失量低于 10%）,使用所提的方法所获得的修复交通数据会明显优于传统方法,如图 2-11 所示。

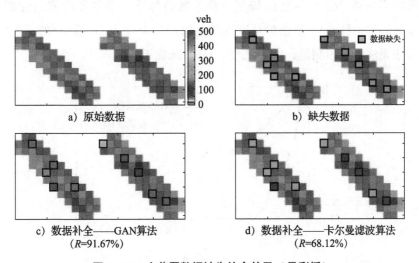

图 2-11　小范围数据缺失补全效果（见彩插）

这是由于传统方法需要较为明确的交通流量关联关系才可以获得准确的修复信息,而所提方法可以通过生成器的概率分析获得满足该路网交通信息的修复图像,获得较好的结果。

(3) 数据缺失量高于10%且低于30%的补全效果

实验数据丢失点位高于10%且低于30%，对于数据大范围缺失的情况，传统方法无法计算，而使用所提的方法所获得的修复交通数据会在一定程度上反映真实的交通信息，如图2-12所示。

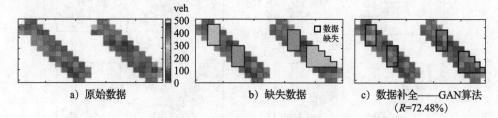

图2-12 大范围数据缺失补全效果（见彩插）

该结果表明，GAN算法可以在一定程度上反映大范围缺失的交通信息，但缺失面积过大会影响算法的补全精度。

(4) 与其他方法的对比

选用基于相空间重构的卡尔曼滤波方法作为传统修复模型，与所提方法做对比，如图2-13所示。由图2-13可知，对于单点缺失、小范围缺失和大范围缺失三种应用条件，GAN算法的修复评价系数整体要比卡尔曼滤波的性能更好；大范围缺失的条件GAN算法的精度也只能保持在85%左右，同样的条件卡尔曼滤波方法无法得到预测值，综合比较GAN算法优于传统算法。

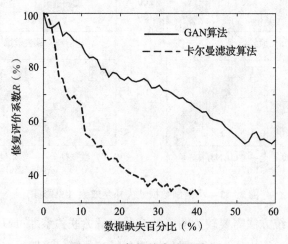

图2-13 数据补全结果对比

2.2 基于低占比浮动车数据的受控交叉口流量估计

本节综合应用 Webster 延误理论、冲击波理论、仿真参数标定方法、RBF 神经网络逼近方法、修正距离熵等方法与技术，对利用浮动车数据实现受控交叉口的流量估计进行了深入研究，给出了算法架构和各部分具体实现的过程，最后利用实际数据对本章所提方法进行了验证。

2.2.1 基于浮动车数据的受控交叉口流量估计

1. 受控交叉口建模

选取典型四相位控制的受控交叉口进行建模，交叉口的相位分别为"东西直行""东西左转""南北直行"和"南北左转"，如图 2-14 所示。

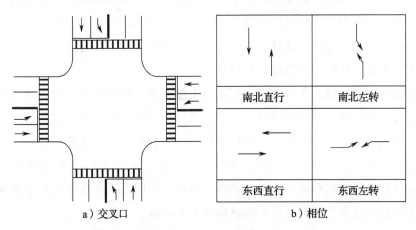

图 2-14 交叉口及其相位

各方向流量定义如下。

1) 相位 1：北直行和南直行的流量分别为 $q_{1,5}(k)$ 和 $q_{5,1}(k)$。
2) 相位 2：北左转和南左转的流量分别为 $q_{2,6}(k)$ 和 $q_{6,2}(k)$。
3) 相位 3：东直行和西直行的流量分别为 $q_{3,7}(k)$ 和 $q_{7,3}(k)$。
4) 相位 4：东左转和西左转的流量分别为 $q_{4,8}(k)$ 和 $q_{8,4}(k)$。

为了便于简化系统分析和反推流量的设计，选择相同相位的两个行驶方向中流量较大者作为相位流量变量 $q_i(k)$，具体定义为：

$$q_i(t) = \max\{q_{i,i+4}(t), q_{i+4,i}(t)\}, \quad i=1,2,3,4 \qquad (2-11)$$

提出如下前提假设：

1) 所研究受控交叉口的全部车辆按照规则行驶，不存在急加减速、不规则换道，车辆之间的距离为平均安全距离，车辆分布均匀。

2) 所采用浮动车数据为高精度高频率数据，定位精度为小于8m，传输频率为3s/包，数据丢包率为5‰，数据来源为某出行公司的出租车、快车等，真实可靠。

3) 所采用浮动车数据均匀分布在城市路网中，其运动特性和轨迹与社会车辆相同，不考虑上下客、路边等待等问题，且相位中流量较大者包含浮动车多。

4) 所研究受控交叉口为单一交叉口，不考虑相邻交叉口的影响，不考虑行人、非机动车的干扰。

2. 问题描述

研究目标是利用高精度低占有率浮动车数据反推获得城市受控交叉口各相位的流量数据，即以此为数据源进行交叉口信号控制。在这个方法中，重点在于通过反推所得流量数据的准确性不高，故而设计采用仿真数据对实际数据进行RBF神经网络逼近，从而提高流量数据的准确性。

在传统的基于浮动车数据获取交叉口流量或排队等研究中，大多只考虑数据获取，并不能保障数据的准确性。因此，可以将问题进行简化：首先，浮动车均匀分布于受控交叉口各车道，车辆行驶或排队符合传统交通流特性；其次，浮动车经过交叉口时驶离符合图2-15的曲线分布；最后，车辆行驶或排队间距稳定，相位绿灯时以饱和流率放行。依据前述对于利用浮动车数据反推受控交叉口流量的问题描述和分析，将反推流量分为3个阶段。

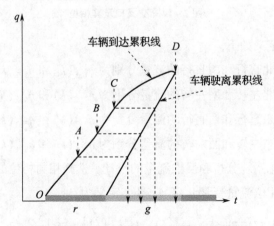

图2-15 交叉口车辆到达-驶离（见彩插）

1) 分析车辆通过交叉口的行驶轨迹，利用 Webster 延误理论进行基于浮动车数据的受控交叉口流量反推。

2) 设计逼近参数综合性能指标 PI，以浮动车提供的交叉口延误和旅行时间数据为依据，建立综合性能指标，并采用修正距离熵方法计算得到权重。

3) RBF 神经网络逼近算法实现，以综合性能指标为目标函数，设计 RBF 神经网络逼近算法，分别逼近 PI、$T_{\overline{D}}$ 和 $D_{\overline{D}}$。

其中阶段 3) 使用 VISSIM 构建仿真环境，使用 Python 做 COM 的二次开发实现仿真逼近。

3. 基于 Webster 延误理论的受控交叉口流量估计方法

根据 Webster 延误理论的描述可知，一定时间内到达受控交叉口的车辆和车辆驶离交叉口所需时间是随机变化的，因此在每个信号控制周期内总有一部分车辆受信号灯转换的影响在停止线前减速或者停车等待，即该部分车辆为通行受阻车辆，形成车辆在受控交叉口的延误，如图 2-16 所示。由于 Webster 延误理论可定量描述相位流量与车辆受阻延误之间的关系，因此由式 (2-12) 可反推得到相位流量。

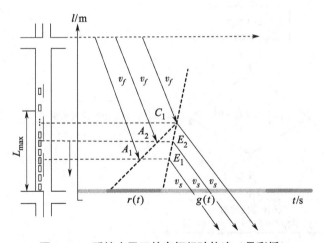

图 2-16　受控交叉口的车辆行驶轨迹（见彩插）

$$q_i(t) = \frac{2S\,\overline{t_i}(t) - SC(t) \cdot (1-\lambda_i(t))^2}{2\,\overline{t_i}(t)}$$

s.t. (2-12)

$$\overline{t_i}(t) = \frac{C(t)(1-\lambda_i(t))^2}{2(1-y_i(t))}$$

式中，$\overline{t_i}(t)$ 为红灯期间相位 i 的受阻车辆的平均延误时间；$C(t)$ 为受控交叉口信号周期；$\lambda_i(t)$ 为运行阶段的绿信比；$y_i(t)$ 为所在相位的流量比，$y_i(t) = \dfrac{q_i(t)}{S_i}$；$q_i(t)$ 为所在相位的流量；S_i 为所在相位的车道的通行能力。

由于所采用的浮动车数据为高精度低占有率数据，数据在路网中的占比为 5%~7%，为保证研究的合理性，做如下假设：

1) 在车辆到达率和进口断面通行能力均为常数的情况下，车辆的阻滞延误与车辆的到达率的关系是一种线性关系。

2) 受控交叉口的车辆延误可采用 Webster 延误公式表示。

3) 车辆到达率和道路通行能力为均衡值。

2.2.2 基于 RBF 神经网络逼近算法的流量反推修正方法

基于 RBF 神经网络逼近算法的流量反推修正流程图如图 2-17 所示。

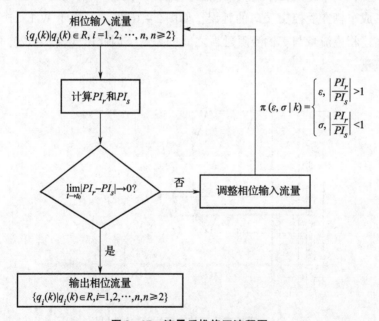

图 2-17 流量反推修正流程图

1. 逼近参数综合性能指标

为得到较为准确的流量数据，采用仿真数据逼近实际数据的方法对反推所得流量进行修正。为此，首先设计用于逼近的参数指标。考虑到浮动车提供的交叉口延误和旅行时间数据较为准确，因此提出基于延误和旅行时间的逼近参数综合性能指标 PI，令：

$$PI = w_1 T_{\overline{D}} + w_2 D_{\overline{D}} \tag{2-13}$$

式中，$w_1 + w_2 = 1$；$T_{\bar{D}}$ 为浮动车旅行时间；$D_{\bar{D}}$ 为浮动车通行受阻的延误时间，$D_{\bar{D}} = t_r - t_f$，t_f 为车辆经由路段以非受控车速通过交叉口时间，t_r 为车辆经由路段实际通过交叉口时间。

针对性能指标 PI 中分项指标权重的设计传统方法多采用人工经验法，为深入刻画溢流场景下交通流参数变化特性，采用平移修正处理的距离熵确定 PI。

1）用距离熵计算指标的权重并计算最终的 PI。

2）当分指标数值固定或变化幅度极小时，经归一化和标准化处理后距离熵的值为 0。采用数据平移修正的方法对这部分指标进行处理，保证所有分指标对 PI 起作用。

方法设计：

设计分项指标矩阵 $\boldsymbol{A} = [T_{\bar{D}}, D_{\bar{D}}]$，令 $T_{\bar{D}} = a_1$，$D_{\bar{D}} = a_2$，则有信息决策矩阵 $\boldsymbol{A} = [a_i]_m$，a_i 为第 i 个指标的观测值，$i = 1, 2, 3, \cdots, m$，$m \geq 2$，设计过程如下。

1）将 $\boldsymbol{A} = [a_i]_m$ 进行归一化处理，得到标准信息矩阵 $\boldsymbol{R} = [r_i]_m$，其中归一化的处理方法如下。

对于越大越优型分指标：

$$r_i = \frac{a_i - \min(a_i)}{\max(a_i) - \min(a_i)}$$

对于越小越优型分指标：

$$r_i = \frac{\max(a_i) - a_i}{\max(a_i) - \min(a_i)}$$

选择第 i 个指标所对应的最优单元值 r_i^*，$i = 1, 2, 3, \cdots, m$，$m \geq 2$，选取规则为

$$r_i^* = \begin{cases} \max\limits_{1 \leq i \leq m} \{r_i\}, & i \text{ 为效益型属性} \\ \min\limits_{1 \leq i \leq m} \{r_i\}, & i \text{ 为成本型属性} \end{cases}, \forall i \quad (2-14)$$

2）计算各指标 r_i 对应的最优单元值 r_i^* 的距离。

$$d_i = |r_i - r_i^*|, \quad i = 1, 2, 3, \cdots, m, \quad m \geq 2 \quad (2-15)$$

3）计算对应指标概率。

$$p_i = \frac{(d_i + u_i)}{\sum_{i=1}^{m}(d_i + u_i)}, \quad i = 1, 2, 3, \cdots, m, \quad m \geq 2 \quad (2-16)$$

当 $d_i > 0$ 时无须对 p_i 进行修正，此时 $u_i = 0$；当 $d_i = 0$ 时，该分指标对 PI 不

起作用,为了保证所有指标数据的可用性,需要人为地对 p_i 进行平移修正,此时 u_i 为常数且 $u_i > 0$。

4) 计算指标的距离熵。

$$e_i = -\frac{1}{\ln n}\sum_{i=1}^{m} p_i \ln p_i, \quad \forall i \qquad (2-17)$$

5) 计算熵权。

$$w_i = \frac{1-e_i}{m - \sum_{i=1}^{m} e_i}, \quad \forall i \qquad (2-18)$$

6) 计算溢流检测综合辨识指标 PI。

$$PI = \sum_{i=1}^{m} w_i p_i, \quad \forall i \qquad (2-19)$$

式中,$\sum_{i=1}^{m} w_i = 1, 0 < w_i < 1$。

综合式 (2-13) 可得:

$$PI = w_1 T_{\overline{D}} + w_2 D_{\overline{D}} = \sum_{i=1}^{m} w_i p_i, \quad \forall i \qquad (2-20)$$

2. 基于 RBF 神经网络逼近算法

RBF 神经网络逼近算法的结构以仿真中受控交叉口各相位流量为输入,以仿真测量的综合性能指标为输出。输入层节点传递输入信号到隐含层的变换是非线性的,隐含层采用径向基函数作为激励函数。基于 RBF 神经网络逼近算法的仿真参数逼近结构如图 2-18 所示。

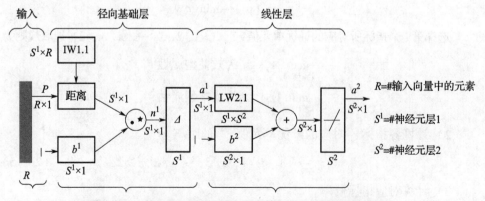

图 2-18 基于 RBF 神经网络逼近算法的仿真参数逼近结构

由仿真得到综合性能指标 PI_s 为:

$$PI_s = \sum_{i=1}^{m} w_i p_i, \quad \forall i, m = 2 \qquad (2-21)$$

由式（2-20）可知，综合性能指标 PI 是关于延误、旅行时间的线性加权函数，但其与受控交叉口相位输入流量并不成线性关系，因此式（2-21）需要修正为

$$\begin{cases} PI_s = \sum_{i=1}^{m} w_i \tilde{p}_i \\ \tilde{p}_i = q_i(p_i \mid k) \end{cases} \quad (2-22)$$

即

$$PI_s = \sum_{i=1}^{m} w_i q_i(p_i \mid k) \quad (2-23)$$

基于 RBF 神经网络逼近算法就是以 $q_i(p_i)$ 为输入，按照：

$$\mid PI_s - PI_r \mid \leq \varepsilon \quad (2-24)$$

式中，PI_r 为实际数据计算得到的综合性能指标；PI_s 为仿真系统得到的综合性能指标。

为便于求解，采用 Gauss 函数作为基础建立 RBF 神经网络模型：

$$PI_s = b + \Pi_i \times \exp\left(-\frac{\|q_i(p_i \mid k) - D_i\|^2}{2r^2}\right) \quad (2-25)$$

式中，$\|q_i(p_i \mid k) - D_i\|$ 为输入信号与中心矢量的欧几里得距离；b 为输出层偏置值；Π_i 为 RBF 神经网络权值；r 为扩展常数。

采取梯度训练法，可以得到 RBF 神经网络学习的目标函数 $E(x)$：

$$E(x) = \frac{1}{2}\tau\left\{PI_r - \left[b + \Pi_i\exp\left(-\frac{\|q_i(p_i \mid k) - D_i\|^2}{2r^2}\right)\right]\right\}^2 \quad (2-26)$$

式中，τ 为遗忘因子。

由于参数的修正量应与其负梯度成正比，因此网络训练各参数调节分量分别为：

$$\begin{cases} \varphi = PI_r - \left[b + \Pi_i\exp\left(-\frac{\|q_i(p_i \mid k) - D_i\|^2}{2r^2}\right)\right] \\ \Delta D_i = \mu\tau\varphi\frac{\Pi_i}{r^2}\|q_i(p_i \mid k) - D_i\|\exp\left(-\frac{\|q_i(p_i \mid k) - D_i\|^2}{2r^2}\right) \\ \Delta r = \mu\tau\varphi\frac{\Pi_i}{r^3}(\|q_i(p_i \mid k) - D_i\|^2)\exp\left(-\frac{\|q_i(p_i \mid k) - D_i\|^2}{2r^2}\right) \\ \Delta\Pi_i = \mu\tau\varphi\exp\left(-\frac{\|q_i(p_i \mid k) - D_i\|^2}{2r^2}\right) \\ \Delta b = \mu\tau\varphi \end{cases} \quad (2-27)$$

式中，μ 为学习率。

对实际浮动车的数据通过式（2-27），进行 RBF 训练得到输出层偏置值、RBF 神经网络权值、中心矢量、扩展常数、遗忘因子等参数，然后将仿真得到的 $q_i(p_i|k)$ 以及各训练参数代入式（2-26），经计算可得到输入信号逼近值，由此得到的修正后的相位输入流量与实际流量相近。

2.2.3 仿真参数标定

1. 仿真参数标定的基础数据获取

基础数据的获取是参数标定的准备工作，该数据由校核参数指标选择、实际数据收集与整理以及路网基础模型建立三部分组成。

（1）校核参数指标选择

模型参数标定就是通过选取出一个或多个校核参数指标，然后多次对比实测指标数据与仿真模型输出数据，直到达到预先设定的误差范围。因此，校核参数指标选择是标定流程的必要步骤。

一般需要考虑以下原则：①不仅考虑从仿真模型中输出的难易程度，还要考虑实际数据采集的难易程度；②对实际交通条件比较敏感，可以反映出交通状态的变化；③实际指标数据应该与仿真模型输出的评价结果有相同的计算方法。一般地，校核参数指标会选择延误、排队长度、行程时间、交通流量等。

（2）实际数据收集与整理

利用浮动车技术测量得到目标路网的车速分布、车头时距、车头间距、转向比例、延误时间、起停延误、换道比例等实际参数。

（3）路网基础模型建立

利用 Open Street Map 软件自动在 VISSIM 内生成路网基础模型，通过地图数据可得到路段长度、车道数据、车道流向、路网特征等信息。其中，Open Street Map 软件是开源的，能导出 XML 格式的路网内所有路段的基本信息，包括道路等级、路段起始点的经纬度、车道数等，通过 MATLAB 编程可以将导出的 XML 格式的数据转化为 VISSIM 内的路网基础模型。

2. 仿真模型参数标定流程

微观交通仿真模型参数标定流程图如图 2-19 所示。

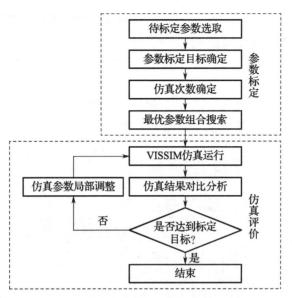

图 2-19 微观交通仿真模型参数标定流程图

参数标定阶段是在实测数据和路网模型基础之上的,先选取需要标定的参数,并确定标定目标和仿真次数,然后用自适应正交遗传算法寻找最优的标定参数组合。

(1) 待标定参数选取

车辆跟驰行为是 VISSIM 仿真模型的核心,受国内外驾驶习惯及驾驶规则不同等影响,参数的不同对仿真结果影响较大,待标定参数应该是容易在实际测量中获得并且在仿真中可控的。针对 VISSIM 模型选取了 4 个关键参数,见表 2-6。

表 2-6 待标定参数

参数名称	默认值	最小值	最大值
平均停车间距/m	2	0.5	5
安全距离的附加部分/m	2	0.2	5
安全距离的倍数部分	3	0.2	5
最大减速度/(m/s²)	4	2	6

(2) 参数标定目标确定

参数标定的目标就是使模型输出的评价结果与实测校核指标最大限度地匹配,以车辆的行驶速度为校核指标,利用下式的收敛函数来评价模型的精度。

$$F = \sum_{i=1}^{n} \left(\frac{v_i^r - v_i^s}{v_i^r} \right)^2 \qquad (2-28)$$

式中，n 为数据检测点的数量；v_i^r 为第 i 个数据检测点的实际运行速度；v_i^s 为第 i 个数据检测点的仿真输出速度。

(3) 仿真次数确定

采用统计实验的方法计算所需的仿真次数，其流程如图 2-20 所示。

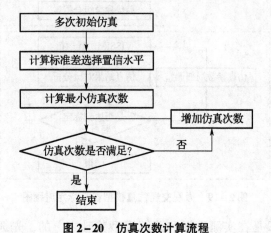

图 2-20　仿真次数计算流程

首先进行多次初始仿真，一般选择先仿真 5 次，然后通过式 (2-29) 和式 (2-30) 计算标准差和最小仿真次数。当 N 小于已仿真次数时就停止，否则就增加一次仿真。

$$S = \sqrt{\frac{\sum (x - \bar{x})^2}{M - 1}} \quad (2-29)$$

式中，S 为标准差；x 为每次仿真输出值；$\bar{x}$ 为仿真输出值的平均值；M 为初始仿真次数。

$$CI = 2 \times t_{(1-\frac{\alpha}{2}), N-1} \frac{S}{\sqrt{N}} \quad (2-30)$$

式中，CI 为置信水平，取 95%；α 为显著性水平；$t_{(1-\frac{\alpha}{2}), N-1}$ 为自由度 $N-1$ 的 t 检验值；S 为标准差；N 为最小仿真次数。

(4) 最优参数组合搜索

根据计算得到仿真次数，对取值范围内的每一组参数组合进行仿真，将校核指标仿真输出结果代入目标收敛函数进行计算，使目标函数值最小的参数组合就是最优标定参数组合。因为微观交通仿真模型是由一系列相互关联的子模型构成的，无法采用传统的微积分求解目标函数最小值，因此通常使用某种搜索算法来求解目标函数的最小值。

在仿真评价阶段，经过多次仿真运行，计算校核指标的目标函数值，如果满足收敛条件，则标定过程结束；否则，需要仿真参数进行局部调整，重新仿真并计算，直到达到标定目标。

(5) 仿真结果对比分析

按照标定流程求得最优参数组合，经过多次仿真后，通过对比分析实测数据与仿真输出结果，判断其是否达到标定目标。如果达到标定目标，则认为标定后的仿真模型已经能够较为真实地反映当地的交通运行状况；否则需要对局部仿真参数进行调整。

(6) 仿真参数局部调整

对仿真参数进行局部调整时，要注意调整幅度不能太大，因为局部参数不是基于驾驶行为的，它们的改变将会一直影响以后的仿真结果。当对局部参数进行调整后，重复仿真评价阶段，直到达到标定目标为止。

3. 自适应正交遗传算法实现

传统遗传算法具有早熟收敛、局部搜索能力差等缺点，为克服遗传算法的缺点，许多学者将遗传算法与正交试验结合，用来求解多维函数优化问题。遗传算法种群的初始化将采用正交试验设计，以保证初始种群分布的多样性，然后采用自适应正交交叉算子进行交叉操作，以此提高遗传算法的搜索性能。

VISSIM 模型提供了外部程序接口 COM，这令 VISSIM 被外部程序实时调用成为可能。另外，VISSIM 模型的输入文件（INP）可以用记事本编辑。因此，采用 VB 程序语言设计基于自适应正交遗传算法的 VISSIM 模型参数标定程序。算法执行步骤如下。

(1) 种群初始化

假设优化问题的可行解空间为 $[u, v]$，取正交表的水平个数为 s，利用正交试验产生新的种群 G，计算其适应度值，从种群 G 中选择适应度值最好的 l 个个体，作为初始种群 G_0。

(2) 生成临时种群 G'_t

设 t 为迭代次数，种群 G_t 中的每个个体，以概率 p_1 被选择进入临时种群 G'_t。如果种群 G'_t 中个体数是奇数时，再从种群 G_t 中随机选择一个个体，加入到临时种群 G'_t 中。

(3) 交叉操作

临时种群 G'_t 中的个体被随机配对，每对个体经过自适应正交交叉操作后，产生新的后代个体，然后从新产生的个体中选择一个适应度值最好的加入到种群 O_t 中。

(4) 局部搜索

种群 G'_t 经局部搜索后，生成新的种群 P_t。

(5) 变异操作

以概率 p_2 对临时种群 G'_t 中的任意一个个体 g_i ($g_i = (g_{i,1}, g_{i,2}, \cdots, g_{i,N})$，$i \in \{1, 2, \cdots, n\}$) 进行变异操作，具体操作是：产生一个随机整数 $j \in [1, N]$，以及一个随机数实数 $r \in [0, 1]$；令 $g_{i,j} = u_j + r(v_j - u_j)$。种群 G 经变异后生成新种群 Q_t。

(6) 选择操作

为了保持种群的多样性，在种群 $(G'_t + O_t + P_t + Q_t)$ 中选择适应度值最好的 $\lfloor n \times 70\% \rfloor$ 个个体，进入下一代种群 G_{t+1}，再从种群 $(G'_t + O_t + P_t + Q_t)$ 剩余的个体里，随机选择 $n - \lfloor n \times 70\% \rfloor$ 个个体，进入到下一代种群 G_{t+1}。

(7) 终止条件判断

若达到最大的迭代次数或优化结果达到目标要求，则程序终止并输出结果，否则转到步骤（2）。

2.2.4 仿真验证

1. 浮动车数据处理

以浮动车为代表的移动式交通信息采集技术是近年来发展起来的实时动态信息采集技术，其中浮动车目前主要包括两种类型，一种是传统出租车、公交汽车等为主的公共客运车辆及其车载单元；另一种是手机导航用户、互联网出行公司等移动导航软件。浮动车的特点是不受传统固定式交通检测设备对于安装、传输等的局限，提供的数据具有覆盖范围广、检测种类丰富、检测精度高等特点。

（1）浮动车数据特征分析

研究所采用的浮动车数据为北京市昌平区主城区内的 2016 年 12 月至 2017 年 2 月三个月的数据（需要说明的是所提供的数据为脱敏数据，数据输出过程中已经过滤了乘客和驾驶员个人信息），浮动车占比为 5%~7%，形成轨迹覆盖路网占比为90%，数据主要分为两类：①设备装备、营运状态、车辆经纬度、设备编号、车辆瞬时速度等车辆数据；②路段、节点、交通流等地图图层数据。数据记录了车辆的 ID、位置、时间、速度等信息，其中位置包括经纬度和转向角，时间为时间戳形式，提取并进行转化后为年、月、日、时、分、秒等。数据输出的形式为数据提供方将所需数据按照地理范围和时间范围进行截取，然后将截取数据推送到共建的 Redis Cluster + MariaDB 数据库集群中，再通过访问数据库集群调用所需数据，如图 2-21 所示。

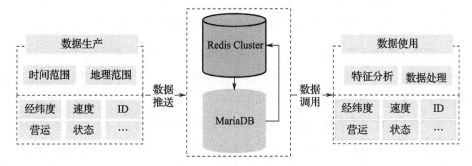

图 2-21　数据调用方法

所提供的浮动车数据格式见表 2-7。

表 2-7　数据格式

序号	表示	名称	数据库表
1	trajectory	轨迹	driverid/timestamp/linkid/distance
2	time	时间	driverid/timestamp/time
3	id	车辆 ID	driverid/timestamp/id
4	speed	瞬时车速	flowid/duration/speed
5	lon	经度	driverid/timestamp/linkid/lon
6	lat	纬度	driverid/timestamp/linkid/lat
7	record	过车记录	driverid/timestamp/flowid/duration/stopduration
8	flowfeature	交通流特征	flowid/date/hour/minute/volumn/duration
9	flowfree	自由流速度	flowid/duration/freespeed
10	junction	路口	junctionid/{nodeids}/phases/stages
11	flow	流	flowid/junctionid1/junctionid2/linkid1/linkid2/length/linkids
12	link	连线	linkid/nodeid1/nodeid2/length/lanenum/level/lng1/lat1/lng2/lat2/coords
13	node	节点	nodeid/lat/lng

所提供浮动车数据和地图图层数据间的关系如图 2-22 所示。

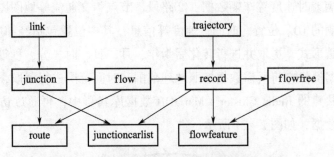

图 2-22 浮动车数据和地图图层数据间的关系

为了验证浮动车数据的可用性，需要对数据的两类特性进行分析：浮动车数据的传输频率；浮动车数据在路网上的占比和覆盖率。为此，利用车辆和图层原始数据进行时空上的特征分析。

1) 浮动车数据的传输频率：按照数据主动上传的频率，可以将浮动车数据分为低频（>30s/包）、中频（15~20s/包）和高频（<15s/包），本节所采用的数据为高频数据。对数据库集群中的 3 个月内的原始数据随机抽取 20 个 ID 数据进行统计分析，如图 2-23 所示，从图 2-23 中可以看出，浮动车高频数据的概率为 95%。其中 ID 为 11008291601 的车辆数据传输存在异常，在调取其全样本原始数据并分析后，发现该车辆存在间歇性等客情况，在此情况下有关闭设备的嫌疑。因此，可判定所提供的数据为高频数据。

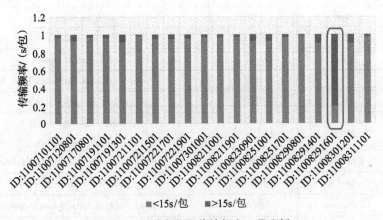

图 2-23 浮动车数据传输频率（见彩插）

2) 占比和覆盖率：按照北京市公安局交管局昌平交通支队提供的主城区日均流量和城区路网结构，可由原始数据分别测得工作日和节假日该地区浮动车在路网中的占比和覆盖率，如图 2-24 所示。从图 2-24 中可以看出，浮动车数据的占比和覆盖率在工作日与节假日存在一定差别，且夜间与白天也存在明显差异，但其占比与覆盖率与前面描述的相一致。

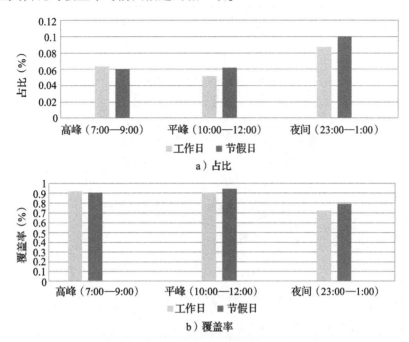

图 2-24 浮动车数据的占比和覆盖率（见彩插）

（2）浮动车数据预处理

为了进一步保证浮动车数据的可用性，需要对原始数据进行筛选，剔除无效或明显错误的数据，并对缺失数据进行人工补充。本书中采用较为成熟的 K-Means 聚类算法进行数据补缺。

1）数据剔除：考虑到所采用的浮动车数据为北京市昌平区主城区数据，城区道路主要为城市三级干线和支路，一般道路设计最大速度应控制在 60km/h 左右，因此设置最大车速为 60km/h。但夜间（23:00 以后）路网内车辆较少，车速一般会高于设计车速，因此根据时间戳设置夜间最大车速为 80km/h。

2）数据补缺：在浮动车数据的采集和上传过程中，通常会出现数据缺失的情况。缺失数据的原因主要有两个：一是设备持续工作时间过长，导致设备传输模块工作异常，从而丢失数据；二是通信网络不稳定或建筑物遮挡等因素造成数据缺失。处理数据缺失的方法一般采用忽略缺失数据或人工补全数据。本节采用人工补全数据的方法，以保证数据的完备。

数据补缺主要是考虑利用相近或相似数据的特性或规律补全缺失数据，因此采用较为成熟的 K-means 聚类算法实现数据补缺，算法流程如图 2-25 所示。

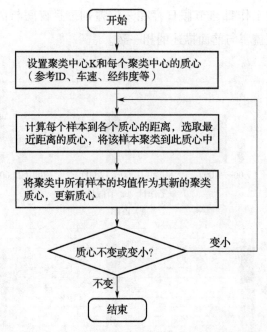

图 2-25 基于 K-means 聚类算法的数据补缺流程图

2. 仿真环境搭建

本实验选取北京市昌平区城区内政府街 5 个交叉口组成的干线为研究对象，交叉口包括西环路与政府街、鼓楼南街与政府街、东环路与政府街、燕平路与府学路、亢山路与府学路，仿真干线包括城市主干道和重要的支路，东西向全长约为 2.8km，交叉口间各路段长度从左到右依次为：0.56km、0.53km、0.39km、0.51km。道路设计速度为 40~60 km/h，仿真干线如图 2-26 所示。

图 2-26 仿真干线（见彩插）

除燕平路与亢山路之间的路段为两条机动车道和一条非机动车道外,其他各交叉口之间的路段均为三条机动车道和一条非机动车道。从昌平交通支队获取交叉口信号配时信息,除亢山路与府学路交叉口为搭接相位外,其他四个交叉口均为两阶段,间隔时间均为黄灯4s,全红2s,为简化仿真模型,最终输入干线基础模型的交叉口信号配时信息见表2-8。

表2-8 交叉口信号配时

序号	路口	周期	阶段一		阶段二	
1	西环路与政府街	81 s		41 s		28 s
2	鼓楼南街与政府街	90 s		49 s		29 s
3	东环路与政府街	66 s		31 s		23 s
4	燕平路与府学路	81 s		40 s		29 s
5	亢山路与府学路	89 s		53 s		24 s

根据以上数据在 VISSIM 中搭建北京市昌平区政府街干线仿真模型,如图2-27所示。其中仿真模型中的参数标定采用所提的基于浮动车数据的自动标定方法,主要标定参数包括平均停车间距为1.2m,安全距离的附加部分为1.5m,安全距离的倍数部分为3.2,最大减速度为2.6m/s²。仿真的初始输入流量为浮动车流量估计所得,配时方案采用上面给出的数据。对仿真中其他数据加以说明,单车道的饱和流量值为1 800veh/h,仿真总时长为3 600s,仿真精度为1步/s,仿真过程中以1s的时间间隔记录路段中每辆车的信息。由于仿真初始阶段不稳定,产生的数据存在较大误差,因此本书中选取600~3 000s内的数据进行讨论分析,间隔时间取120s(大于各路口的周期时间)。

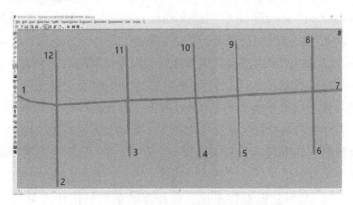

图2-27 昌平区政府街干线仿真模型

为保证浮动车数据的可用性和降低周边环境对数据的干扰性，选取工作日10:00—16:00平峰时段进行流量估计（昌平区政府街为城区内主要干线，周边政府机关、企事业单位较多，且人流密集，尤其是在早晚高峰期间，行人、非机动车、转向车辆、掉头车辆、公交车等对干线交通影响较大，因此选择工作日平峰时段，以降低环境的干扰性）。由浮动车数据估计得到的边界输入流量见表2-9。

表2-9 边界输入流量

边界序号	输入流量/(pcu/h)
1	860
2	580
3	480
4	562
5	580
6	450
7	1 020
8	320
9	440
10	220
11	600
12	218

3. 仿真结果分析

浮动车数据的占比较低，在非干线路段占比更低，为保障所用浮动车占比能够落在5%~7%的范围，选用干线主干道方向作为主要分析对象进行研究。图2-28a为采样浮动车的轨迹，图2-28b为利用浮动车数据估计所得的初始流量后所得的轨迹，图2-28c为利用仿真逼近后修正的流量数据所得轨迹，从图中可以看出，修正后流量数据大于初始估计数据。

为比较修正后的流量数据与真实数据间的误差，利用昌平交通支队提供的地磁检测流量数据进行对比，通过计算各交叉口的平均绝对误差（Mean Absolute Error，MAE）值，结果见表2-10，可以看出，由于西环路与政府街、鼓楼南街与政府街、东环路与政府街交叉口规模较大，浮动车占比较高，因此估计并修正得到的流量数据准确率较高，其MAE均在5%以内。而燕平路与府学路、亢山路与府学路交叉口规模小，浮动车占比较低，所得流量数据准确率有所下降，其MAE在8%~10%波动。但总体来说，通过浮动车数据估计流量并利用VISSIM仿真进行逼近的方法所得数据的准确率较高。

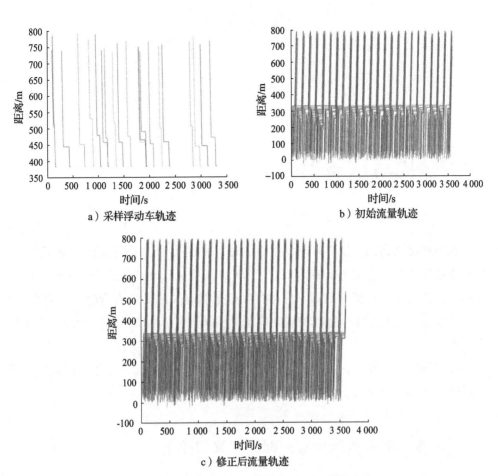

图2-28 昌平区政府街干线关键交叉口仿真轨迹

表2-10 平均绝对误差比较

交叉口	流量估计时段	未修正的MAE	修正后的MAE
西环路与政府街	10:00—16:00	19.76%	3.78%
鼓楼南街与政府街		22.53%	4.62%
东环路与政府街		21.82%	4.21%
燕平路与府学路		28.91%	9.17%
亢山路与府学路		27.39%	8.55%

2.3 小结

本章以数据补全与估计为主题，考虑在交通检测信息缺失的情况下，如何通过已有数据进行有效补全和估计所需交通信息。本章分别提出了基于GAN算法的交通数据补全方法和基于低占比浮动车数据的受控交叉口流量估计方法，能够有效地为实施道路网络复杂交通控制提供数据支撑。

第3章
控制建模与区域划分

城市道路网络由交叉口和路段组成，路网中的交通流一般源自上游交叉口，形成于连接路段，汇聚至下游交叉口。为此，将交叉口和连接路段作为整体统一建模，以交通时空资源为基础，将与交叉口控制有关的要素进行时空资源描述，对于构建新型交通控制模型具有重要的意义，其直接影响交叉口控制的灵活性和先进性。

道路网络交通流变化的本质是交通需求与时空资源匹配，交通控制是在保证交通安全的基础上对时空资源进行分配的方式。

3.1 基于时空资源动态分配的交叉口控制

从道路时空资源分配的角度看，现有交通控制的研究存在两个问题：①在研究基于传统交通控制理论的具有普遍适用性的交通控制模型时，一般只将相位、相序、周期、绿信比作为动态变量，其描述的是道路时间资源的分配，而难以实现对道路空间资源有效分配；②现有描述为时空资源协同交通控制的研究主要是将交叉口设计与信号控制相结合，包括以交叉口渠化或车道功能设计为主的静态协同和以专属车道变化为主的动态协同，其以时间资源分配为主，考虑交通流的运行特征，对空间资源进行有限分配，但仍然难以实现对道路空间资源灵活的动态分配。

现有研究中对时空资源的描述主要从两个角度出发：①从城市交通需求管理角度出发，将时空资源描述为车辆在行驶中占有一定的道路净空面积，在一次出行时间内以动态方式只占有一次，每辆车出行使用的道路面积在单位服务时间内又可提供给其他车辆重复使用；②从城市交叉口交通控制角度出发，将时空资源描述为交叉口时间资源指进口道车流通行绿灯时长，实质为绿信比，交叉口的空间资源主要指进口道车流驻行车空间，实质为饱和流率，时空资源共同决定着交叉口通行能力。其中，从交叉口交通控制角度出发的描述是本章研究的重点。从上述描述可以知道，其实际是基于传统交通控制理论的，本质仍然是在静态空间资源分配的基础上通过对时间资源的动态分配实现时空资源协同。但对于交通控制而言，其控制变量的维度没有发生变化，这就使得通过现有时空资源协同方法解决交叉口三类典型场景的常发拥堵问题变得非常困难。因此，本章将交叉口和路段作为整体统一考虑，研究空间资源动态分配与时间资源动态分配相结合的时空资源协同，通过扩展控制变量的维度实现控制模型仿真能力和控制算法能力的提升。

1. 时空资源描述

从城市交叉口交通控制角度出发，将时空资源描述为：以交叉口和路段作为整体，将交通控制中涉及的时空变量以资源的形式进行表示，进而以资源的形式组合和使用。城市交叉口交通控制中涉及的时空变量包括车道、相位、相序、相位绿灯时间、间隔和损失时间和车速共六类。根据变量自身属性和应用形式给出交通时空资源对应关系，见表3-1。

表3-1 时空资源对应关系

资源类型	变量名称	
空间资源	车道（Lane）	相位（Phase）
时间资源	相位绿灯时间（Green）	间隔和损失时间（Interval）
时空组合资源	相序（Sequence）	车速（Speed）

2. 时空资源分级

根据在交通控制过程中使用变量的个数和形式，将时空资源进行分级，见表3-2。

表3-2 时空资源分级

资源分级	变量个数及形式
非常弱资源	绿灯时间、间隔和损失时间
较弱资源	相位、绿灯时间、间隔和损失时间
弱资源	相位、相序、绿灯时间、间隔和损失时间
中等资源	相位、相序、绿灯时间、间隔和损失时间、车道
强资源	相位、相序、绿灯时间、间隔和损失时间、车道、车速

从表3-2的描述可以看出，由于传统交叉口交通控制中涉及的变量最多包括相位、相序、绿灯时间及间隔和损失时间四类，因此其属于弱资源及以下分

级,其原因在于:①传统交叉口交通控制体系的形成与当时的技术形态密不可分,包括计算机、控制器等的周期性运行,其目标为保障车辆通行安全,基于此形成了以周期、绿信比等时间参数和相位、相序等空间参数为特征的交通控制理论,并且交通控制理论自建立至今,基础理论体系变化不大,主要创新集中在优化算法或控制方法上;②传统交通控制模型和算法的研究一般都具有针对性,即将交通流进行分类,再对不同种类的交通流研究和设计与之相匹配的控制策略,因此传统交通控制大多是对单一车种交通流的控制,所利用的控制变量较少。然而,具有时空特性的多车种混合交通流有更加多样的特点,传统交通控制很难有效辨别交织在一起的交通流,无法综合考虑各类车种之间的影响并得到合理的控制结果。

3. 典型场景与时空资源

对于三类典型场景导致的交叉口常发拥堵,以及传统交叉口交通控制在解决该类问题时存在的不足,应将解决办法聚焦到三点。

①打破传统交通控制以交叉口渠化或路网规划等合理为前提的假设。

②解决路段交通流不稳定、无法有效控制的问题。

③解决多车种混合交通流无法有效辨识和控制方法不具有多类交通流的适用性问题。

从表3-2时空资源分级中可知,传统交通控制及方法属于弱资源,其在实现上述三个办法时存在明显不足。资源分级中的中等资源和强资源通过将车道、车速描述为变量,可以将其作为控制变量进行控制输出,以此提高控制变量的维度,将能够很好地适应和实现上述三个办法。这进一步说明,车道属性的量化使得车道转向可调节,能够实现交叉口渠化或路网规划的动态改变,对应方法1)和3)的实现;路段车速的动态调整可以实现稳定交通流,对应方法2)的实现。为此,应研究和建立强资源的交通控制模型及算法,以便更好地解决交叉口常发拥堵问题。

当实施交叉口强资源控制时,控制所涉及的时空变量增加,且最明显的变化是车道的转向属性由静态变为动态,成为可调节的变量,这将给城市道路交通控制与管理带来极大的变化。

1)通过调整给定路网上交叉口的车道转向属性,可以改变路网的连接,即将传统基于交通规划或统计数据设计的固定式的路网(白盒)改变为可随时间变化或政策要求动态调整的可变式的路网(黑盒),从而实现对交通需求的主动影响和对交通流的主动分配,如图3-1所示。

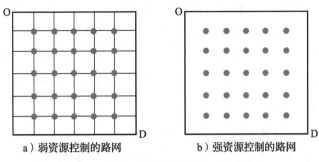

图 3-1 路网形态的变与不变（见彩插）

2）通过对车道转向属性和路段车速两个变量的控制，能够有效提高控制模型的变量维度，从而扩展控制能力，以适应多车种混合交通流或更复杂交通流特性的控制和管理要求，如图 3-2 所示。

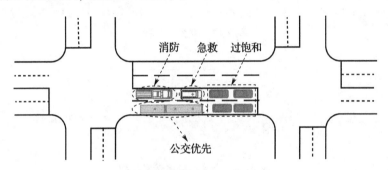

图 3-2 多车种混合交通流

3.1.1 交叉口时空资源动态分配模型

中等资源和强资源描述下的交叉口控制在解决典型场景常发拥堵问题方面存在优势，为此本章先研究中等资源描述的交通控制，并称其为交叉口时空资源动态分配；在第四章中将研究强资源描述下的交通控制，称其为交叉口主动交通控制。

1. 模型建立

（1）交叉口存储转发模型

交叉口模型如图 3-3 所示，交叉口由内部冲突区域和上下游连接路段组成。交叉口存储转发模型如图 3-4 所示。设交叉口的连接路段集合中的路段 j,a 的状态方程为

$$n_{j,a}(k+1) = n_{j,a}(k) + q_{j,a,\mathrm{in}}(k) - q_{j,a,\mathrm{out}}(k) \tag{3-1}$$

式中，$n_{j,a}(k)$ 为路段 j，a 在采样周期 k 的车辆数；$q_{j,a,\text{in}}(k)$ 为采样周期 k 内上游路段发送给路段 j，a 的车辆数；$q_{j,a,\text{out}}(k)$ 为采样周期 k 内路段 j，a 发送给下游路段的车辆数。$n_{j,a}(k+1)$ 为采样周期 $k+1$ 内路段 j，a 上的车辆数，等于采样周期 k 内路段 j，a 上的车辆数与上游路段流向 j，a 的车辆数和流出 j，a 的车辆数的差的和。

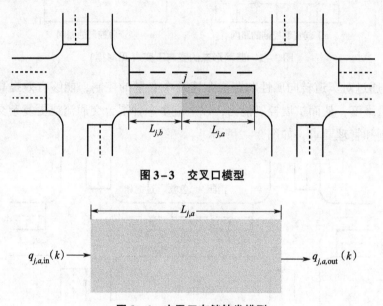

图 3-3　交叉口模型

图 3-4　交叉口存储转发模型

（2）车道调控变量

为了能够准确表征车道属性的动态特性，提出车道基因概念，即通过将车道的转向属性描述为控制变量予以输出。车道的转向属性包括左转、直行和右转，分别用 L、T 和 R 表示，即车道的基因的基本组成单元为 L、T 和 R，如图 3-5 所示。

交叉口进口车道转向属性与下游连接路段组成交叉口调度车流的最小单元，如图 3-6 所示。图 3-6 中，路段 j，a 为上游路段，路段 o 为下游路段；路段 j，a 的车道表示为 $R_{j,a} = \{r, r = 1, 2, \cdots, m\}$，其中 m 表示路段 j，a 包含的车道数；$F_{j,a}(k) = \{f_r^{(j,a)}(k)\}_{r=1,2,\cdots,m}$ 表示采样周期 k 内车道基因表达组合，其中 $f_r^{(j,a)}(k)$ 表示车道 r 的基因表达；$f_r^{(j,a)}(k) = \{G_u^{(j,a \to r)}(k)\}_{u=1,2,3}$，其中 $G_u^{(j,a \to r)}(k)$ 表示车道 r 的基因，一个车道由 3 个基因组成，分别为 G_1，G_2，G_3，其中有 $G_1 \to L$，表示第一个基因映射为左转，$G_2 \to T$，表示第二个基因映射直行，$G_3 \to R$，表示第三个基因映射为右转，并且有 $G_u^{(j,a \to r)}(k) = \begin{cases} 0, \text{基因不表达} \\ 1, \text{基因表达} \end{cases}$。

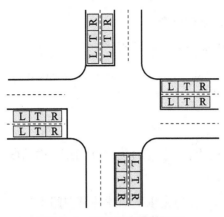

图 3-5 交叉口车道基因组

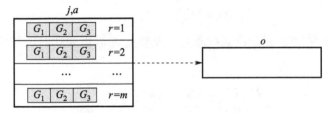

图 3-6 路段 j, a 的车道基因及下游路段连接

通过上述描述，可以建立车道基因的调控变量，见式（3-2）。

$$\Gamma_{j,a}(k) = \{\varpi_{j,a,o}(k)\}_{o=1,2,\cdots,n_{j,a}(k)} \tag{3-2}$$

式中，$\Gamma_{j,a}(k)$ 为调控变量集合；$\varpi_{j,a,o}(k)$ 为调控变量，其是关于车道数量的函数；$n_{j,a}(k)$ 表示路段 j, a 到路段 o 的连接数量，$n_{j,a}(k) = \sum_{u=1}^{3} G_{F_{j,a}(k)[\cup](u)}$，其中 $F_{j,a}(k)[\cup] = f_{r=1}^{(j,a)}(k) \cup f_{r=2}^{(j,a)}(k) \cdots \cup f_{r=m}^{(j,a)}(k)$；$G_{F_{j,a}(k)[\cup](1)}$ 表示车道组基因表达并集的第一个基因，$G_{F_{j,a}(k)[\cup](2)}$ 表示车道基因表达并集的第二个基因，$G_{F_{j,a}(k)[\cup](3)}$ 表示车道基因表达并集的第三个基因。$\varpi_{j,a,o}(k)$ 的计算方法见式（3-3）。

$$\begin{cases} \varpi_{j,a,o}(k) = \dfrac{\omega_o^{j,a}(k)}{m} \\ \omega_o^{(j,a)}(k) = \left\{ \sum_{i=1}^{m} G_{i,u}^{(j,a\to o)} \right\}_{u=1,2,3} \end{cases} \tag{3-3}$$

s. t.

$$0 < \varpi_{j,a,o}(k) \leq 1$$

式中，$\omega_o^{(j,a)}(k)$ 为车道基因表达后，相同基因的数量。

(3) 时空资源动态分配模型

将式 (3-2) 代入式 (3-1) 可得：

$$n_{j,a}(k+1) = n_{j,a}(k) + q_{j,a,\text{in}}(k) - \sum_{o=0}^{\min\{n_{j,a}(k),\, n_{j,a}^{X_x}(k)\}} \varpi_{j,a,o}(k) S_{j,a} g_{j,a,o}(k) \tag{3-4}$$

式中，$S_{j,a}$ 为路段通行能力；$g_{j,a,o}(k)$ 为采样周期 k 内路段 j,a 所在相位的绿灯时间，且有 $g_{j,a,o}(k) \geqslant g_{j,a,o,\min}$。

式 (3-4) 中的 $g_{j,a,o}(k)$ 由以下描述的解空间得到。

1) 路口所有方向进口路段的车道基因组表达集合见式 (3-5)。

$$\Phi_x(k) = \{F_{\text{I}}^{(x)}(k)\}_{\text{I}=1,2,\cdots,\varepsilon} \tag{3-5}$$

2) 路口所有方向进口路段的车道在某固定基因组表达时的相位组合的集合见式 (3-6)。

$$P_{\Phi_x}(k) = \{O_{\text{II}}^{(\Phi_x)}(k)\}_{\text{II}=1,2,\cdots,\sigma} \tag{3-6}$$

3) 路口所有方向进口路段的车道在某固定基因表达时得到的固定相位组合时相序的集合见式 (3-7)。

$$R_{P_{\Phi_x}}(k) = \{R_{\text{III}}^{(P_{\Phi_x})}(k)\}_{\text{III}=1,2,\cdots,\zeta} \tag{3-7}$$

由式 (3-5)、式 (3-6) 和式 (3-7) 得到交叉口的车道基因、相位、相序关系的解空间，见式 (3-8)。其解空间如图 3-7 所示。

$$X_x = \sum_{\text{I}=1}^{\varepsilon} \sum_{\text{II}=1}^{\sigma} \sum_{\text{III}=1}^{\zeta} \aleph_{\text{I},\text{II},\text{III}},\ F_{\text{I}}^{(x)}(k) \to O_{\text{II}}^{(\Phi_x)}(k) \to R_{\text{III}}^{(P_{\Phi_x})}(k) \tag{3-8}$$

式中，X_x 为采样周期 k 内 $g_{j,a,o}(k)$ 在式 (3-8) 的解空间中找到的一个可行解，并且该可行解应用到式 (3-4) 中可以完成绿灯时间和调控变量的调节。

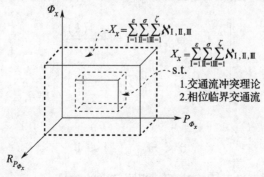

图 3-7 $g_{j,a,o}(k)$ 的解空间

其中，式 (3-4) 的 $n_{j,a}^{Xx}(k)$ 表示在采样周期 k 内有约束的 {基因、相位、相序} 的解空间中找到一个可行解后，可以得到在相位组合中属于路段 j, a 的相位的数量，见式 (3-9)。

$$n_{j,a}^{Xx}(k) = \{Xx: O_{\mathrm{II}}^{(\varPhi_x)}(k) \subset j \mid F_{\mathrm{I}}^{(x)}(k), R_{\mathrm{III}}^{(P_{\varPhi_x})}(k)\} \quad (3-9)$$

由于绿灯时间 $g_{j,a,o}(k)$ 与调控变量 $\varphi_{j,a,o}(k)$ 中的 o 和相位数量有关，因此可由 $n_{j,a}^{Xx}(k)$ 表示；$\min\{n_{j,a}(k), n_{j,a}^{Xx}(k)\}$ 表示上下游路段连接与相位数量并不相同，原因是：$\begin{cases} n_{j,a}(k) \geqslant 1 \\ n_{j,a}^{Xx}(k) \geqslant 0 \end{cases}$，即上下游不能没有连接，但相位可以在采样周期 k 内不从属于相序。

(4) 解空间中的约束条件

在图 3-7 中给出了 $g_{j,a,o}(k)$ 的解空间，对于解空间需要给定约束条件以使得其具有合理性。

1) 车道基因表达的约束条件。根据《城市道路工程设计规范 (2016 版)》中道路等级和道路渠化的设计要求可知，一个车道的基因组表达组合可以用 $F = \{f\}$ 表示，$f = \{G_u\}_{u=1,2,3}$，其中基因组表达组合最多为 8 种，分别为 {0, 0, 0}、{0, 0, 1}、{0, 1, 1}、{1, 0, 1}、{0, 1, 0}、{1, 1, 0}、{1, 0, 0} 和 {1, 1, 1}，并且可以发现 {0, 0, 0} 与 {1, 1, 1} 具有相同属性，即该车道允许车辆左转、直行和右转，故车道基因组表达组合最多为 7 种。车道基因表达的要求为：交叉口进口路段上的所有车道在进行基因表达时，应优先考虑表达后严重冲突交叉点最少。

虽然车道基因表达时一般以上述要求为原则，即不增加或减少交叉冲突点的数量，但也要考虑到设计时对一些交通需求较为特殊的交叉口管控的作用，如图 3-8 所示。

图 3-8 交叉口进口路段车道基因表达结果

2）相位划分的约束条件。国家标准 GB 25280—2016《道路交通信号控制机》中给出的相位定义为："在一个信号周期内，同时获得通行权的一个或多个交通流的信号显示状态"。假设一个交通流至少占用一个车道，由此可知相位是由一个或多个车道上的交通流的信号显示状态组成的。根据交叉口进口路段上所有路段车道基因组表达的情况，可以得到交叉口相位组合的集合 $P_{\Phi_x}(k) = \{O_{\mathrm{II}}^{(\Phi_x)}(k)\}_{\mathrm{II}=1,2,\cdots,\sigma}$。相位划分的要求为：一股或多股交通流在相同信号显示状态时严重冲突的交叉点数为0。

3）模型的约束条件。根据时空资源动态分配模型，对于每个优化周期 T，均可计算得出一个车道基因表达的优化方案。当优化方案与当前运行方案不一致时，需要判断采用优化方案还是保持现状。并不是每次生成不同的车道基因表达都需要实施。这是因为：一方面，当交通需求变化较小时，车道控制带来的收益可能会很少；另一方面，改变车道功能需要花费更多的代价，可能造成驾驶员的困惑，从而造成安全隐患。因此，在车道控制中，作为交叉口控制中一个较为稳定部分（慢变量）的车道功能，在变化频率上应与信号控制这种更易改变的参数（快变量）有所区分。车道控制应当在交叉口供需关系发生显著变化的情况下才使用，如潮汐交通、紧急救援、突发事件、交通拥堵、交叉口死锁、公交优先等，而对于一般的交通需求波动可通过信号控制来调节。一般需要考虑以下几个方面的因素。

①方案变化频率约束。车道控制与信号控制的动态优化不同，前者是对交叉口的空间资源进行重新分配，后者是对交叉口的时间资源进行重新分配，车道控制通过改变车道属性会给驾驶员带来直观的感受，对其驾驶行为产生直接的影响。因此，车道控制作为交叉口控制中较为稳定的部分，应限制其变化频率，这里设定最高的变化频率为10min/次，其 Heaviside 函数表示为：

$$h_1(t) = \begin{cases} 1, & t > 600s \\ 0, & t \leq 600s \end{cases}$$

式中，t 为当前运行方案的持续事件；$h_1(t)$ 为方案变化频率约束条件，1表示满足，0表示不满足。

②交通流变化稳定性约束。由于交通需求的小幅度波动在实际运行中十分常见，因此只有当交叉口各流向需求已有较为明显的发展趋势或当前交通需求已有了较为稳定的变化特征时，实时车道控制才能起到较好的效果。这里限定至少连续 n 个采样周期动态车道控制的决策条件相同，其 Heaviside 函数表示为：

$$h_2(t) = \begin{cases} 1, & \text{当 } A(T) = A(T-1) = A(T-2) = \cdots = A(T-n) \\ 0, & \text{其他} \end{cases}$$

式中，$A(T)$为在控制周期T计算得出的车道控制方案；$h_2(t)$为交通需求变化稳定性约束条件，1 表示满足，0 表示不满足。

③特殊需求约束。当紧急救援、突发事件等特殊需求发生时，为了对其做出快速有效的应对，可通过人为干预或者特殊事件指标参数，实施车道控制，其Heaviside 函数表示为：

$$h_4(t) = \begin{cases} 1, & \text{当 } \mathbb{C} = 1 \\ 0, & \text{其他} \end{cases}$$

式中，$h_4(t)$为特殊需求约束条件，1 表示满足，0 表示不满足；$\mathbb{C} \in [0, 1]$，1 表示特殊事件发生，0 表示特殊事件未发生。

3.1.2 基于双层优化的时空资源动态分配

考虑到交叉口时空资源动态分配模型中车道属性变量和相位、相序、绿灯时间的调控频度不同，为此设计了双层优化算法，其上层为基于强化学习的车道控制算法，下层为基于模型预测控制思想的相位控制算法，如图 3-9 所示。

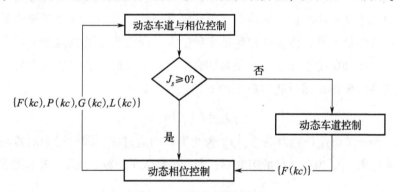

图 3-9 双层优化算法结构

1）初始化运行方案执行，如图 3-10 所示。

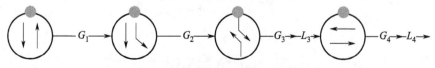

图 3-10 初始化运行方案（见彩插）

2）车道控制运行，在初始化运行方案结束位置插入车道控制插入全红相位，同时启动 J_s 判断，如图 3-11 所示。

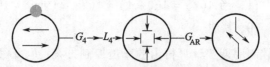

图 3-11 车道控制运行（见彩插）

如果 $J_s \geqslant 0$，则车道保持不变，进入相位控制；如果 $J_s < 0$，且连续 n 个 T_s 均有 $J_s < 0$，则车道控制启动，进入强化学习，根据指标在车道基因表达集合中选择一个动作，并在 G_{AR} 时间内完成调整，再进入到相位控制。其中，车道控制调整结束后，需要选择一个相位作为初始相位，初始相位的选择原则为（此处暂不考虑场景特性，只考虑在普通交通流下的初始相位选择）：对车道调整后的相位交通需求进行计算，选取 $P_I \to \max\left\{\dfrac{n_i}{L_i}\right\}$，交通流最大的相位作为初始相位（此处初始相位选择与车道控制插入全红相位之前的相位无关，原因是全红相位已经将交叉口冲突区域内的车辆清空，即交叉口进入一个新的状态，这样在自动驾驶状态下没有问题，未来可能会考虑到引入驾驶员感受等再重新设计）。

通行能力系数是与交叉口通行能力相关的约束之一。交通流平衡约束确保每股交通流（信号组）获得足够的绿灯时间，即对于每股机动车交通流，其实际通行能力大于其平均流量。然而，必须选择某一信号方案，以便即使流量发生变化依然能够满足条件，流量变化包括多种情况，即有些交通流流量会减小，有些会增大，有些会保持不变。为了使其切合实际，引入通行能力系数作为交叉口信号方案切换的依据，通行能力系数如下：

$$J_s = J_M - J_N \tag{3-10}$$

式中，J_s 为交叉口通行能力系数；J_M 为交叉口的通过率，即通过车辆数与总需求车辆数的比率；J_N 为交叉口的阻塞率，即剩余排队车辆数与总需求车辆数的比率。

$$\begin{cases} J_M = \dfrac{P_{\text{control}}}{P_{\text{control}} + \Delta n_{\text{queue}}} \\ J_N = \dfrac{\Delta n_{\text{queue}}}{P_{\text{control}} + \Delta n_{\text{queue}}} \end{cases} \tag{3-11}$$

s. t.

$$\begin{cases} J_M \leqslant 1 \\ J_N \leqslant 1 \end{cases}$$

式中，P_{control} 为交叉口的通行能力，$P_{\text{control}} = \sum_{o=1}^{n} S_{j,a} g_{j,a,o}(k)$；$\Delta n_{\text{queue}} = \sum_{o=1}^{n} \dfrac{\Delta n_{j,a,o}(k)}{n_{j,a}}$

为交叉口总的剩余排队车辆数。

在给定输入流量和控制步长时,当通行能力系数 $J_s < 0$ 时,交叉口通行能力不足,交叉口的车辆阻塞率会不断增加,当前控制方案下交叉口运行情况持续变差,如果不施加其他措施,排队将溢出,即没有任何信号方案能够满足通行能力要求,此时认为交叉口通行能力非常差;当通行能力系数 $J_s = 0$ 时,交叉口通行能力相当,但交叉口的车辆通过率和阻塞率保持不变,交叉口排队长度较为稳定,此时认为交叉口通行能力较好;当通行能力系数 $J_s > 0$ 时,交叉口通行能力充足,交叉口的车辆通过率不断增加,交叉口运行效果持续变好,交叉口排队长度逐渐减小,此时认为交叉口通行能力较好。

1. 基于强化学习的车道控制算法

(1) 状态空间 (State Space)

将连续 n 个 T_s 有 $J_s < 0$ 时获取到的交叉口所有进口相位最大排队长度表示为 $N(k) = \max\{n_i(k) | i = 1, 2, \cdots, m\}$ 状态空间,将连续 n 个 T_s 的交叉口所有进口相位最大排队长度 $s_t = [N(k), N(k+1), \cdots, N(n)]$ 作为采样周期 k 内交叉口的状态。

(2) 动作空间 (Action Space)

将交叉口所有进口路段车道基因表达集合作为动作空间,当观察到一个状态以后,必须从当前可选动作集合中选择一个动作,即在交叉口车道基因组集合中选择一组基因表达。选择动作的原则是:上一个状态的基因组表达与当前选择的基因组表达交叉口内冲突点的均方差较小,同时要以增加 J_s 判断相位的通行能力增加为方向。

(3) 奖励函数 (Reward Function)

基于强化学习的车道控制算法见表 3-3。

$$r = \begin{cases} 0 & |[J_s(k+1)]^2 - [J_s(k)]^2| < 0 \\ 1 & |[J_s(k+1)]^2 - [J_s(k)]^2| \geq 0 \end{cases}$$

表 3-3 基于强化学习的车道控制算法

步骤序号	描述
1	初始化 Q 为任意值
2	检测当前交叉口排队状态 $N(k)$,将其作为初始状态 s
3	利用 Q 值经验,在状态 s 对应的可行车道基因组动作集合中,依据策略选择一个动作 a

(续)

步骤序号	描述
4	在控制的交通环境中，执行动作 a，并观察交叉口最大通行能力系数表示的奖励 r 和新的交叉口排队状态 s'
5	更新 Q 值：$Q(s, a) \leftarrow Q(s, a) + \alpha[r + \gamma \max_{a' \in A} Q(s', a') - Q(s, a)]$
6	将新的交叉口排队状态 s' 赋予 s
7	判断 n 个 T_s 有 $J_s < 0$
8	重复步骤 3~6 直到 Q 值收敛

注：r 为交叉口通行能力系数构成的奖励；α 为学习率；γ 为折扣因子。

2. 基于模型预测控制思想的相位控制算法

利用模型预测控制思想设计相位控制算法，如图 3-12 所示，其具体描述见表 3-4。其将采样周期 k 内执行某相位时交叉口的流量和排队作为输入，在解空间中选择与当前执行相位相匹配的 n 个相位作为下一步执行相位的候选，再对每个候选相位选择其连续执行的 m 个相位作为控制链。构造 $J_{\min}$ 为目标函数，采用 GA 作为优化算法执行 n 个控制链，并对 n 个控制链的所得 J 进行排序，取 J 最小的控制链的第一个相位作为当前相位的下一个执行相位，并将所得间隔时间、相位、绿灯时间作为输出。

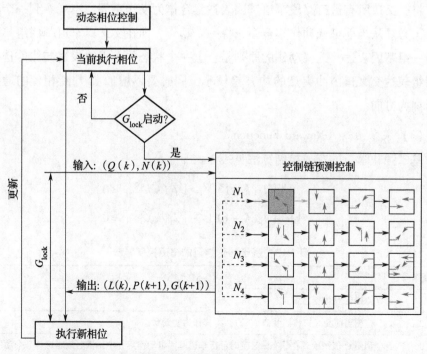

图 3-12　基于模型预测控制思想的相位控制算法（见彩插）

表 3-4 基于模型预测控制思想的相位控制算法具体描述

步骤序号	描 述
1	执行当前相位与绿灯时间，当进入 G_{lock}^i 时，输出当前交叉口各路段交通流量输入和排队状态
2	启动相位控制链预测，在所设置的相位控制链方案组中选择当前执行相位的相容控制链方案组，将步骤 1 中的交通流量和排队状态作为输入，以 $J_{\min}$ 为目标函数，并以 GA 为优化算法，分别执行相容相位控制链方案组中的所有方案，并对执行后的控制链进行排名，输出排名第一的相容相位控制方案中第一个相位、绿灯时间和间隔时间。该过程采用异步多线程计算，计算时间为 G_{lock}^i
3	将步骤 2 计算得到的间隔时间、相位、绿灯时间输出到主进程中，待当前相位的 G_{lock}^i 结束后，执行新相位进行计算得到间隔时间、相位、绿灯时间

基于模型预测控制思想的相位控制算法需要说明如下。

1) 提出控制链的概念，用以区别传统交叉口控制中的周期，即研究中的交叉口控制不以周期为基础，传统中的 $\begin{cases} \sum_{i=1}^{n} G_i = C - L \\ C_{\min} \leqslant C_i \leqslant C_{\max} \end{cases}$ 两个约束在此不成立。

控制链描述交叉口控制的动态行为由相位、相位绿灯时间和相位间隔时间组成，其中有约束 $\begin{cases} G_{\min} \leqslant G_i \leqslant G_{\max} \\ L_i \geqslant 0 \end{cases}$，相位表述为控制链元素，相位绿灯时间与相位间隔时间表示为控制链元素长度，如图 3-13 所示。

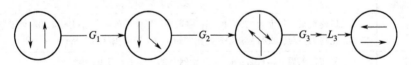

图 3-13 交叉口控制链（见彩插）

2) 由于模型不具有周期特性，且考虑到交叉口控制中时间为调控变量的特殊性，故控制步长不易确定，为此设计决策步长，决策步长由决策点和决策时间组成，用 $T_d = P^i \rightarrow G_{\text{lock}}^i$ 表示，如图 3-14 所示。

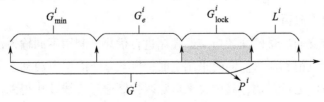

图 3-14 决策步长选择

$$G^i = G^i_{\min} + G^i_e + G^i_{\text{lock}}$$

s. t. (3-12)

$$G^i_{\min} > 0, \ G^i_e \geq 0, \ G^i_{\text{lock}} \geq 0$$

$$G^i_{\min} \leq G^i \leq G^i_{\max}$$

式中，如果 $G^i = G^i_{\min}$，则 $G^i_{\text{lock}} = 0$，$G^i_e = 0$，有 $T_d = P^i \to \overline{G^i_{\text{lock}}} = G^i_{\min}$；如果 $G^i_{\min} < G^i < G^i_{\min} + G^i_{\text{lock}}$，则 $G^i_{\text{lock}} > 0$，$G^i_e = 0$，有 $T_d = P^i \to \overline{G^i_{\text{lock}}} = G^i - (G^i_{\min} - G^i_{\text{lock}})$；如果 $G^i \geq G^i_{\min} + G^i_{\text{lock}}$，则 $G^i_{\text{lock}} > 0$，$G^i_e > 0$，有 $T_d = P^i \to \overline{G^i_{\text{lock}}} = G^i_{\text{lock}}$。

注意：一般取 $G^i_{\text{lock}} = 5s$，该时长能够满足计算和决策的时间长度要求，即满足算力限值和决策实效性。

3.1.3 仿真验证

为了验证基于时空资源动态分配模型的双层优化制算法的有效性，利用 OSP（Open Simulation Platform）将其与定时控制进行仿真对比实验。所选的仿真数据以山东省潍坊市胜利东街与四平路交叉口为基础进行设计。每次仿真时间为 36 000s，进行 10 次仿真并取平均值。评价参数选择交叉口总行程时间和总排队长度，数据采样间隔为 600s。

1. 仿真参数设置

研究实例选择山东省潍坊市胜利东街与四平路交叉口为基础设计仿真，如图 3-15 所示，仿真的基本参数见表 3-5。

表 3-5 仿真基本参数

参数类型	具体内容
道路	交叉口连接路段长度为 470~490m；路段采用双向 4 车道，路口入口 30m 处设置渠化，初始渠化均为左转、直行，初始转向比例为 3∶7；车道宽度为 3.5m
车辆	车速分布范围为 20~60km/h，车型比例为 3∶100（大型车∶小型车）
信号灯	路口采用 4 阶段信号灯控制，阶段依次为：南北直行、南北左转、东西直行、东西左转
输入流量	初始各阶段流量依次为：1 000veh/h、500veh/h、1 000veh/h、500veh/h，每隔 3 600s 令各阶段流量乘以变化系数 x，$0.5 < x < 2$
采集数据	数据采集路段编号、车道编号、全路段密度、流量、车速，采样间隔为 900s，仿真时间 36 000s

2. 仿真结果分析

针对给定交通流量的交叉口交通控制进行优化，利用不同输入流量模拟交叉口的欠饱和和过饱和需求。同时采用定时控制与基于时空资源动态分配模型的双层优化控制算法进行对比，其中交叉口定时控制通过离线计算得到。首先设置定时控制和本节控制方法的基础参数，见表 3-6。

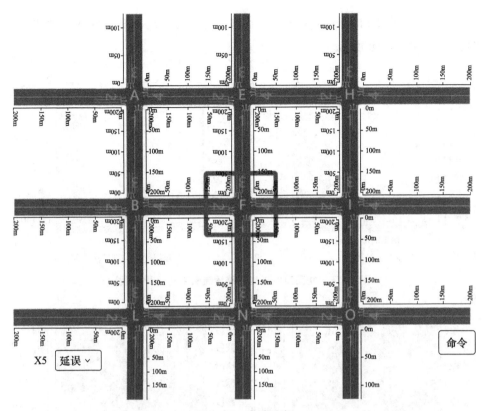

图 3-15 仿真实例

表 3-6 控制基本参数

序号	基于时空资源动态分配模型的双层优化算法参数
1	车道基因组为：$A = [a_1, a_2, \cdots, a_9]$ $a_1 = \{(1,0,0)\ (0,1,0)\ (1,0,0)\ (0,1,0)\ (1,0,0)\ (0,1,0)\ (1,0,0)\ (0,1,0)\}$ $a_2 = \{(0,1,0)\ (0,1,0)\ (1,0,0)\ (0,1,0)\ (1,0,0)\ (0,1,0)\ (1,0,0)\ (0,1,0)\}$ $a_3 = \{(0,1,0)\ (1,0,0)\ (0,1,0)\ (1,0,0)\ (0,1,0)\ (1,0,0)\ (0,1,0)\ (1,0,0)\}$ $a_4 = \{(1,0,0)\ (0,1,0)\ (1,0,0)\ (0,1,0)\ (0,1,0)\ (0,1,0)\ (1,0,0)\ (0,1,0)\}$ $a_5 = \{(1,0,0)\ (0,1,0)\ (0,1,0)\ (0,1,0)\ (0,1,0)\ (1,0,0)\ (1,0,0)\ (0,1,0)\}$ $a_6 = \{(1,0,0)\ (0,1,0)\ (1,0,0)\ (0,1,0)\ (0,1,0)\ (0,1,0)\ (0,1,0)\ (0,1,0)\}$ $a_7 = \{(1,0,0)\ (0,1,0)\ (0,1,0)\ (0,1,0)\ (1,0,0)\ (0,1,0)\ (0,1,0)\ (0,1,0)\}$ $a_8 = \{(1,0,0)\ (1,0,0)\ (1,0,0)\ (0,1,0)\ (1,0,0)\ (1,0,0)\ (0,1,0)\ (0,1,0)\}$ $a_9 = \{(1,0,0)\ (0,1,0)\ (1,0,0)\ (1,0,0)\ (1,0,0)\ (0,1,0)\ (1,0,0)\ (1,0,0)\}$
2	每种车道基因组对应的相位集合如下 （相位示意图）
3	相位间隔时间范围：$0 \leq L(k) \leq 5\text{s}$；相位绿灯时间范围：$10\text{s} \leq G(k) \leq 50\text{s}$；车道控制插入全红相位时间：$R_a = 5\text{s}$；初始化运行方案与定时控制相同；数据采样周期：$T_s = 3\text{s}$；$J_s$ 的连续判断次数：$n = 10$；决策步长：$G_{\text{lock}}^i = 5\text{s}$

对交叉口进出口路段的流量、密度和速度进行对比分析，分别如图3-16、图3-17、图3-18所示。

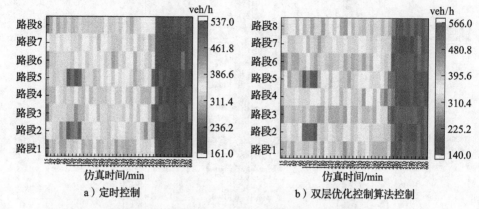

a）定时控制　　　　　　　　　b）双层优化控制算法控制

图3-16　交叉口各进出口路段流量变化（见彩插）

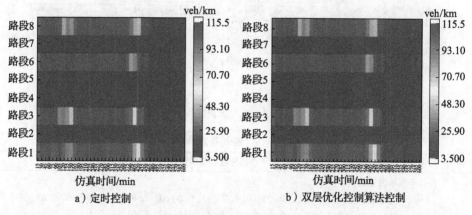

a）定时控制　　　　　　　　　b）双层优化控制算法控制

图3-17　交叉口各进出口路段密度变化（见彩插）

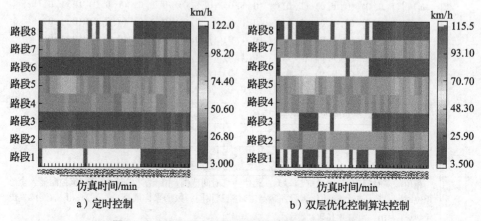

a）定时控制　　　　　　　　　b）双层优化控制算法控制

图3-18　交叉口各进出口路段速度变化（见彩插）

图 3-16~图 3-18 中的路段 1、路段 3、路段 6 和路段 8 为交叉口进口路段，路段 2、路段 4、路段 5 和路段 7 为交叉口出口路段。在图 3-16 中，仿真开始时进口路段流量较大，出口路段流量较小，随着仿真时间和输入流量的变化，定时控制和双层优化控制算法使得交叉口输入和输出流量具有相似趋势，但观察发现，在双层优化控制算法方法作用下，路段 1 和路段 8 的流量变化较定时控制变化更大。在图 3-17 中，仿真开始时进口路段密度较大，出口路段密度较小，随着仿真时间和输入流量的变化，定时控制和双层优化控制算法使得交叉口进口路段的密度具有相似趋势，但观察发现，在双层优化控制算法方法作用下，路段 3 和路段 6 的密度变化较定时控制变化更大。在图 3-18 中，仿真过程中交叉口的进口路段和出口路段的速度均较小，定时控制和双层优化控制算法使得出口路段速度变化趋势较为相同，而观察发现，在双层优化控制算法方法作用下，进口路段 3 和路段 6 的速度高于定时控制速度。综上所述，交叉口进出口流量、密度和速度的变化符合交通流变化规律，且采用双层优化控制算法时交叉口交通流参数更优。

图 3-19a 和图 3-19b 分别对交叉口通过车辆的总行程时间和平均排队长度进行对比。结合图 3-19a 和图 3-17 可得，采用双层优化控制算法方法时交叉口通过车辆的总行程时间低于定时控制时交叉口通过车辆的总行程时间，因为采用双层优化控制算法方法时交叉口进出口路段的平均车速更高；由图 3-19b 可知，采用双层优化控制算法方法时交叉口的平均排队长度低于定时控制时交叉口的平均排队长度。由此可得双层优化控制算法控制比定时控制具有更好的控制效果。但图 3-19b 中仿真时间为 8 000s 时，定时控制下交叉口平均排队长度低于双层优化控制算法控制方法，原因是交叉口输入流量变化较大，采用双层优化控制算法控制方法调整时交通流需要一定的适应时间。

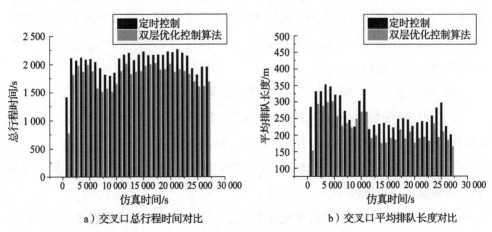

a）交叉口总行程时间对比　　　　　b）交叉口平均排队长度对比

图 3-19　定时控制与双层优化控制算法控制效果对比（见彩插）

3.2 场景驱动的交叉口主动交通控制

将交叉口和连接路段作为整体统一建模，采用主动控制思想进行交叉口控制是亟待解决的问题。考虑到交叉口主动控制研究的必要性和车路协同、物联网等技术的发展将有力支撑控制策略的执行，以交通时空资源为基础，将交叉口与连接路段作为整体，建立交叉口主动交通控制模型，模型由速度控制模型和道路时空资源动态分配模型构成。

3.2.1 交叉口主动交通控制概述

1. 交叉口主动交通控制描述

在第 1 章中从交叉口常发拥堵的三种典型场景出发，回顾交通控制国内外研究的现状，可将现有研究归纳为以下 6 类。

1）开环控制：描述为通过人工调查交通数据，利用包括 Webster 等方法在内的配时计算方法离线计算信号配时进行控制，这类控制包括定时控制、多时段控制等。

2）反馈控制：描述为利用包括线圈、地磁、视频等在内的检测器实时检测一定范围内的交通流变化，通过调整相序、绿灯时间等变量来改变相位通行能力从而实现控制，这类控制包括感应控制、部分基于模型的控制、部分数据驱动控制、部分人工智能控制等。

3）前馈控制：描述为利用对未来时间内的交通流的预测，提前计算绿灯时间等变量来改变相位通行能力从而实现控制，这类控制包括部分模型预测控制、部分数据驱动控制、部分人工智能模型、一些描述为主动控制的控制方法和一些利用车速引导的控制。

4）将车速引导与控制相结合：如基于车路协同的车速引导控制等。

5）时空资源协同控制：描述为根据交通流特点，通过改变车道属性实现控制的控制策略，包括潮汐车道控制、借道左转控制等。

6）控制与交叉口设计相结合：如在交叉口停车线附近的车道或冲突区域实施车道展宽、待行区设计。

虽然上述传统交通控制策略在解决交叉口三类典型场景常发拥堵问题时具有一定的效果，但是也存在以下问题：①一些控制策略以交叉口渠化或路网规划等合理为前提，一旦在实际应用的交叉口渠化或路网规划存在不合理的情况下时，这类控制策略的适用性和有效性将大大降低；②传统交通控制归根结底是一种被动的方式适应交通流，虽然研究中也有描述为主动控制（上述4））或时空资源协同控制（上述5）和6）），但大多还是通过绿灯时间的改变从而影响交通流（部分通过车道的变化，但也只考虑了具有明显特征的潮汐等现象），而并未真正对交通流的形成和分配起到主动调控作用；③传统交通控制大多只能对单一车种或两车种混合交通流进行控制，所利用的控制变量较少，难以满足对多车种混合交通流的控制要求。

综上所述，从传统交通控制存在的问题出发，考虑到道路交通的"时间线上'车占用物理空间'这一'实体资源问题'"从未改变的本质情况，城市道路交通控制归根结底是一个对道路时空资源分配的控制问题，为此本章以时空资源为基础，将交叉口和连接路段作为整体统一建模，给出交叉口主动控制的描述：将能够从时间和空间两个维度上影响交通流从形成到通过交叉口全过程的控制称为主动控制。由此，可以将基于传统交通控制理论的控制方法归类为被动控制，原因是一部分控制方法只能从时间或空间上影响交通流的通过，另外一部分也只能影响交通流的形成。而本节所提的控制方法归类为主动控制，原因是首先将交叉口和连接路段作为整体统一进行考虑，其次在建立控制模型时扩展控制变量规模，将路段车速、交叉口车道都描述为动态变量，这样通过对路段进行车速控制可影响交通流的形成，通过对交叉口的车道控制实现重塑车道，改变路网形态可影响交通流的通过，如图3-20所示。而本章前面研究的交叉口道路时空资源动态分配也不能归类为主动控制，或只能称之为主动控制的一种退化或特殊形式，因为其不能影响交通流的形成，即没有进行路段交通流的控制。

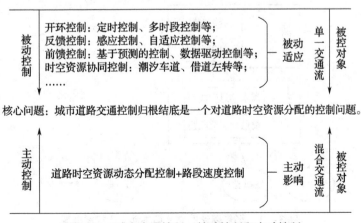

图3-20 城市交通控制：被动控制和主动控制

2. 交叉口主动交通控制框架

（1）交叉口主动交通控制架构

场景驱动的交叉口主动交通控制框架如图 3-21 所示，其框架分为四层结构，自下而上分别为：物理层、需求层、场景层和服务层，根据每层的功能设计各层的具体形式。

感知器位于物理层，用于采集交通相关的原始采样数据并进行数据预处理和传输。

生成器位于需求层，由离散状态编码器和需求信息生成器组成，其是交通需求信息集合抽象的实体。经过预处理，原始采样数据并无具体实用性，由离散状态编码器转换后生成具有交通背景信息的数据｛车速、车道、位置、加速度等｝，将此数据送至需求信息生成器可生产实际交通需求信息，并保存至需求信息集合中作为基础场景供协调器融合场景使用。

协调器是场景驱动架构的核心，位于场景层。它由场景识别器和映射器组成，负责将生成器提供的基础场景进行融合得到交通场景集合，并将其映射到策略器中相匹配的控制策略参数上。场景识别器对下层的基础场景进行融合和辨识，辨识方法采用第四章中基于图像关键内容分析的方法。映射器负责将识别出的具体场景映射到上层的策略器上，由策略器具体输出控制参数。

策略器是主动控制架构的核心，位于服务层，是控制策略执行的实体。通过对时空资源变量的调度保证控制节点的安全性和通行效率。

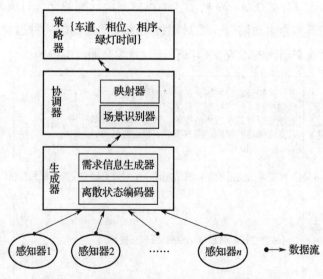

图 3-21 场景驱动的交叉口主动交通控制框架

在以上述架构执行场景驱动的主动交通控制过程中,感知器负责采集原始采样数据并进行一定的预处理;生成器根据需要从感知器那里获取原始数据,通过离散状态编码器编码后得到包含交通背景信息的数据,再经由需求信息产生器产生出基础交通需求并封装成组成交通场景的基础场景;生成器封装后,基础场景被送往协调器中的场景识别器进行处理,场景识别器通过融合和辨识得到具体的交通场景。当映射器发现场景改变时,根据识别出的场景调用策略器中的控制参数。

(2) 交叉口主动交通控制物理结构

由于交叉口主动交通控制隶属于时空强资源,将车道、车速都作为控制变量,因此在实际运行时对系统的物理结构提出了较高的要求。从车辆的智能程度角度,可以将其物理结构分为两类:①对于以驾驶员驾驶为主、车辆不具备智能的情况,可采用集 VMS、可变车道灯、可变道路渠化等为一体的多级引导方式,以使得驾驶员能够充分获知控制信息,如图 3-22 所示;②对于未来车路协同环境或者自动驾驶环境,车辆具备一定程度的智能情况,控制信息可实时传输至车辆,实现由驾驶员或车辆对全路径信息的获取,如图 3-23 所示。其中需要强调

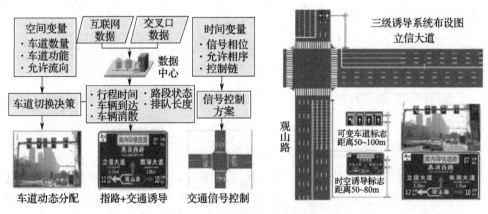

图 3-22 第一类主动交通控制物理结构

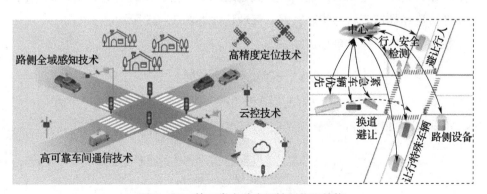

图 3-23 第二类主动交通控制物理结构

的是,对于第一种情况,驾驶员接收到控制信息时,会在换道等动作时产生短时间的交织混乱问题,为避免过于复杂的讨论,本章对这类问题暂不考虑或假设这种情况可以通过有效的信息提示予以消除。

3.2.2 交叉口主动交通控制模型

交叉口主动交通控制模型由速度控制模型和时空资源动态分配模型组成。为设计该模型,将路段 j 划分为控速区和控道区两部分,控道区的路段长度为 $L_{j,a}$,控速区的路段长度为 $L_{j,b}$,如图 3-24 所示。

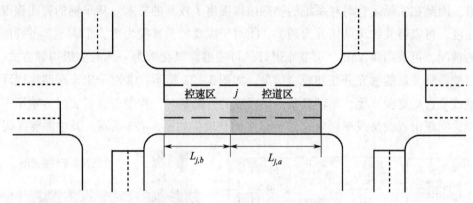

图 3-24 交叉口主动交通控制模型

为保证研究的合理性和有效性,控道区和控速区的划分及路段长度需要满足以下要求。

1. 基于二流理论的控道区和控速区的划分

路段作为城市道路交通网络的基本组成元素,对车辆的输送和交叉路口的连接具有重要的作用。因此,建模一类典型的城市道路路段,根据交通流 $q \to \rho$ 基本图可知,当路段密度取得最佳时,流量达到最大值,以此为界,交通流可被分为非拥挤流和拥挤流两种状态,即二流理论,如图 3-25 所示。

根据二流理论建模单车道路段如下:

$$\begin{cases} n_{j,\text{init}} + q_{j,\text{in}}(k) = q_{j,\text{out}}(k) + n_j(k) \\ n_j(k) = \rho_{\text{jam}} L_{j,\text{jam}}(k) + \rho_{\text{crit}}(L_j - L_{j,\text{jam}}(k)) \end{cases} \tag{3-13}$$

由式 (3-13) 得:

$$L_{j,\text{jam}}(k) = \frac{n_j(k) + q_{j,\text{in}}(k) - q_{j,\text{out}}(k) - \rho_{\text{crit}} L_j}{(\rho_{\text{jam}} - \rho_{\text{crit}})} \tag{3-14}$$

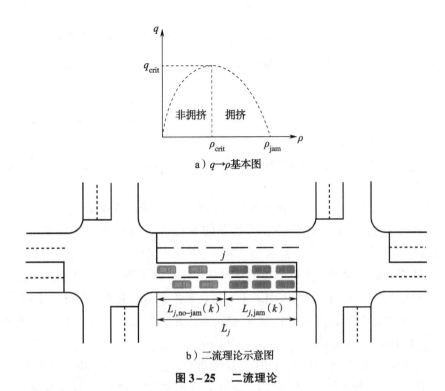

a) $q \rightarrow \rho$ 基本图

b) 二流理论示意图

图 3-25 二流理论

考虑到城市道路的多路段特性，扩展式（3-14），得到多车道路段平均当量排队长度模型：

$$L_{j,\text{jam}}(k) = \frac{n_j(k) + q_{j,\text{in}}(k) - q_{j,\text{out}}(k) - \rho_{\text{crit}} L_j \lambda_j}{\lambda_j (\rho_{\text{jam}} - \rho_{\text{crit}})} \quad (3-15)$$

由式（3-15）可将路段 j 分为拥挤流区域和非拥挤流区域，且拥挤流区域的路段长度为 $L_{j,\text{jam}}(k)$，非拥挤流路段长度为 $L_{j,\text{no-jam}}(k) = L_j - L_{j,\text{jam}}(k)$。为了统一建模过程的描述，在构建时空资源动态分配模型时将路段 j 分为控道区和控速区，此处令控道区长度为 $L_{j,a} = L_{j,\text{jam}}(k)$，控速区长度为 $L_{j,b} = L_{j,\text{no-jam}}(k)$。考虑到宏观交通流具有的规律性，令控道区长度为 $L_{j,a} = \overline{L_{j,\text{jam}}}$，控速区长度为 $L_{j,b} = \overline{L_{j,\text{no-jam}}}$，两区路段长度的划分不随交通流变化而变化。

2. 控道区和控速区的路段长度满足给定要求

为了保证控道区和控速区能够较好地实施相应控制，且保证车辆通行安全和效率，对控道区路段长度 $L_{j,a}$ 和控速区路段长度 $L_{j,b}$ 给定如下要求：

$$\begin{cases} L_{j,a} \geqslant L_{j,a,\min} \\ L_{j,b} \geqslant L_{j,b,\min} \\ L_j = L_{j,a} + L_{j,b} \end{cases} \quad (3-16)$$

式中，$L_{j,a,\min} = \overline{L_{j,\text{jam}}} + \ell$，$\ell$ 表示为调整值，根据经验或历史数据的平均排队长度可以得到 $L_{j,a,\min}$，一般取值为 $150 \sim 200\text{m}$；$L_{j,b,\min} = \left| \dfrac{1}{2\psi_{j,b}} (v_{j,b,\text{free}}^2 - v_{j,b,\text{vsl,min}}^2) \right|$。

对式（3-16）做以下说明。

1）为道路设计速度，主干路：60km/h，50km/h，40km/h；次干路：50km/h，40km/h，30km/h，由此可以得到 $v_{j,b,\text{free}}$ 的值。

2）采用城市主干道上机动车的平均行程速度对城市道路交通的拥挤状况按如下标准界定。

①畅通，城市主干道上机动车的平均行程速度不低于30km/h。

②轻度拥挤，城市主干道上机动车的平均行程速度低于30km/h 但高于20km/h。

③拥挤，城市主干道上机动车的平均行程速度低于20km/h 但高于10km/h。

④严重拥挤（拥堵），城市主干道上机动车的平均行程速度低于10km/h。

研究需考虑到交通流运行的安全和效率，为此只选择上述①和②作为选取 $v_{j,b,\text{vsl,min}}$ 的依据，由此可知 $v_{j,b,\text{vsl,min}} \geqslant 20\text{km/h}$。

3）路段行驶车辆的减速度值主要分布在 [-2, 0] 之间，加速度频率分布如图3-26所示。为此研究中采用平均值法取得减速度 $\psi_{j,b}$ 的值，即：$\psi_{j,b} = -1.5\text{m} \cdot \text{s}^{-2}$。

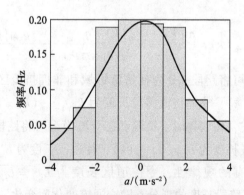

图3-26　加速度频率分布

综上所述，可以得到控道区和控速区的路段长度的约束。

3. 动态速度控制模型

为了实现城市道路路段交通流运行状态离散化和速度控制的研究，对基本路段交通流运行情况进行描述。速度控制模型如图3-27所示，以路段 j, b 为例，$q_{j,b,\text{in}}(k)$ 为 k 时段内路段 j, b 的输入流量，$q_{j,b,\text{out}}(k)$ 为 k 时段内路段 j, b 的输出流量，$v_{j,b}(k)$ 为 k 时段内路段 j, b 的交通流平均速度，$\rho_{j,b}(k)$ 为 k 时段内路段

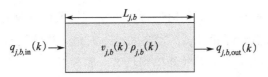

图 3-27 速度控制模型

j,b 的交通流密度，$L_{j,b}$ 为路段 j,b 的长度。其中 T 为离散时间间隔；k 为时间间隔步数，$k=0,1,\cdots,k_p$；t 为采样时刻，$t=kT$。路段 j,b 中输出流量等于交通流密度、交通流平均速度及车道数 $\lambda_{j,b}$ 的乘积，即：

$$q_{j,b,\text{out}}(k) = \rho_{j,b}(k) v_{j,b}(k) \lambda_{j,b} \tag{3-17}$$

路段 j,b 的当前交通流密度等于前一时间间隔内路段 j,b 的交通流密度与路段 j,b 的交通流密度变化量之和，即：

$$\rho_{j,b}(k+1) = \rho_{j,b}(k) + \frac{T}{L_{j,b} \lambda_{j,b}} [q_{j,b,\text{in}}(k) - q_{j,b,\text{out}}(k)] \tag{3-18}$$

根据式（3-17）、式（3-18）对路段 j,b 的交通流物理特性的描述，构建路段 j,b 的动态速度同密度参数及期望速度关系模型。模型中第 $k+1$ 采样间隔内动态速度值等于 k 采样间隔中车辆平均速度与驾驶员期望速度 $V[\rho_{j,b}(k)]$ 的离差，即：

$$v_{j,b}(k+1) = v_{j,b}(k) + \frac{T}{\tau} \{V[\rho_{j,b}(k)] - v_{j,b}(k)\} \tag{3-19}$$

式中，τ，v 均为模型参数，期望速度为：

$$V[\rho_{j,b}(k)] = v_{j,b,\text{free}} \exp\left[-\frac{1}{\alpha_{j,b}} \left(\frac{\rho_{j,b}(k)}{\rho_{j,b,\text{crit}}}\right)^{\alpha_{j,b}}\right] \tag{3-20}$$

式中，$v_{j,b,\text{free}}$ 为路段 j,b 的自由流速度；$\alpha_{j,b}$ 为模型参数；$\rho_{j,b,\text{crit}}$ 为路段 j,b 的临界密度。

上述模型中引入速度-密度关系式（3-20）作为动态速度式（3-19）的输入模型，但式（3-20）不能完全实现对限速条件下交通流运行状态的描述，当交通流处于拥挤状态时，车辆加减速频繁，交通流运行不稳定，而由其计算得到交通流速度平缓下滑，故此模型不能真实地描述限速条件下交通流运行情况。因此，需要根据限速条件下交通流状态变化情况对式（3-20）进行修正。当路段控速区交通状态处于自由流状态时，驾驶员的期望速度高于可变限速值，但由于可变限速值的作用，驾驶员将遵守可变限速值驾驶车辆。随着路段控速区交通状态的逐渐恶化，驾驶员不能根据自身的实际期望选取驾驶速度，为了获得的旅行收益，驾驶员将遵从可变限速值通行。当路段控速区的交通状态进一步恶化，路段控速区的交通流密度较大，车辆之间动态间距无法满足驾驶行为的随性改变时，此时可变限速控制处于无效的控制状态，路段控速区交通自组织缓慢运行。因此可取驾驶员经验期望速度与限速条件下期望速度的最小值，将其作为限速条件下速度－密度关系式，得到式（3－21）。

$$V[\rho_{j,b}(k)] = \min\left\{v_{j,b,\text{free}}\exp\left[-\frac{1}{\alpha_{j,b}}\left(\frac{\rho_{j,b}(k)}{\rho_{j,b,\text{crit}}}\right)^{\alpha_{j,b}}\right], \eta_{j,b}V_{j,b,\text{vsl}}(k) + \right.$$
$$\left. (1-\eta_{j,b})v_{j,b,\text{free}}\exp\left[-\frac{1}{\alpha_{j,b}}\left(\frac{\rho_{j,b}(k)}{\rho_{j,b,\text{crit}}}\right)^{\alpha_{j,b}}\right]\right\} \quad (3-21)$$

式中，$V_{j,b,\text{vsl}}(k)$ 为限速值；$\eta_{j,b}$ 为驾驶员对路段可变限速值的遵从率。

在模型实际应用过程中，驾驶员对路段可变限速值的遵从情况受到较多因素影响。当 $\eta_{j,b}=1$ 时，表明驾驶员对路段可变限速值的遵从率为100%；$\eta_{j,b}=0$ 时，表明驾驶员对路段可变限速值的遵从率为0%，即驾驶员均不遵从限速；当 $0<\eta_{j,b}<1$ 时，表明部分驾驶员遵从可变限速控制。

由式（3－19）和式（3－21）得到：

$$\begin{cases} v_{j,b}(k+1) = v_{j,b}(k) + \dfrac{T}{\tau}\{V[\rho_{j,b}(k)] - v_{j,b}(k)\} \\ V[\rho_{j,b}(k)] = \min\left\{v_{j,b,\text{free}}\exp\left[-\dfrac{1}{\alpha_{j,b}}\left(\dfrac{\rho_{j,b}(k)}{\rho_{j,b,\text{crit}}}\right)^{\alpha_{j,b}}\right], \eta_{j,b}V_{j,b,\text{vsl}}(k) + \right. \\ \left. \qquad\qquad (1-\eta_{j,b})v_{j,b,\text{free}}\exp\left[-\dfrac{1}{\alpha_{j,b}}\left(\dfrac{\rho_{j,b}(k)}{\rho_{j,b,\text{crit}}}\right)^{\alpha_{j,b}}\right]\right\} \end{cases}$$
$$(3-22)$$

式中，$V_{j,b,\text{vsl}}(k)$ 为控制变量。

路段通行能力在交通流变化过程中存在通行能力陡降现象，描述为：交通拥挤的开端是自由流中车辆速度和道路通行能力的急剧下降。这种现象通常发生在交通瓶颈处，称为通行能力陡降现象或者交通崩塌现象（Breakdown Phenomenon），如图 3－28 所示。

1）通行能力陡降现象在瓶颈处可以自发产生，也可以诱发产生，因此分为自发式通行能力陡降现象和诱发式通行能力陡降现象。

2）在给定时间段内，自发通行能力陡降现象的发生概率是道路流量的增函数。

3）通行能力陡降现象及其逆相变在流量密度图上形成迟滞现象。

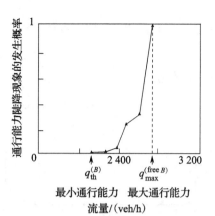

图 3-28 通行能力陡降

同时,Kerner 等发现密度-流量基本图存在四个临界密度,如图 3-29 所示。当密度 $\rho<\rho_{c1}$ 和 $\rho>\rho_{c4}$ 时,交通流处于稳定状态;当密度 $\rho_{c2}<\rho<\rho_{c3}$ 时,交通流处于不稳定状态;当密度 $\rho_{c1}<\rho<\rho_{c2}$ 和 $\rho_{c3}<\rho<\rho_{c4}$ 时,交通流处于亚稳定状态;密度 ρ_{c2} 可以位于最大流量对应密度的左方或右方。这里将其推广至城市主干路及以下道路上(假设存在相同的现象)。

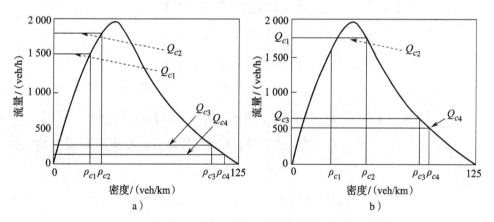

图 3-29 密度-流量基本图

在进行路段 j,b 的动态限速控制 $V_{j,b,\text{vsl}}(k)$ 时,需要考虑令路段 j,b 的密度 $\rho_{j,b}(k)$ 落入交通流的稳定区域和亚稳定区域的密度范围内,即:

$$\begin{cases} \rho_{j,b}(k)<\rho_{j,b,c1} \\ \rho_{j,b}(k)>\rho_{j,b,c4} \\ \rho_{j,b,c1}<\rho_{j,b}(k)<\rho_{j,b,c2} \\ \rho_{j,b,c3}<\rho_{j,b}(k)<\rho_{j,b,c4} \end{cases} \quad (3-23)$$

不能选择 $\rho_{c2}<\rho<\rho_{\text{crit}}$（最佳密度），是因为在该范围内，可能出现通行能力陡降现象。

4. 交叉口主动交通控制模型

通过组合动态速度控制模型和时空资源动态分配模型，建立交叉口主动交通控制模型，如图 3-30 所示。

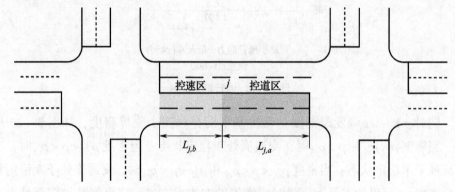

图 3-30 交叉口主动交通控制模型

首先，建立交叉口主动交通控制模型的存储转发形式：

$$\begin{cases} q_{j,b,\text{out}}(k)=q_{j,b,\text{in}}(k)-L_{j,b}\rho_{j,b}(k) \\ n_{j,a}(k+1)=n_{j,a}(k)+q_{j,a,\text{in}}(k)-q_{j,a,\text{out}}(k) \end{cases} \quad (3-24)$$

其中，设 $q_{j,b,\text{out}}(k)=q_{j,a,\text{in}}(k)$，则式（3-24）可变形为：

$$n_{j,a}(k+1)=n_{j,a}(k)+q_{j,b,\text{in}}(k)-L_{j,b}\rho_{j,b}(k)-q_{j,a,\text{out}}(k) \quad (3-25)$$

结合式（3-25）和式（3-15），可得到交叉口主动交通控制模型的完整形式：

$$n_{j,a}(k+1)=n_{j,a}(k)-V(k)-G(k) \quad (3-26)$$

令

$$\begin{cases} V(k)=L_{j,b}\rho_{j,b}(k) \\ G(k)=q_{j,a,\text{in}}(k)-\sum_{o=0}^{\min\{n_{j,a}(k),n_{j,a}^{Xx}(k)\}} \varpi_{j,a,o}(k)S_{j,a}g_{j,a,o}(k) \end{cases} \quad (3-27)$$

在这里引入格林伯速度-密度公式 $v(k)=v_{\text{crit}}\ln\left(\dfrac{\rho_{\text{jam}}}{\rho(k)}\right)$，并将其代入 $V(k)$ 中，得到 $V(k)=L_{j,b}\exp\left[-\dfrac{v_{j,b}(k)}{v_{j,b,\text{crit}}}\right]$，由此将其代入式（3-27）得到：

$$\begin{cases} V(k) = L_{j,b}\exp\left[-\dfrac{v_{j,b}(k)}{v_{j,b,\text{crit}}}\right] \\ G(k) = q_{j,a,\text{in}}(k) - \sum_{o=0}^{\min\{n_{j,a}(k),n_{j,a}^{Xx}(k)\}} \varpi_{j,a,o}(k) S_{j,a} g_{j,a,o}(k) \end{cases} \quad (3-28)$$

格林伯发现这种模型和交通流拥挤情况的现场数据很吻合，但是当交通密度小时，这一模型就不适用了，如果 $k(t)\to 0$，那么速度趋于无穷大。可以考虑在交通密度小时，引入安德伍德指数 – 密度关系公式，该公式是针对小的交通密度论证得到的，此模型适用于较小密度的交通条件，但体现不出密度很大时速度为 0 这一特性，因此不适用于高密度。

为此，可以将 $V(k)$ 进行扩展，如下：

$$V(k) = \begin{cases} L_{j,b}\exp\left[-\dfrac{v_{j,b}(k)}{v_{j,b,\text{crit}}}\right], & if\ v(k) = v_{\text{crit}}\ln\left(\dfrac{\rho_{\text{jam}}}{\rho(k)}\right) \\ L_{j,b}\rho_{j,b,\text{crit}}\ln\left[-\dfrac{v_{j,b}(k)}{v_{j,b,\text{free}}}\right], & if\ v(k) = v_{\text{free}}\exp\left[-\dfrac{\rho(k)}{\rho_{\text{crit}}}\right] \end{cases}$$

3.2.3 场景驱动的交叉口主动控制算法

交叉口主动控制模型由时空资源动态分配模型和速度控制模型组成，其中涉及的控制变量包括相位、相序、绿灯时间、路段车速和车道属性五种。由于交叉口混合场景的特性，不同场景需要不同的控制目标和输出不同的控制参数，为此本节提出的场景驱动的交叉口主动交通控制算法的核心是：通过场景辨识识别不同场景，利用构建的目标函数集合与之匹配，并采用综合控制策略实施控制。

交叉口主动交通控制框架如图 3-31 所示。首先，通过场景辨识算法识别交叉口当前场景；其次，根据场景类型在目标函数集合中选取与之匹配的目标函

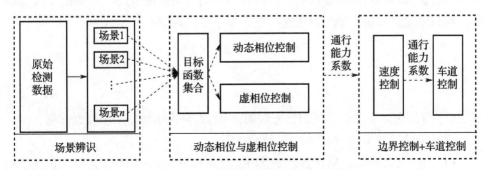

图 3-31 交叉口主动交通控制框架

数,并选择执行何种相位控制策略;再次,执行相位控制的同时判断通行能力系数是否超过阈值,超过阈值则执行边界控制;最后,在执行边界控制的同时继续判断通行能力是否超过阈值,超过阈值则启用车道控制,此时交叉口的车道属性重新表达,其相位集合和控制链同步更新。为此本节提出场景驱动的交叉口主动交通控制算法主要包含四个模块,第一个模块主要用于高精度原始数据的获取和交通场景辨识;第二个模块主要是根据场景辨识结果实现动态相位与虚相位控制;第三个模块根据计算通行能力系数确定是否启动路段速度控制以达到实时边界控制的目的;第四个模块当边界控制效果不理想时,启动车道控制实现交叉口车道属性的重新表达及相位集合的更新。

由第二个模块、第三个模块和第四个模块组成的算法为多变量综合优化控制算法,其结构如图 3-32 所示。其中,双层优化 1 算法下层是由动态相位与虚相位控制构成,上层由速度控制构成;双层优化 2 算法仍然采用上节研究中的双层优化算法实现,但需要说明的是,车道控制启动需要满足的目标函数集合中 J_s 的要求与上节中不同。

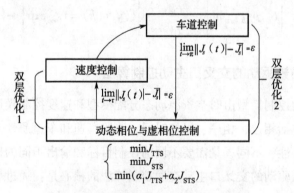

图 3-32　多变量综合优化控制算法结构

1. 目标函数集合

因为交叉口的混合场景特性,所以针对不同的场景应采用不同的控制目标函数,同时考虑到目标函数设计的统一性,令下层的控制目标函数为

$$\min(\alpha J_{TTS} + \beta J_{STS})$$
$$\text{s.t.}$$
$$\alpha + \beta = 1 \tag{3-29}$$

式中,J_{TTS} 为交叉口全部车辆的行程时间;J_{STS} 为特殊车辆的单车行程时间。

同时给定权重系数的选取规则示例如下。

1) 当交叉口所处场景为普通场景时,令 $\alpha=1$,$\beta=0$,即以交叉口通行车辆的总行程时间最小为目标函数。

2) 当交叉口所处场景为紧急车辆的特殊场景时，令 $\alpha=0$，$\beta=1$，即以紧急车辆通过交叉口的行程时间最小为目标函数。

3) 当交叉口所处场景为公交优先车辆的特殊场景时，$\alpha=n$，$\beta=m$，即以公交优先车辆和交叉口其他所有通行车辆的行程时间最小为目标函数，此处权重参数用来表征场景的不同，实际使用需要给定。

考虑到边界控制和车道控制的启动顺序和条件不尽相同，故设计了双层优化 1 和双层优化 2 两个上层控制，同时又考虑到上层控制目标函数具有时间连续性和形式统一性的特点，令上层的控制目标函数为

$$\max_{t \to \Delta} J_s(t) \tag{3-30}$$

且令

$$\begin{cases} \lim_{t \to \tau} \|J_s(t)\| - \overline{J_s} | = \varepsilon \\ \lim_{t \to \pi} \|J_s(t)\| - \overline{J_s} | = \varepsilon \end{cases}$$

s.t.

$$t \to \tau \to \pi$$

式中，双层优化 1 的上层控制目标为 $\begin{cases} \max_{t \to \tau} J_s(t) \\ \lim_{t \to \tau} \|J_s(t)\| - \overline{J_s} | = \varepsilon \end{cases}$；双层优化 2 的上层

控制目标为 $\begin{cases} \max_{t \to \pi} J_s(t) \\ \lim_{t \to \pi} \|J_s(t)\| - \overline{J_s} | = \varepsilon \end{cases}$；$t \to \tau \to \pi$ 表示了 D-双层优化的启动顺序和

时间连续性；$\overline{J_s}=0$ 为通行能力系数的临界值；$\varepsilon \to 0$ 为极小值。

2. 下层：动态相位与虚相位控制

动态相位控制仍然采用前面基于模型预测控制思想的相位控制算法，具体如图 3-12 所示。同时，考虑到如公交优先、紧急车辆所在的场景的特殊性和上节中人工设计相位控制时存在的局限性，对动态相位控制算法进行扩展，采用动态相位与虚相位控制算法，即将动态相位控制算法中的控制链的长度扩展，其中预测控制链的最后一个相位定义为虚相位，用以响应有特殊场景中的控制要求。其中，虚相位描述为不指定具体的相位类型，当特殊场景出现需要其表达时，在交叉口的相位集合中选择最佳相位予以响应。动态相位与虚相位控制的树状演化过程如图 3-33 所示，其中 VP1 代表某一特殊场景的控制，此时虚相位被激活并在交叉口的相位集合中选择最佳相位予以表达。

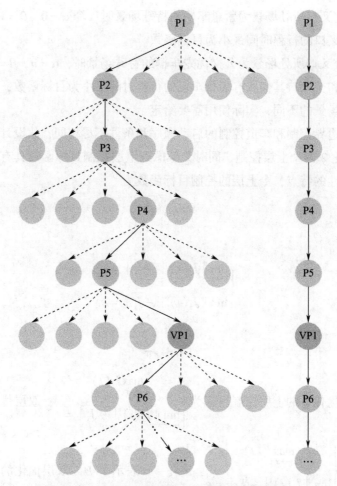

图 3-33 动态相位与虚相位树状演化（见彩插）

具体算法流程图如图 3-34 所示。

执行动态相位与虚相位控制算法，当出现特殊场景时，虚相位被激活，此时其将采样周期 k 内执行某相位时交叉口的流量和排队作为输入，在解空间中搜索与当前执行相位相匹配的 n 个相位作为下一步执行相位的候选，再对每个候选相位选择其连续执行的 m 个相位作为控制链。以 $\begin{cases} J = \min(\alpha J_{TTS} + \beta J_{STS}) \\ \text{s.t. } \alpha + \beta = 1 \end{cases}$ 为目标函数，根据调整权重值，改变目标函数的形式，采用 GA 作为优化算法执行 n 个控制链，并对 n 个控制链的所得 J 进行排序，将取得 J 最小的控制链的第一个相位作为当前相位的下一个执行相位，并将所得间隔时间、相位、绿灯时间作为输出，算法见表 3-7。

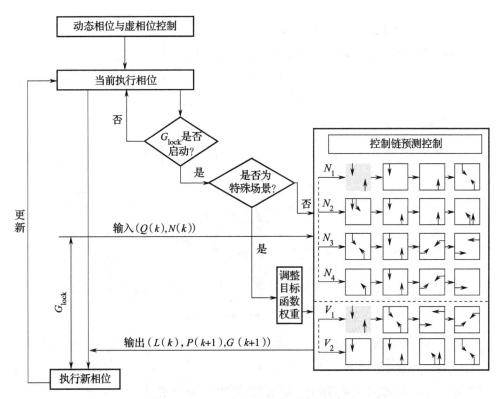

图 3-34　动态相位与虚相位控制算法流程图

表 3-7　动态相位与虚相位控制算法

步骤序号	描　述
1	执行当前相位与绿灯时间，当进入 G_{lock}^i 时，输出当前交叉口各路段交通流量输入和排队状态
2	判断是否为特殊场景，如果是，判断场景类型并通过调整权值改变目标函数的形式，转至步骤 4；否则转至步骤 3
3	启动相位控制链预测，在所设置的相位控制链方案组中选择当前执行相位的相容控制链方案组，将步骤 1 中的交通流量和排队状态作为输入，以 J_{min} 为目标函数，并以 GA 为优化算法，分别执行相容相位控制链方案组中的所有方案，并对执行后的 $N_{(k+1)}$ 排名，输出排名第一的相容相位控制链方案中第一个相位、绿灯时间和间隔时间。该过程采用异步多线程计算，计算时间为 G_{lock}^i
4	启动相位控制链预测，并激活虚相位，在所设置的虚相位控制链方案组中，选择与当前场景相匹配且与当前执行相位相容的控制链方案组，将步骤 1 中的交通流量和排队状态作为输入，以 J_{min} 为目标函数，并以 GA 为优化算法，分别执行相容相位控制链方案组中的所有方案，并对执行后的 $N_{(k+1)}$ 排名，输出排名第一的相容相位控制链方案中第一个相位、绿灯时间和间隔时间。该过程采用异步多线程计算，计算时间为 G_{lock}^i
5	将步骤 3 或步骤 4 计算得到的间隔时间、相位、绿灯时间输出到主进程中，待当前相位的 G_{lock}^i 结束后，执行计算得到的间隔时间、相位、绿灯时间

3. 双层优化 1：上层—速度控制

速度控制与下层的动态相位及其扩展的控制方式组合形成具有边界特征的交叉口内部和外部控制区，即上述控速区和控道区，如图 3-35 所示。也就是说，可引入边界控制思想，通过判断通行能力系数 J_s 决定是否启动速度控制，从而通过抑制输入流量达到缓解控道区车辆数的目的。

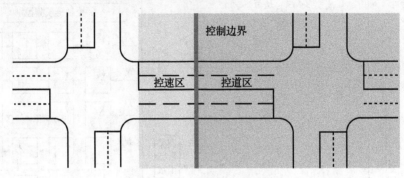

图 3-35 边界控制示意图

双层优化 1 采用双层规划算法实现优化。因此上层规划以图 3-35 中控速区的速度控制为基础，当控道区的通行能力系数 J_s 达到阈值时，其交通容量已达到极限，此时将式(3-31)作为上层规划模型的目标函数。

$$J_{\text{up}}(t) = \max_{t \to \Delta} J_s(t) = \max_{t \to \Delta}(J_M(t) - J_N(t)) \tag{3-31}$$

上层规划模型的约束关系和通行能力系数 J_s 的具体形式如下所示：

$$\begin{cases} J_M = \dfrac{\sum\limits_{j=1}^{n} S_{j,a} g_{j,a,o}(k)}{\sum\limits_{j=1}^{n} \left(S_{j,a} g_{j,a,o}(k) + \dfrac{\Delta n_{j,a}(k)}{\overline{n_{j,a}}} \right)} \\[2ex] J_N = \dfrac{\sum\limits_{i=1}^{n} \dfrac{\Delta n_{j,a}(k)}{\overline{n_{j,a}}}}{\sum\limits_{j=1}^{n} \left(S_{j,a} g_{j,a,o}(k) + \dfrac{\Delta n_{j,a}(k)}{\overline{n_{j,a}}} \right)} \\[2ex] \Delta n_{j,a}(k) = n_{j,a}(k+1) - n_{j,a}(k) = -V(k) - G(k) \\[1ex] \lim\limits_{t \to \tau} \| J_s(k) | - \overline{J_s} \| = \varepsilon \end{cases}$$

下层规划模型的目标函数及约束条件见式 (3-31)，且在设计双层优化 1 算法时，下层求解由上述动态相位与虚相位控制算法完成。对双层优化 1 模型进行求解的具体步骤见表 3-8。

表 3-8 双层优化 1 算法

步骤序号	描 述
1	初始化算法参数,算法开始执行
2	场景辨识,判断场景类型,匹配下层是否激活虚相位,同时在目标函数集合中选定对应目标函数
3	实时监测交叉口 J_s 变化情况,判断 J_s 是否小于零。如果小于零,则启动上层速度控制,并以上层目标函数为要求进行优化,优化采用 GA 算法;否则,返回执行步骤 2
4	在给定的时间 $t \rightarrow \tau$ 内持续监测 J_s 变化情况,判断是否有 $\|J_s(t)\| - \overline{J_s} = \varepsilon$。如果是,则返回执行步骤 2;否则,执行步骤 5
5	跳出该循环,进入双层优化 2 算法流程

4. 双层优化 2：上层—车道控制

由动态相位与虚相位控制和车道控制组成双层优化。但需要强调的是,上层和下层的目标函数需遵循上述目标函数集合的要求,且车道控制启动的时刻由

$$\begin{cases} \lim_{t \to \tau} \|J_s(t)\| - \overline{J_s} = \varepsilon \\ \lim_{t \to \pi} \|J_s(t)\| - \overline{J_s} = \varepsilon \\ \text{s. t. } t \to \tau \to \pi \end{cases}$$ 约束决定。

5. 交叉口主动交通控制算法流程

交叉口主动交通控制算法流程图如图 3-36 所示。

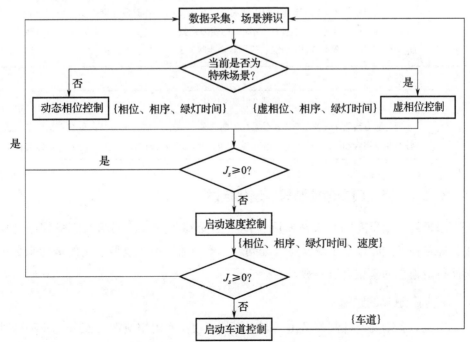

图 3-36 交叉口主动交通控制算法流程图

其算法步骤见表3-9。

表3-9 多变量综合优化控制算法

步骤序号	描述
阶段1：开始	
1.1	获取高精度原始数据，并进行图像化转换，构建有标签数据集
1.2	利用基于半监督哈希学习的算法实施当前时刻交叉口场景辨识
1.3	转至阶段2
阶段2：相位控制	
2.1	判断步骤1.2识别的交通场景是否为特殊场景，如果是，则对当前交叉口实施动态相位与虚相位控制，即首先激活虚相位，并在交叉口的相位集合中选择适合该场景的最佳相位进行控制，其中虚相位可以是当前相位的延续，也可以是相位集合中的任意相位，是否为最佳相位由该场景对应的目标函数的最优化决定，输出{虚相位、相序、绿灯时间}；否则转至步骤2.2
2.2	实施动态相位控制，输出{相位、相序、绿灯时间}
2.3	转至阶段3
阶段3：双层优化1	
3.1	判断通行能力系数J_s是否≥ 0且连续n个采样周期均有$J_s \geq 0$，如果是，则转至步骤1.1；否则转至步骤3.2
3.2	通行能力系数$J_s = 0$且连续n个采样周期均有$J_s = 0$，实施路段速度控制，输出{相位/虚相位、相序、绿灯时间、速度}，判断通行能力系数J_s是否≥ 0且连续n个采样周期均有$J_s \geq 0$，如果是，则转至步骤1.1；否则转至步骤3.3
3.3	转至阶段4
阶段4：双层优化2	
4.1	通行能力系数$J_s = 0$且连续n个采样周期均有$J_s = 0$，实施车道控制，更新交叉口车道属性、相位集合和控制链，输出{相位/虚相位、相序、绿灯时间、速度、车道}，转至阶段1

3.2.4 交叉口交通控制模型退化描述

考虑到理论研究的结果在实际应用中因受到实际条件限制而不能较好地使用，并且在实践时经常出现模型失配问题，本节通过引入模型退化的概念来尽可能使得所建立的模型具有一般性。

1. 模型退化的原因

交叉口主动交通控制模型由动态速度控制模型和时空资源动态分配模型两部分组成，设计的控制变量包括路段速度、车道属性、相位、相序和绿灯时间，模型退化的原因主要可归纳为以下三种。

1）控速区路段长度达不到速度控制要求，即 $L_{j,b} < L_{j,b,\min}$。

2）执行器不能执行，执行器分为两类，一类是速度控制执行器，一类是车道及信号控制执行器。

3）驾驶员在控速区对限速的遵从率 $\eta_{j,b}$ 不足。

当上述情况发生时，以式（3-30）为完整形式的交叉口主动交通控制模型出现退化，退化过程如图3-37所示。

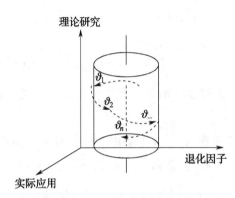

图3-37 模型退化过程

2. 模型退化的形式

（1）模型退化因子

假设 $\vartheta = [\theta_r, \theta_{c,a}, \theta_{c,b}, \theta_f]$，$\vartheta$ 表示为退化因子集合，具体见表3-10。

表3-10 模型退化因子描述

模型退化因子	描 述
$\theta_r = [0, 1]$	表示路段长度是否满足要求，0为不满足要求，1为满足要求
$\theta_{c,a} = [0, 1]$	表示限速控制执行器状态，0为状态异常，1为状态正常
$\theta_{c,b} = [-1, 0, 1]$	表示车道及信号控制执行器状态，-1、0为状态异常，1为状态正常
$\theta_f = [0, 1]$	表示驾驶员遵从率是否足够，0为驾驶员遵从率不充足，1为驾驶员遵从率充足

（2）模型退化过程

再次给出交叉口主动交通控制模型完整形式：

$$n_{j,a}(k+1) = n_{j,a}(k) - V(k) - G(k)$$

式中，
$$\begin{cases} V(k) = L_{j,b}\exp\left[-\dfrac{v_{j,b}(k)}{v_{j,b,\mathrm{crit}}}\right] \\ G(k) = q_{j,a,\mathrm{in}}(k) - \displaystyle\sum_{o=0}^{\min\{n_{j,a}(k),\,n_{j,a}^{X_x}(k)\}} \varpi_{j,a,o}(k)\varphi_{j,a,o}(k)S_{j,a}g_{j,a,o}(k) \end{cases}$$

1）当退化因子 ϑ 表现为 $\theta_{i,r}=0$ 或 $\theta_{i,f}=0$ 或 $\theta_{i,c,a}=0$ 时，存在 $v_j^1(t)=0$，则式（3-26）退化为式（3-32）。

$$n_{j,a}(k+1) = n_{j,a}(k) - G(k) \tag{3-32}$$

式中，$G(k) = q_{j,a,\mathrm{in}}(k) - \displaystyle\sum_{o=0}^{\min\{n_{j,a}(k),\,n_{j,a}^{X_x}(k)\}} \varpi_{j,a,o}(k)\varphi_{j,a,o}(k)S_{j,a}g_{j,a,o}(k)$

式（3-32）表示为控速区消失，无法实施动态速度控制，但可实施时空资源动态分配模型控制。

2）当退化因子 ϑ 表现为 $\theta_{i,r}=0$ 或 $\theta_{i,f}=0$，且 $\theta_{i,c,b}=0$ 时，存在 $v_j^1(t)=0$，$\varpi_{j,a,o}(k)=\hbar$，$\varphi_{j,a,o}(k)=\lambda$，且 $\hbar$ 和 λ 为常值，则式（3-30）退化为式（3-33）。

$$n_{j,a}(k+1) = n_{j,a}(k) - G'(k) \tag{3-33}$$

式中，$G'(k) = q_{j,a,\mathrm{in}}(k) - \varpi_{j,a,o}(k)\varphi_{j,a,o}(k)S_{j,a}\displaystyle\sum_{o=0}^{\min\{n_{j,a}(k),\,n_{j,a}^{X_x}(k)\}} g_{j,a,o}(k)$

式（3-33）表示为控速区消失且车道方向属性无法表达，无法实施动态速度控制和时空资源动态分配模型控制中的车道控制，可实施动态相序控制；

3）当退化因子 ϑ 表现为 $\theta_{i,r}=0$ 或 $\theta_{i,f}=0$，且 $\theta_{i,c,b}=-1$ 时，存在 $v_j^1(t)=0$，$\varpi_{j,a,o}(k)=\hbar$，$\varphi_{j,a,o}(k)=\lambda$，且 $\hbar$ 和 λ 为常值，并且 $o=1,2,3$，则式（3-26）退化为式（3-34）。

$$n_{j,a}(k+1) = n_{j,a}(k) - G''(k) \tag{3-34}$$

式中，$G''(k) = q_{j,a,\mathrm{in}}(k) - \varpi_{j,a,o}(k)\varphi_{j,a,o}(k)S_{j,a}\displaystyle\sum_{o=1}^{3} g_{j,a,o}(k)$

式（3-34）表示为控速区消失、车道方向属性无法表达和相序不能调整，无法实施动态速度控制、时空资源动态分配模型中的车道控制和动态相序控制，可实施静态相序控制（静态相序自适应、静态相序定时控制等）。

当模型从式（3-26）退化到式（3-32）时，{基因、相位、相序} 的解空间将缩小，直至退化到式（3-34），如图3-38所示。

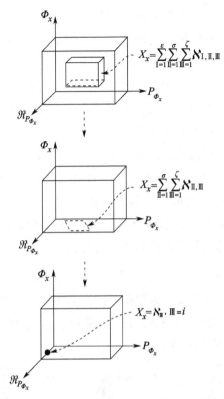

图 3-38 模型退化时 {基因、相位、相序} 解空间的变化

3.2.5 仿真验证

1. 仿真设计

为了验证交叉口主动控制方法的有效性并便于与传统控制方法对比分析，采用欠饱和、过饱和、欠饱和与公交优先、过饱和与公交优先、欠饱和与紧急车辆、过饱和与紧急车辆 6 种场景，并将其分为三组进行实验。所选用的仿真数据以交叉口交通流量为基础进行设计。每次仿真时间为 7 200s，每组进行 10 次仿真并取平均值。其中，评价参数均选择平均停车次数和平均延误时间，数据采样间隔为 600s。为了验证模型退化后控制算法的效果，选取 {欠饱和、过饱和} 两个场景对模型退化的各阶段的控制进行实验。需要对实验予以说明：①由于传统控制方法一般具有针对性，即不同场景采用不同的控制方法，为了便于比较，在第一组 {欠饱和、过饱和} 两个场景中，与定时控制进行对比；在第二组 {欠饱和与公交优先、过饱和与公交优先} 两个场景中，与传统公交优先控制（采用相位绿灯延长和红灯缩短）进行对比；在第三组 {欠饱和与紧急车辆、过饱和与紧急车辆} 两个场景中，与传统紧急车辆控制（采用触发响应，即当检

测到通行请求时,立即锁定相位或跳转相位)进行对比;②仿真中采用检测点代替实际中常用的 RFID 检测器,将检测点布设在距离停车线 150m 左右的位置;③对于仿真中出现的所有公交车辆均实施公交优先控制,出现的所有紧急车辆均实施紧急优先控制;④模型退化仿真时,选择 {欠饱和、过饱和} 两个场景是为说明和验证模型退化的过程结果;⑤在仿真中对于目标函数参数 α 和 β 选择,在第一组 {欠饱和、过饱和} 场景时,令 $\alpha=1$,$\beta=0$,即考虑交叉口通行车辆的总行程时间最小为目标函数;在第二组 {欠饱和与公交优先、过饱和与公交优先} 场景时,令 $\alpha=0$,$\beta=1$,即考虑公交优先车辆通过交叉口的行程时间最小为目标函数;在第三组 {欠饱和与紧急车辆、过饱和与紧急车辆} 场景时,令 $\alpha=0$,$\beta=1$,即考虑紧急车辆通过交叉口的行程时间最小为目标函数(这样选择目标函数参数的目的是和传统控制方法进行比较)。

2. 参数设置

考虑到设计的交叉口主动交通控制方法在实施速度控制时,控速区长度需要遵循约束条件,为得到较为可靠的控制结果,设计路网进行仿真验证,如图 3-39 所示,仿真参数见表 3-11。

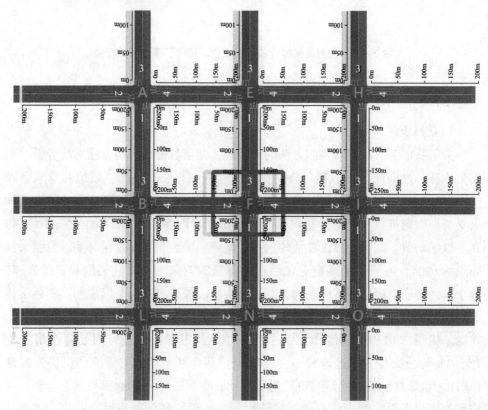

图 3-39 仿真路网

表 3-11 仿真参数设置

参数类型	具体内容
道路	采用 3×3 路口设计;交叉口连接路段间距为 470~490m,边界路口输入路段为 230~250m;路段采用双向 4 车道,路口进口 30m 处设置渠化,渠化均为左转、直行,转向比例为 3:7;车道宽度为 3.5m
车辆	车速分布范围为 20~60km/h;车型比例为 1:99(大型车辆:小型车辆);大型车辆中公交车与紧急车辆的比例为 99:1;车流量从路网的进口路段生成,流量分布参照潍坊市城区部分路口给定
路网及信号	路口编号为 1~9,其中本章实施控制的路口编号为 5;除 5 号路口外,其余路口全部采用 4 阶段信号灯控制,阶段依次为:南北直行、南北左转、东西直行、东西左转;直右车辆与直行车辆同时放行;信号控制周期为 120s;间隔时间为黄灯 3s,全红 2s;T_{stage1} 为 35s,T_{stage2} 为 15s,T_{stage3} 为 35s,T_{stage4} 为 15s
场景	6 种(欠饱和、过饱和、欠饱和与公交优先、过饱和与公交优先、欠饱和与紧急车辆、过饱和与紧急车辆)
数据采集	数据采集路段编号、车道编号、车辆编号、全路段密度、流量、车速、车长、车辆坐标和车辆类型,数据采样间隔为 600s,仿真时间 7 200s

3. 与传统方法对比分析

(1) 第一组:{欠饱和、过饱和} 两个场景

在第一组所包含的两个场景进行对比时,通行能力系数 J_s 的变化情况如图 3-40 所示。从图 3-40 中可以看出,采用本节的方法时要比采用传统控制方法到达 J_s 阈值的时间晚,图中所示的速度控制 (Speed Control) 表示 $J_s<0$,启动了速度控制,但发现下一个数据点的 J_s 进一步降低,说明此时速度控制已经无法控制 J_s 的下降,继而启动车道控制 (Lane Control),由于后续交通状态的好转和车道控制的作用,J_s 恢复到控制阈值内。

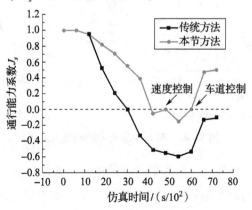

图 3-40 通行能力系数变化

第一组所包含的两个场景通过交叉口的车辆的平均停车次数和平均延误时间分别如图3-41a和图3-41b所示。从图3-41中可以看出，采用本节所提主动控制方法在该组的欠饱和与过饱和两个场景下的控制效果均好于传统控制方法。

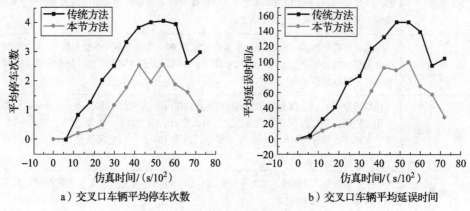

a) 交叉口车辆平均停车次数　　b) 交叉口车辆平均延误时间

图3-41　第一组场景的控制效果对比

(2) 第二组：{欠饱和与公交优先、过饱和与公交优先} 两个场景

第二组所包含的两个场景通过交叉口的公交车的平均停车次数和平均延误时间分别如图3-42a和图3-42b所示。从图3-42中可以看出，在欠饱和与公交优先的场景下，采用本节所提的主动控制方法与传统控制方法的控制效果相近；但随着交通流的变化场景由欠饱和与公交优先转至过饱和与公交优先场景，此时采用本节所提的主动控制方法的控制效果明显好于传统控制方法。

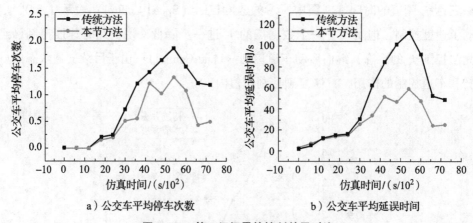

a) 公交车平均停车次数　　b) 公交车平均延误时间

图3-42　第二组场景的控制效果对比

(3) 第三组：{欠饱和与紧急车辆、过饱和与紧急车辆} 两个场景

第三组所包含的两个场景通过交叉口的公交车的平均停车次数和平均延误时间分别如图3-43a和图3-43b所示。从图3-43中可以看出，在欠饱和与紧急

车辆的场景下，采用本节所提的主动控制方法与传统控制方法的控制效果相近；但随着交通流的变化场景由欠饱和与紧急车辆转至过饱和与紧急车辆场景，此时采用本节所提的主动控制方法的控制效果明显好于传统控制方法。

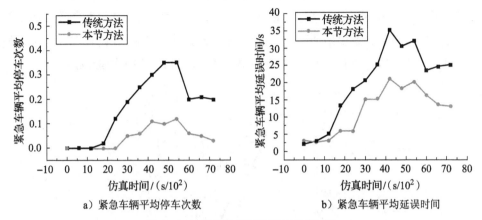

a）紧急车辆平均停车次数　　　　b）紧急车辆平均延误时间

图 3-43　第三组场景的控制效果对比

上述两种控制方式的仿真结果对比见表 3-12，与传统方法相比，应用本节方法在第一组场景下降低交叉口平均停车延误时间 35.93%，平均停车次数降低 31.80%；在第二组场景下降低公交车平均停车延误时间 22.35%，平均停车次数降低 26.58%；在第三组场景下降低紧急车辆平均停车延误时间 14.81%，平均停车次数降低 47.06%。由此可知，此方法能够有效辨识不同场景，并给予适合的控制响应，提高通行效率。

表 3-12　控制方式仿真结果对比

实验场景	控制方法	指　标	结果	改进
第一组 {欠饱和、过饱和}	传统方法	交叉口平均延误时间/s	92.4	—
	本节方法	交叉口平均延误时间/s	59.2	35.93%
	传统方法	交叉口平均停车次数/次	2.41	—
	本节方法	交叉口平均停车次数/次	1.64	31.80%
第二组 {欠饱和与公交优先、 过饱和与公交优先}	传统方法	公交车辆平均延误时间/s	50.1	—
	本节方法	公交车辆平均延误时间/s	38.4	22.35%
	传统方法	公交车辆平均停车次数/次	0.79	—
	本节方法	公交车辆平均停车次数/次	0.58	26.58%
第三组 {欠饱和与紧急车辆、 过饱和与紧急车辆}	传统方法	紧急车辆平均延误时间/s	16.2	—
	本节方法	紧急车辆平均延误时间/s	13.8	14.81%
	传统方法	紧急车辆平均停车次数/次	0.17	—
	本节方法	紧急车辆平均停车次数/次	0.09	47.06%

4. 模型退化结果对比分析

为更好描述交叉口主动控制的模型退化的各阶段，选取上述第一组 {欠饱和、过饱和} 两个场景对模型退化的各阶段的控制进行对比分析。通行能力系数变化如图 3-44 所示，FC 为上述用于对比的传统定时控制，SC 为交叉口切换控制，DC 为本书第 3 章提出的时空资源动态分配模型双层优化控制，AC 为本章所提的主动交通控制。图 3-44 中的箭头描述了 DC 和 AC 的不同控制阶段。

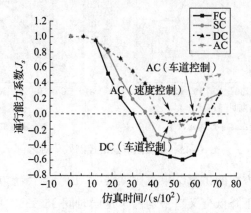

图 3-44 通行能力系数变化

欠饱和和过饱和两个场景下通过交叉口的车辆的平均停车次数和平均延误时间分别如图 3-45a 和图 3-45b 所示。从图 3-44 和图 3-45 中可以看出，采用 SC、DC 和 AC 三种控制方法的控制效果均好于传统控制方法，并且在 $J_s > 0$ 时 DC 和 AC 的控制效果相同，原因是在该条件下两者采用的方法相同（均为动态相位控制）。但从图 3-44 中发现，当 $J_s < 0$ 时 DC 与 AC 的控制效果交替，当 AC 启动车道控制时，效果明显好于 DC，这是由于在该条件下 DC 多次实施车道

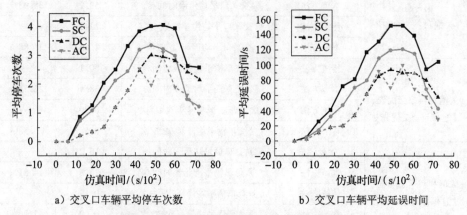

a）交叉口车辆平均停车次数 b）交叉口车辆平均延误时间

图 3-45 模型退化不同阶段的控制效果对比

控制，J_s 在阈值附近波动，但因为其具有滞后性，所以当交通流发生变化时无法快速适应。同时，场景由过饱和转向欠饱和时，SC 的控制效果与 AC 相近，原因是其适应交通流变化的速度更快。

上述四种控制方式的仿真结果对比见表 3-13，与 FC、SC、DC 三种方法相比，AC 的方式能够有效降低交叉口平均停车延误时间和平均停车次数，DC 相比于 SC 和 FC 也有较高提升。同时，从表 3-13 中可以看到，在模型退化过程中控制方法对交叉口的控制效果逐步降低。

表 3-13 四种控制方式仿真结果对比

控制方式	指标	结果	改进（%）		
FC	交叉口平均延误时间/s	92.4	—	—	—
	交叉口平均停车次数/次	2.41	—	—	—
SC	交叉口平均延误时间/s	72.8	21.21	—	—
	交叉口平均停车次数/次	2.03	15.72	—	—
DC	交叉口平均延误时间/s	65.6	29.01	9.89	—
	交叉口平均停车次数/次	1.76	26.92	13.30	—
AC	交叉口平均延误时间/s	59.2	35.93	16.68	11.94
	交叉口平均停车次数/次	1.64	31.80	19.21	9.76

3.3 基于均衡 k 划分的信号控制区域动态划分

城市交通网络是由线路汇聚的交叉口节点和与其邻接的路段构成的，交通流的动态性、随机性及时空多样性等特点使得节点与路段之间的差别和耦合关系错综复杂。对于一个规模较大的城市路网交通信号控制系统，通常会将路网按照辖区属性、交叉口关联性或路网控制策略进行区域划分，以减小控制系统的复杂度，划分后交叉口节点群称为"信号控制子区"。此外由于城市路网内部的交通流具有时变特性，因此交通区域划分也要按照交通流的改变情况做出合理的动态调整。交通信号控制子区的动态划分是信号控制系统的必备模块，也是进行区域交通信号协调控制的基本前提。

3.3.1 路网拓扑建模

借助图论的理论来表征路网内单位节点间的信息传递，将每个交叉口（路段）抽象为图中的节点，用边来表达节点间的连接关系，并根据信息传递的方向和信息的强度，定义了无向图、有向图、加权图等概念。

图：图是由顶点集合和顶点集合间的二元关系组成的数据结构，用 $G=(V,E)$ 来表示，其中顶点集合为 $V(G)$，边的集合为 $E(G)$。

无向图与有向图：边的集合中，顶点 (u,v) 构成的无序对，表示与顶点 u 和 v 相关联的、没有特定的方向一条无向边，因此 (u,v) 与 (v,u) 是同一条边，这种图称为无向图，反之，如果图中所有的边都有特定的方向，这种图称为有向图。

邻接矩阵：设 $G=(V,E)$ 是一个具有 n 个顶点的图，则图的邻接矩阵 $A=[a_{ij}] \in \mathfrak{R}^{n \times n}$ 是一个 $n \times n$ 的二维数组：

$$a_{ij} = \begin{cases} 1, & \text{当}(u,v) \in G(E) \text{或者} <u,v> \in G(E) \\ 0, & \text{其他} \end{cases}$$

建立无向（有向）、无加权（加权）的路网拓扑图模型是研究城市交通网络特性的基础。对于由 n 个交叉口和 m 条相连路段组成的连通性区域路网，如图 3-46 所示，路网拓扑图是由一些点（顶点）和一些由两点连成的线（边）组成的整体，通常可以用 $G=(V,E)$ 来表示。本节构造以交叉口为节点，路段连线为边的节点网络，对于一个加权网络，权值可以表征顶点及两个顶点间某种关系的程度。

图 3-46　以交叉口为节点的路网拓扑图（见彩插）

3.3.2　基于均衡 k 划分的子区动态划分问题描述

子区均衡 k 划分的意义是划分后子区内的节点数目不等，但节点权重之和近似。从宏观的角度分析，均衡划分的好处是将权重大、对路网影响较大的节点以子区的形式均衡地分布在路网中；从微观的角度分析，划分后的子区内权重大的节点是实现子区协调控制的关键节点，便于设计具有针对性的控制策略以实现路网的总体控制目标。

将路网建模成为一个无向带权图 $G=(V, E)$ 和划分子集数 k，k 为正整数，其中 $V=\{v_1, v_2, \cdots, v_n\}$，$E=\{e_{12}, e_{23}, \cdots, e_{ij}\}$ 分别为所有交叉口和交叉口连线路段的集合，v_i 为第 i 个交叉口，$w(v_i)$ 为交叉口的权重；e_{ij} 为连接交叉口 i 和 j 之间的路段，$w(e_{ij})$ 为路段的权重。连接不同子区的边权之和称为割权 w_{ij}，子区 V_i 的交叉口权值 $w(V_i)$ 等于子区内所包含的交叉口的权值之和，即 $w(V_i)=\sum_{v \in V_i} w(v)$，则所有交叉口的权值之和为 $w_{\text{sum}}=\sum_{i=1}^{k} w(V_i)$。

路网子区动态划分问题转化为加权拓扑图的均衡 k 划分问题，定义满足控制子区的节点数约束的映射函数为 $\Pi: V\{1, 2, \cdots, k\}$，把交叉口集 V 均衡分配在 V_1，V_2，$\cdots$，V_k 集合中，每个子集的交叉口权值之和方差最小，且 $\bigcup_i V_i = V$，使子区间的连线为重要度较低（边权之和最小）的路段，即实现子区间的弱关联性。

$$\begin{cases} \min \dfrac{1}{m} \sum_{1 \leq i \leq j \leq n} w_{ij} \\ \min w(V_i) - w_e \leq \sigma \end{cases} \quad (3-35)$$

$$\text{s.t. } w(V_i) \leq w_e, w_e = w_{\text{sum}}/k$$

将子区划分分为四个部分，如图 3-47 所示。第一部分：通过城市交通检测系统获取路网动静态交通信息，将路网抽象为无向有权图，计算交叉口与路段权重；第二部分：以每个子集的交叉口的权值之和（相似性）具有极小化差异和连接不同子集的割权最小（模块化目标）为优化目标，利用禁忌搜索算法进行优化目标的求解；第三部分：设计分区动态调节的条件；第四部分：进一步分析动态分区各交叉口子集的可控状态，为路网区域协调控制提供状态信息。通过四部分的递进运算，形成一套闭环的子区动态划分逻辑。

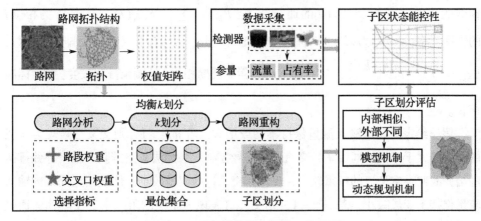

图 3-47 子区动态划分逻辑（见彩插）

1. 交叉口权重

各交叉口对区域总体状态的影响具有差异性,交叉口权重体现了交叉口对网络特定结构和功能的影响,下面从交叉口重要度权重、交叉口可控状态权重、交叉口接近中心性权重几个方面对交叉口权重进行定义和建模。

(1) 交叉口重要度权重——流量相关

交叉口重要度权重体现的是路网中不同交叉口间的差异性:

$$w_i^{\text{FI}} = \frac{1}{m}\sum_{p=1}^{m} w_{ij}^{cL} = \frac{1}{m}\sum_{p=1}^{m} \frac{C_{ij}}{l_{ij}} \quad (3-36)$$

式中,w_i^{FI} 为第 i 个交叉口的重要度权重;w_{ij}^{cL} 为与交叉口相连路段 L_{ij} 的重要度权重,C_{ij} 为路段 L_{ij} 的通行能力(veh/h);l_{ij} 为路段 L_{ij} 的路段长度(m);m 为交叉口所连路段数。

(2) 交叉口可控状态权重——信号控制相关

引入交叉口通过率 C_i 和阻塞率 S_i 的概念,以二者的综合作用来描述交叉口的可控状态权重,信号控制和交通流相互作用引起交叉口车辆排队持续增加,最终导致排队溢出,则定义为交叉口不可控;反之,若交叉口可控:

$$w_i^{\text{SC}} = \frac{S_i}{C_i} = \frac{\dfrac{\Delta x_{iq}}{P_{ic} + \Delta x_{iq}}}{\dfrac{P_{ic}}{P_{ic} + \Delta x_{iq}}} = \frac{\Delta x_{iq}}{P_{ic}} \quad (3-37)$$

式中,w_i^{SC} 为交叉口的状态可控状态权重;C_i 为交叉口 i 的通过率,即车辆数与需求车辆数的比率;S_i 为交叉口 i 的阻塞率,即剩余排队车辆数与总需求车辆数的比率;P_{ic} 为交叉口 i 的通行能力,$P_{ic} = \sum_{i=1}^{n} S_i g_i(k)$,其中 S_i 为相位 i 的饱和流率,$g_i(k)$ 为第 k 周期相位 i 的绿灯时长;Δx_{iq} 为交叉口剩余排队车辆数,$\Delta x_{iq} = \sum_{i=1}^{n}\left(\dfrac{\Delta x_i(k)}{\bar{x}}\right)$,其中 $\Delta x_i(k)$ 为第 k 周期相位 i 的剩余排队长度,$\bar{x}$ 为标准车长。

假设给定周期内输入流量保持不变或增大,若 $w_i^{\text{SC}} > 1$,则交叉口表现为车辆的阻塞率大于车辆的通过率,交叉口的信号控制效果无法清空排队,最终导致排队溢出,故此类交叉口的权重较大,反之,交叉口的权重较小;假设给定周期内输入流量保持不变或减小,若 $w_i^{\text{SC}} = 1$,则交叉口表现为车辆的阻塞率等于车辆的通过率,交叉口的信号控制效果将不变或改善,此时定义交叉口为临界状态。

(3) 交叉口接近中心性权重——路网全局拓扑特性

交叉口接近中心性是通过计算交叉口与路网中其他所有交叉口的距离的平均值来衡量交叉口在路网中的重要程度，是路网拓扑的全局指标。交叉口与网络中其他交叉口的平均距离越小，该节点的接近中心性就越大。接近中心性也可以理解为通过车流在路网中的平均旅行时长来确定节点的重要性。平均来说，接近中心性最大的节点更容易吸引车流。对于有 n 个交叉口的连通路网，可以计算任意一个交叉口 i 到路网中其他节点的平均最短时间：$d_i = (1/n-1)\sum d_{ij}$，d_{ij} 为两节点间的旅行时间，因此 d_i 越小意味着第 i 个交叉口更容易到达路网中的其他节点，于是把 d_i 的倒数定义为交叉口 i 的接近中心性权重，即：

$$w_i^{CC} = \frac{1}{d_i} = \frac{n-1}{\sum_{j \neq i} d_{ij}} \tag{3-38}$$

(4) 交叉口综合权重

交叉口综合权重是将以上三个指标相乘并进行归一化，见式（3-39）。

$$w_i = \frac{w_i^{FI} w_i^{SC} w_i^{CC}}{\sum_{i=1}^{n} w_i^{FI} w_i^{SC} w_i^{CC}} \tag{3-39}$$

式中，w_i 为交叉口 i 的综合权重，表征了不同交叉口对路网整体状态的影响程度。

2. 路段权重模型

路段权重表征了路段状态对区域整体状态的影响程度，从路段综合长度和路段重要度两个方面对路段权重进行分析。

(1) 路段综合长度权重

交通网络中不同等级的路段承载着不同负荷的交通运输压力，对路网整体状态影响较大的路段，通常也承载了更多的交通量，因此应赋予较大的权重。通过路段的长度和宽度来建立路段等级权重模型为：

$$w_{ij}^{DI} = \frac{\alpha_{ij} l_{ij}}{L_{total}}$$

式中，α_{ij} 为路段 L_{ij} 的车道数；l_{ij} 为路段 L_{ij} 的路段长度（m）；L_{total} 为路网的总长度，$L_{total} = \sum_{i,j}^{total} \alpha_{ij} l_{ij}$。

(2) 路段重要度权重

现实路网中,评价路段的重要性通常有两个维度,交通参与者出行选择概率较大的路段和某些长度较短的溢流路段,即路网中需要更多关注的路段,也是应赋予较大权重的路段。因此,建立路段重要度权重模型为:

$$w_{ij}^{FI} = \frac{C_{ij}}{l_{ij}}$$

式中,w_{ij}^{FI} 为路段 L_{ij} 的重要度权重;C_{ij} 为路段 L_{ij} 的通行能力(veh/h);l_{ij} 为路段 L_{ij} 的路段长度(m)。

(3) 路段综合权重

路段综合权重为以上两个权重相乘并进行归一化的结果,见式(3-40)。

$$w_{ij} = \frac{w_{ij}^{DI} w_{ij}^{FI}}{\sum_{i,j}^{total} w_{ij}^{DI} w_{ij}^{FI}} \tag{3-40}$$

式中,total 为路网中的路段集合;w_{ij} 为该路段对于路网总体的权重,其反映的是同一路网中不同路段对路网状态影响程度的差异性,权重越大说明路段越重要。

3.3.3 路网均衡 k 划分算法研究

对于城市交通网络系统的子区划分问题,本节期望划分后的交通子区规模相似,且子区间的关联性较弱,即图划分中割权最小、子集权值和均衡为路网划分的目标。

图的 k 划分问题是经典的 NP 完全问题,选取禁忌搜索算法来求解图划分问题。禁忌搜索的基本思想是以初始可行解为起点,设定特定的搜索方向,选择实现让特定的目标变化最多的移动进而完成目标求解。禁忌搜索算法是一种快速的邻域搜索方法,其思想刚好满足子区间交叉口合并和分离的划分逻辑,且收敛速度快。

1. 基于禁忌搜索的均衡 k 划分算法

为了有效反映子集间顶点权值的差异,定义均衡指标 e 来反映划分的均衡情况:

$$e = \max_{i \in \{1,2,\cdots,k\}} \frac{w(V_i)}{w_e} \tag{3-41}$$

子区划分是为了减少路网协调控制算法的复杂度,提高控制系统的稳定性,以子区的形态确定路网的最佳控制方式。经过长期的经验积累,划分个数 k 最少为 2,最多为 $\sqrt{n}$,其中 n 为待划分路网的交叉口数目,且交叉口规模在 6~10 之间的子区能够满足现阶段控制系统的实时性。

1) 参数准备：采集路网的动静态历史数据，如交叉口交通流量、路段车道数、路段长度、路段旅行时间等，计算交叉口与路段的权重系数，构建路网的有权拓扑图。

2) 初始解确定：禁忌搜索算法是一种基于邻域搜索的方法，算法性能很大程度上受初始解的影响，因此设计了一种确定初始解的启发式算法 gain。因为带权图的均衡 k 划分是在寻找近似均衡的 k 划分的前提下最小化割权，所以所提算法在保证子集近似均衡的条件下，采用最大化同一子集的内部边权之和的策略来实现最小化割权。假设 V_1，V_2，…，V_k 是要构建的 k 个子集，选择具有最大增益的顶点 $v_{\max}$ 移动到 V_i，为了有效减少算法的时间，先将顶点的增益大小进行排序。gain 算法流程如图 3-48 所示。

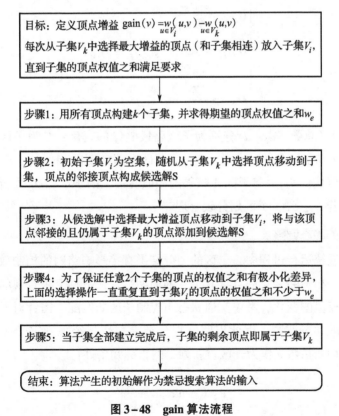

图 3-48　gain 算法流程

3) 邻域和禁忌对象：不同邻域的选择（即算法移动操作）将产生不同的搜索结果。

定义　移动操作：假设 $P=\{V_1,V_2,\cdots,V_k\}$ 为图 G 的一个 k 划分。首先从

不同子集中选择两顶点 $v_1 \in V_i$，$v_2 \in V_j$，且 $v_1(v_2)$ 和目标子集 $V_j(V_i)$ 至少有一个顶点相连。然后将顶点 $v_1(v_2)$ 移动到 $V_j(V_i)$。经过 5 步搜索之后顶点 v 才可以重新被移动到原始子集。

若最终的邻域解有多个结果选择，赋予移动频数较低的顶点以较高的优选权。

4）算法停止准则：为了评价划分结果的合理性，选取子区内路段密度分布的差异性指标作为算法终止的条件，即选用密度相似性指标来评价子区的划分结果，见式（3-42）。

$$\begin{cases} D_{SIJ} = \dfrac{\sum\limits_{i \in I}\sum\limits_{j \in J}(d_i - d_j)^2}{N_I N_J} \\ D_{SIK} = \dfrac{D_{SII}}{D_{SNIJ}} \\ D_{SNIJ} = \min\{D_{SIK}, K \in N_{eiI}\} \\ D_{IS} = \dfrac{\sum\limits_{I \in C} D_{SI}}{k} \end{cases} \quad (3-42)$$

式中，k 为分区总数；d_i、d_j 分别为子区路段 i、j 的密度；C 为子区集；N_I、N_J 分别为子区 I 和 J 包含的节点数；D_{SII} 为子区内部密度的相似性；D_{SNIJ} 为子区之间密度的相似性；N_{eiI} 为与子区 A 相邻的相似性最大的子区；D_{IS} 为所有分区相似度的均值，若 $D_{IS} < 1$，子区划分较合理。

2. 子区的动态调整

在信号系统运行过程中，子区的划分结果直接影响路网的控制效果。而路网的交通状况是在不断变化的且具有很强的周期性，在数据上很直观的反应就是交叉口和路段权值的变化，考虑交通状态与控制子区的匹配，需针对不同的交通状态进行子区的动态调整。因此以路网划分结果均衡与否来判定子区划分是否失效，即选取均衡指数 e 作为子区重新划分的指标和条件：

$$e = \max_{i \in \{1,2,\cdots,k\}} \dfrac{w(V_i)}{w_e} \quad (3-43)$$

子区均衡划分是网络均衡控制的关键环节，在一定程度上能够降低控制算法的复杂度，从而在更短时间内实现网络控制目标。此外，从区域划分的动态性分析，子区在控制策略作用下持续保持均衡状态，分区算法不需要频繁启动，也有助于交通控制系统的稳定运行。

3. 子区动态划分算法流程

子区动态划分算法流程如图3-49所示。

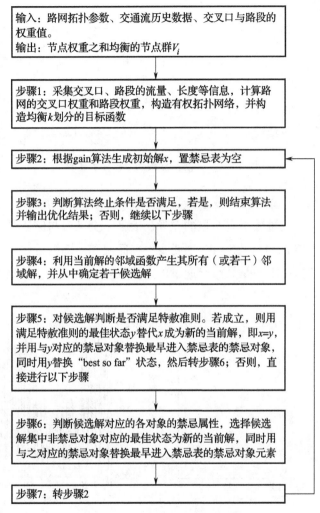

图3-49 子区动态划分算法流程

3.3.4 实验分析与应用

1. 实验路网

通过采集潍坊市部分路网的实际流量数据，结合路网的物理拓扑特性，来验证所提划分方法的有效性，路网与拓扑结构如图3-50所示。该路网包含32个灯控交叉口，104条路段。路网中当前为分时段固定配时方案，选取早高峰时段的数据来进行数据实验；路网中配时方案包含2处两阶段运行交叉口，6处三阶段运行交叉口，14个为四阶段运行。根据交叉口权重模型和路段权重模型，得到实验路网的拓扑结构和权重。

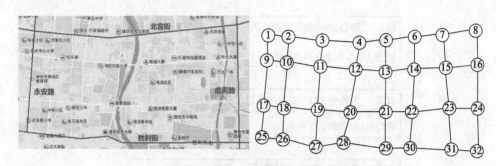

图3-50　潍坊实际路网与拓扑示意图

路网的交叉口权重和路段权重分布如图3-51所示，由图3-51可知，不同交叉口和路段，其权重大小有明显的差异，表征了交叉口与路段的重要程度。权重值较高的交叉口5、11、15、30主要集中在医院和商圈附近，一方面负担了大量的交通流量，另一方面是城市交通量的主要发生、吸引源，故这些交叉口权重较大。

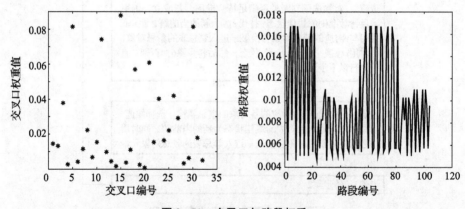

图3-51　交叉口与路段权重

邻接节点之间存在重要性依赖关系，结合交叉口自身的位置信息，搭配不同的交叉口权重能够使路网的节点群均匀分布，以免出现重要性太大的节点群影响路网的综合调控指标。

2. 均衡 k 划分结果—$k=4$ 实验示例

根据前面 k 值的选取原则，选取 $k=2$、3、4、5 四种划分方式，以 $k=4$ 的划分结果为例，如图3-52所示。

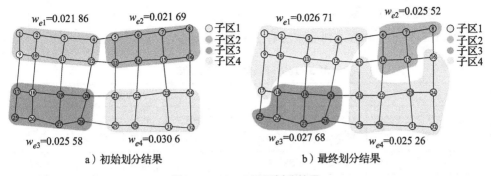

图 3-52 $k=4$ 子区划分结果

$k=4$ 子区划分各项指标结果见表 3-14。对于节点权重较大的关键路口，选择较小权重的交叉口与其组成控制子区，通常权重较大的路口需要更多的空间来分散其交通流，因此分区方法一方面将路网划分为权重较均衡的交叉口群，另一方面能够为均衡控制策略提供初始解，使得系统更快收敛至控制目标。

表 3-14 $k=4$ 各项指标结果（$w_e = 0.02629$）

子区编号	交叉口数目	节点平均权值	节点权值和	均衡指标 e
1	10	0.02671	0.2671	1.02
2	5	0.02552	0.1276	0.97
3	7	0.02768	0.1938	1.05
4	10	0.02526	0.2526	0.96

3. 划分结果分析

邻接节点之间存在重要性依赖关系，结合交叉口自身的位置信息，搭配不同的交叉口权重能够使路网的节点群均匀分布，以避免出现重要性太大的节点群影响路网的综合调控指标。不同 k 值的子区划分结果见表 3-15，由表 3-15 可知 $k=4$ 为最优的划分结果。

表 3-15 不同 k 值的子区划分结果

k 值	子区内密度差异 D_{SII}	子区间密度差异 D_{SNIJ}	子区密度均值 D_{IS}
$k=2$	10.38	8.75	3.25
$k=3$	5.32	13.54	0.87
$k=4$	3.21	5.32	0.56
$k=5$	32.46	13.5	1.32

4. 与其他方法比较

本节划分方法与其他划分方法对比见表 3-16。

表 3-16 与其他划分方法的对比

子区编号	传统方法				本节方法				
	子区交叉口数目	均衡指数	路网平均延误/s	路网平均密度/(veh/km)	子区编号	子区交叉口数目	均衡指数	路网平均延误/s	路网平均密度/(veh/km)
1	7	1.65	236	58.48	1	10	1.02	156	52.13
2	9	2.6	453	62.35	2	5	0.97	287	60.25
3	6	1.28	268	78.27	3	7	1.05	107	50.45
4	10	2.31	324	65.16	4	10	0.96	206	58.15

在路网的相同控制策略下，选取一种综合考虑各交叉口、路段关联度及交叉口相似度值的分区方法与本节方法做比较，来验证不同分区方法对控制效果的影响，选取路网的平均延误和平均密度作为评价指标。引用均衡控制方法来评价不同子区划分的路网控制效果。

从表 3-16 的评价指标可以看出，传统划分方法的子区均衡指数偏高，说明子区内交叉口的密度方差较大。从控制效果来看，本节所提分区方法能够降低路网的平均延误，而且路网内各路段的密度较传统方法更均衡，能够有效缓解路网流量不均衡分布的现象，提高了路网的通行效率。

3.4 小结

本章以控制建模与区域划分为主题，由传统交通控制扩展至以广义控制为核心的主动控制，进一步将交叉口控制推广至道路网络控制的前置条件区域动态划分，分别提出了基于时空资源动态分配的交叉口控制、场景驱动的交叉口主动交通控制和基于均衡 k 划分的信号控制区域动态划分，进一步为研究复杂网络控制算法及控制系统奠定基础。

第4章
控制算法与控制系统

城市交通路网是一个由许多简单单元组成的复杂系统,具有宏观以及微观不同功能、层次和时空尺度的复杂结构,而且网络的节点间并不独立,有着很强的耦合关系,随着路网中节点数目的增加,城市路网的复杂性呈指数级数增加。从空间尺度来看,路网所控制的对象包含了从路段到交叉口到控制子区再到整个路网的跨度。空间上的巨大跨度使得对于路网的控制研究无法通过建立统一的控制模型来实现,因此,城市交通信号控制系统的逻辑结构通常需要采用按照空间尺度分层的形式。

4.1 基于节点群状态一致的子区均衡牵制控制策略研究

结合城市交通信号控制系统设计中的核心问题,将路网系统自下而上划分为路段、交叉口、控制子区、路网四个层次,并为不同的层次构建相应的控制模型。路网的逻辑划分代表功能上相对独立的一个子系统,每一层都具有一定的功能,层次之间的联系统一通过模型来定义,下层为上邻层提供交通流参数及交通状态,上层为下邻层提供管控策略服务。

所谓牵制控制,是指控制策略实施于系统中的少量关键节点,控制驱动力借助系统的自治能力在节点间传播,以实现系统有效控制。牵制控制相对于全局控制而言,只用控制网络模型中的一部分节点,就能达到控制整个网络的目的。而全局控制是一种基于网络节点全状态的控制方法,很明显牵制控制能够有效简化控制器结构和降低控制的复杂度,是一种低成本的控制方法。

对于交通网络控制,交通领域的学者和工程师多采用全局控制的策略,即期望通过调整所有交叉口的绿灯时间和周期的关系来实现缓堵或网络均衡的控制目标。对于全连通的交通网络,综合交通流特性和网络拓扑特性,网络中势必存在能够影响全网络状态的关键节点,连通特性也能将控制作用通过拓扑通路传递至网络其他节点进而达到网络的期望状态。牵制控制从系统层面能够降低交通信号控制系统的复杂度，提高控制系统的智能程度；对于落地实施而言，尽可能少地调整交叉口配时等控制输入，能够很大程度降低交通管理的难度和减轻交管部门的工作量；此外，也丰富了交通信号控制策略的内容。

路网边界协调控制策略研究与其他研究方向的区别如下。

1）以均衡为控制目标，建立了边界输入与内部路段放行比例的解析关系，进而将路网路段占有率状态与边界输入建立关系。

2）控制策略具有一般性，在路网饱和度较高的条件下，以路网宏观基本图为目标约束，通过对边界输入的控制实现路网能效最大化，且路网的宏观状态也能成为控制系统动作的判断依据；在路网饱和度较低的条件下，可根据实际的系统管控需求，设置期望状态值，进而调控边界输入使其保持在期望状态。

3）考虑了边界输入控制与内部绿灯时间优化的宏观与微观双重机制，对路网的微观指标和宏观指标进行联合优化。

4）引入牵制控制的思想。该思想包含两层含义：在子区状态方面，利用边界输入牵制实现子区内节点状态一致；在子区牵制控制策略方面，针对交通信息无法全息获取和通信成本高的问题，选取子区内的牵制节点进行优化，利用局部节点的优化来实现子区整体控制效果的提升。

4.1.1 节点群状态一致与牵制控制

对于城市道路网络交通流协调控制而言，节点群是基本单元，它是一个或多个交叉口，一条干线上邻接的多个交叉口，也可以包括不规则邻接的几个交叉口。同济大学杨晓光教授针对节点群的管控问题，给出了更为科学的定位：城市交通阻塞问题以关键交叉口和一些关联交叉口的交通阻塞为主，解决了关键的几个交叉口或关联交叉口组成的节点群的交通阻塞问题，整个城市的交通拥堵问题会得到很大程度的缓解。

一个系统的各个子系统的动力学形态可能并不完全相同。但在各个子系统之间，存在着连通和耦合，从而相互间会产生影响。通过这种连通，各子系统可根据其他系统的状态来调整自己的状态，从而实现同步。这种相互的连通正是产生同步的根本原因。比如在传感器网络中，每个传感器追踪其相邻传感器的平均状态，从而使网络的校正状态调整到一致，使整个网络协调运作。

一致性是复杂网络上的一种特殊而重要的协调性现象。在多个个体系统中，一群协作的个体为了实现网络的目标，需要在某个状态变量上达成一致，这就是通常所说的一致性或趋同性问题。

一致性：多个个体 $\{x^i(t)\}_{i=1}^m$，$x^i(t)\in\mathbb{R}$ 实现了一致性，如果存在与节点 v_i 无关的 $\alpha\in\mathbb{R}$（依赖于初始状态）对所有 $i=1,2,\cdots,m$，有 $\lim_{t\to\infty}\|x^i(t)\|=\alpha$ 或弱一致性，对所有 $i,j=1,2,\cdots,m$，$\lim_{t\to\infty}\|x^i(t)-x^j(t)\|=0$。

节点群状态一致：如果区域内各节点的状态分别渐近收敛到所属区域的一致平衡点，即 $\lim_{t\to\infty}\|x_i-x_e\|=0$，$\forall i\in\Gamma$，称此区域具有节点群状态一致，即区域的平衡状态。

牵制控制思想：对于交通网络，牵制控制的思想即通过对路网关键交叉口的绿灯时间、周期等参数施加控制，达到网络设定的控制目标（一致、均衡、反溢流……）。牵制控制逻辑如图 4-1 所示。

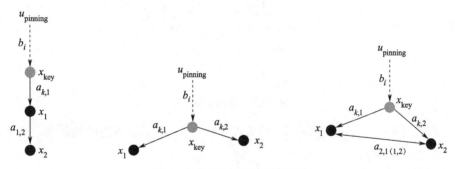

图 4-1　牵制控制逻辑示意图

4.1.2　路网交通控制模型

交通控制模型如图 4-2 所示。j 为路网内信号路口编号集合；$V=\{1,2,\cdots\}$ 为路网内路段编号集合；V^S 与 V^D 分别为路网边界输入与输出路段编号集合；V^I 为路网内部路段编号集合。路段 $j\in V^I$ 状态演化规律见式 (4-1)。

$$N_j(t+1)=N_j(t)+Q_{j,\text{in}}(t)-Q_{j,\text{out}}(t) \quad (4-1)$$

式中，$t\in\mathbb{N}$，为离散时间变量；$\mathbb{N}$ 为自然数集合；$N_j(t)$ 为时刻 t 路段 j 内车辆数量；$Q_{j,\text{in}}(t)$ 与 $Q_{j,\text{out}}(t)$ 分别为采样时间 T 内进入与离开路段 j 的车辆数量，分别由式 (4-2)、式 (4-3) 定义。

$$Q_{j,\text{in}}(t)=\sum_{i_q\in V_j^I}\alpha_{i_qj}[\eta_{i_q}(t)N_{i_q}(t)]+\sum_{i_q\in V_j^S}\alpha_{i_qj}Q_{i_q}(t), \quad (4-2)$$

$$Q_{j,\text{out}}(t)=\sum_{k_q\in V_j^D}\alpha_{jk_q}[\eta_j(t)N_j(t)], \quad (4-3)$$

式中，V_j^S、V_j^I 与 V_j^D 分别为路段 j 上游边界输入路段、内部路段与下游路段编号集合；$Q_{i_q}(t)$，$i \in V^S$，为采样时间 T 内由边界输入路段 i 进入路网的车辆数量；$\alpha_{i_q j} \geq 0$，为路段 i 到路段 j 的交通流分配或转向比例，且有 $\sum_{j_q \in V_i^p} \alpha_{i_q j} = 1$，$i \in V^S \cup V^I$；$\eta_{i_q}(t) \triangleq Q_{i_q,\text{out}}(t)/N_{i_q}(t)$，$i \in V^I$，为采样时间 T 内路段 i 交通泄流比例，可以描述路段的饱和现象，如取采样时间 T 为路口信号周期，$\eta_{i_q}(t) < 1$，意味着信号周期内路段车辆排队不能完全消散。

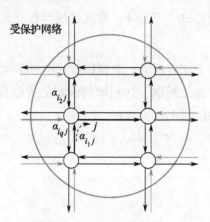

图 4-2 交通控制模型

将式 (4-2) 与式 (4-3) 代入式 (4-1)，可得交通路网控制状态空间模型，见式 (4-4)。

$$N(t+1) = A(t)N(t) + BQ(t) \qquad (4-4)$$

式中，$N(t) = [N_1(t), \cdots, N_n(t)]^T \in \mathbb{R}^n$ 为状态向量，$\dim(N(t)) = |V^I| = n$，其中 $|\cdot|$ 为集合 V^I 中元素的数量；$A(t) = [a_{ij}(t)] \in \mathbb{R}^{n \times n}$ 为状态矩阵，其对角线元素为 $a_{ii}(t) = 1 - \eta_i(t)$，$i = 1, \cdots, n$，其他元素为 $a_{ij}(t) = \begin{cases} \alpha_{ji} \eta_j(t), & j \in V_i^I \\ 0, & \text{其他} \end{cases}$；$Q(t) = [Q_1(t), \cdots, Q_m(t)]^T \in \mathbb{R}^m$ 为路网边界路段车流输入，$\dim(Q(t)) = |V^S| = m$；$B = [b_{ij}] \in \mathbb{R}^{n \times m}$ 为输入矩阵，其元素为 $b_{ij} = \begin{cases} \alpha_{ji}, & j \in V_i^S \\ 0, & \text{其他} \end{cases}$。

进一步，考虑对式 (4-4) 进行线性变换，见式 (4-5)。

$$x = LN, \quad L = \text{diag}\left\{\frac{1}{N_{1,\max}}, \cdots, \frac{1}{N_{n,\max}}\right\} \qquad (4-5)$$

式中，$x = [x_1, \cdots, x_n]^T \in \mathbb{R}^n$ 为变换系统状态向量；L 为对角矩阵；$N_{n,\max}$ 为路段 i 能容纳的最大车辆数量。

式 (4-4) 在线性变换式 (4-5) 下可变换为式 (4-6)。

$$x(t+1) = [LA(t)L^{-1}]x(t) + [LB]Q(t) \qquad (4-6)$$

式中，L^{-1} 为变换矩阵 L 的逆矩阵；状态向量 $x(t) = [x_1(t), \cdots, x_n(t)]^T \in \mathbb{R}^n$，各元素为 $x_i(t) = N_i(t)/N_{i,\max}$，$i = 1, \cdots, n$。

式（4-6）中状态变量 $x_i(t) = N_i(t)/N_{i,\max}$ 定义为路段 i 的相对空间占有率（简称路段占有率），能够反映路段内的交通拥挤程度。下面内容将考虑式（4-6）的控制问题，即设计路网边界路口输入车流 $Q(t)$ 的控制律，实现式（4-6）中状态变量 $x_i(t)$ 达到一致，使得路网内交通流分布均衡。

4.1.3 线性系统一致性与部分变量稳定性

考虑 n 维线性时不变系统，见式（4-7）。

$$x(t+1) = Ax(t), \ x(0) = x_0, \ t \in \mathbb{N} \qquad (4-7)$$

式中，$x(t) = [x_1(t), \cdots, x_n(t)]^T \in \mathbb{R}^n$ 为系统状态向量；$A \in \mathbb{R}^{n \times n}$ 为系统状态矩阵；x_0 为系统初始状态。

下面叙述式（4-7）状态向量分量 $x_i(t)$，$\forall i \in \{1, \cdots, n\}$ 可达到渐近稳定一致的概念。

定义 4.1 若存在函数 $x^*(t) \in \mathbb{R}$，$t \in \mathbb{N}$，使得 $\lim\limits_{t \to +\infty}[x_i(t) - x^*(t)] = 0$，$\forall i \in \{1, \cdots, n\}$，则称式（4-7）可渐近达到一致，并称 $x^*(t)$ 为式（4-7）的一致函数；进一步，若对任意 $\varepsilon > 0$，存在 $\delta(\varepsilon) > 0$，使得当 $\|x_0 - x^*(0)\mathbf{1}_n\| < \delta$ 时就有 $\|x(t) - x^*(t)\mathbf{1}_n\| < \varepsilon$，$\forall t \in \mathbb{N}$，其中 $\|\cdot\|$ 为欧几里得范数，$\mathbf{1}_n \in \mathbb{R}^n$ 为各元素均为 1 的 n 维向量，则称式（4-7）的一致函数 $x^*(t)$ 是稳定的；若式（4-7）可渐近达到一致，并且一致函数 $x^*(t)$ 是稳定的，则称式（4-7）可达到渐近稳定一致。

进一步，令 $y = [x_1, \cdots, x_{n-1}]^T \in \mathbb{R}^{n-1}$，则有 $y_0 = [x_1(0), \cdots, x_{n-1}(0)]^T \in \mathbb{R}^{n-1}$。下面叙述式（4-7）的平衡点 $x = 0$ 关于部分变量 y 稳定及渐近稳定的概念，其几何含义如图 4-3 所示。

定义 4.2 称式（4-7）的平衡点 $x = 0$ 是关于部分变量 y 稳定的（简记为 y-稳定）：若对任意 $\varepsilon > 0$，存在 $\delta(\varepsilon) > 0$，使得当 $\|y_0\| < \delta$ 时就有 $\|y(t)\| < \varepsilon$，$\forall t \in \mathbb{N}$；进一步，称式（4-7）的平衡点 $x = 0$ 是关于部分变量 y 渐近稳定的（简记为渐近 y-稳定）：若式（4-7）的平衡点 $x = 0$ 是 y-稳定的，并且满足 $\lim\limits_{t \to +\infty}\|y(t)\| = 0$。

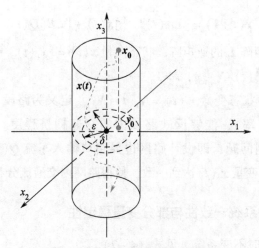

图 4-3 部分变量稳定性示意图

下面构造式 (4-7) 的一个线性变换，具体过程如下：任意选取 $\mathbb{R}^n$ 中 $n-1$ 个线性无关行向量 $\boldsymbol{p}_i^{\mathrm{T}} \in \mathbb{R}^n$，$i=1,\cdots,n-1$，同时满足 $\boldsymbol{p}_i \boldsymbol{1}_n = 0$，$\forall i \in \{1,\cdots,n-1\}$。$\boldsymbol{p}_i$，$i=1,\cdots,n-1$ 的一种构造方法如下：

$$\begin{cases} \boldsymbol{p}_1 = [1 \quad -1 \quad 0 \quad \cdots \quad 0] \\ \boldsymbol{p}_2 = [0 \quad 1 \quad -1 \quad \cdots \quad 0] \\ \quad \vdots \\ \boldsymbol{p}_{n-1} = [0 \quad \cdots \quad 0 \quad 1 \quad -1] \end{cases}$$

应用上述 $\boldsymbol{p}_i^{\mathrm{T}} \in \mathbb{R}^n$，$i=1,\cdots,n-1$ 来构造式 (4-7) 的一个线性变换矩阵 $\boldsymbol{P} \in \mathbb{R}^{n \times n}$，按式 (4-8) 的方式构造。

$$\boldsymbol{P} = \begin{bmatrix} \boldsymbol{p}_1 \\ \vdots \\ \boldsymbol{p}_{n-1} \\ \boldsymbol{1}_n^{\mathrm{T}} \end{bmatrix} = \begin{bmatrix} p_{11} & p_{12} & \cdots & p_{1n} \\ \vdots & \vdots & \ddots & \vdots \\ p_{n-1,1} & p_{n-1,2} & \cdots & p_{n-1,n} \\ 1 & 1 & \cdots & 1 \end{bmatrix} = \begin{bmatrix} \boldsymbol{P}_1 \\ \boldsymbol{1}_n^{\mathrm{T}} \end{bmatrix} \qquad (4-8)$$

式中，$\boldsymbol{p}_i = [p_{i1},\cdots,p_{in}]$，$i=1,\cdots,n-1$；$\boldsymbol{P}_1 \in \mathbb{R}^{(n-1) \times n}$ 为由变换矩阵 $\boldsymbol{P}$ 的前 $n-1$ 行元素构成的矩阵。

基于上述方式构造的线性变换矩阵 $\boldsymbol{P}$ 具有如下性质。

性质 4.1 矩阵 $\overline{\boldsymbol{P}} \triangleq \boldsymbol{P}^{-1}$ 能够表达为式 (4-9)。

$$\overline{\boldsymbol{P}} = [\overline{\boldsymbol{p}}_1 \quad \cdots \quad \overline{\boldsymbol{p}}_{n-1} \quad n^{-1}\boldsymbol{1}_n] = \begin{bmatrix} \overline{p}_{11} & \cdots & \overline{p}_{1,n-1} & n^{-1} \\ \vdots & \ddots & \vdots & \vdots \\ \overline{p}_{n-1,1} & \cdots & \overline{p}_{n-1,n-1} & n^{-1} \\ \overline{p}_{n,1} & \cdots & \overline{p}_{n,n-1} & n^{-1} \end{bmatrix} = [\overline{\boldsymbol{P}}_1 \quad n^{-1}\boldsymbol{1}_n]$$

$$(4-9)$$

式中，$\bar{p}_i = [\bar{p}_{1i}, \cdots, \bar{p}_{ni}]^T$，$i = 1, \cdots, n-1$；$\bar{P}_1 \in \mathbb{R}^{n \times (n-1)}$ 是由矩阵 $\bar{P}$ 的前 $n-1$ 列元素构成的矩阵。

证明 假设 $\bar{P} = P^{-1} = [\bar{p}_1 \cdots \bar{p}_{n-1} \bar{p}_n]$，现在证明：$\bar{p}_n = n^{-1}\mathbf{1}_n$。由变换矩阵 P 的构造方式可知，矩阵 P^T 所有列向量构成 $\mathbb{R}^n$ 的一组基。从而 $\bar{p}_n$ 可由矩阵 P^T 的列向量线性表示。假定 $\bar{p}_n = q_1 + q_2$，其中 q_1 可由 p_i^T，$i = 1, \cdots, n-1$ 线性表示，而 q_2 可由 $\mathbf{1}_n$ 线性表示。在等式 $\bar{p}_n = q_1 + q_2$ 两端左乘 q_1^T 可得：$q_1^T \bar{p}_n = q_1^T q_1 + q_1^T q_2$。由于 $P\bar{P} = I_n$，其中 I_n 为 n 维单位矩阵，可得到：$p_i \bar{p}_n = 0$，$\forall i \in \{1, \cdots, n-1\}$，从而有 $q_1^T \bar{p}_n = 0$。又由 $p_i \mathbf{1}_n = 0$，$\forall i \in \{1, \cdots, n-1\}$ 可得：$p_i q_2 = 0$，从而有 $q_1^T q_2 = 0$。因此，由 $q_1^T \bar{p}_n = q_1^T q_1 + q_1^T q_2$ 可得 $q_1^T q_1 = 0$，即有 $q_1 = 0$，所以 $\bar{p}_n = q_2$。因此，可以将 $\bar{p}_n$ 写成 $\bar{p}_n = \alpha \mathbf{1}_n$，其中 $\alpha \neq 0$，为常值。由 $P\bar{P} = I_n$ 可得 $\mathbf{1}_n^T \bar{p}_n = 1$，所以由 $\bar{p}_n = \alpha \mathbf{1}_n$ 可得 $\alpha = n^{-1}$。证毕。

将线性变换 $\bar{x} = Px$ 应用于式 (4-7)，其中变换矩阵 P 由式 (4-8) 定义，可得到变换系统，见式 (4-10)。

$$\bar{x}(t+1) = PAP^{-1}\bar{x}(t) 。 \quad (4-10)$$

定理 4.1 式 (4-7) 可达到渐近稳定一致的**充分必要条件**是式 (4-10) 的平衡点 $\bar{x} = 0$ 是关于部分变量 $y = [\bar{x}_1, \cdots, \bar{x}_{n-1}]^T \in \mathbb{R}^{n-1}$ 渐近稳定的。

证明：充分性： 假定式 (4-10) 的平衡点 $\bar{x} = 0$ 是关于部分变量 $y = [\bar{x}_1, \cdots, \bar{x}_{n-1}]^T$ 渐近稳定的，则有：对任意 $\varepsilon_1 > 0$，存在 $\delta_1(\varepsilon_1) > 0$，使得当 $\|y_0\| < \delta_1$ 时就有 $\|y(t)\| < \varepsilon_1$，$\forall t \in \mathbb{N}$，并且 $\lim_{t \to +\infty} \|y(t)\| = 0$。由 $x = P^{-1}\bar{x}$ 及性质 4.1 可得式 (4-11)。

$$x_i = \sum_{j=1}^{n-1} \bar{p}_{ij} \bar{x}_j + n^{-1} \bar{x}_n, i = 1, \cdots, n 。 \quad (4-11)$$

选取式 (4-7) 的一致函数为：$x^*(t) = n^{-1}\bar{x}_n(t)$，$\forall t \in \mathbb{N}$，则由充分性的假定可得：$\lim_{t \to +\infty} [x_i(t) - x^*(t)] = 0$，$\forall i \in \{1, \cdots, n\}$。因此，式 (4-7) 可渐近达到一致。将式 (4-11) 写成矩阵向量形式：$x - x^* \mathbf{1}_n = \bar{P}_1 y$，其中 $\bar{P}_1$ 是式 (4-9) 中矩阵 $\bar{P}$ 前 $n-1$ 列元素构成的矩阵。因此，对任意 $\varepsilon = \varepsilon_1 \|\bar{P}_1\|$，取 $\delta = \delta_1 \|\bar{P}_1\|$，当 $\|y_0\| < \delta_1$ 时，有 $\|x_0 - x^*(0)\mathbf{1}_n\| < \delta$，且有 $\|x(t) - x^*(t)\mathbf{1}_n\| < \varepsilon$，$\forall t \in \mathbb{N}$。从而，式 (4-7) 的一致函数 $x^*(t)$ 是稳定的。由定义 4.1 可得，系统 (4-7) 可达到渐近稳定一致。

必要性： 假定式 (4-7) 可达到渐近稳定一致，则有：存在 $x^*(t) \in \mathbb{R}$，$t \in \mathbb{N}$，使得 $\lim_{t \to +\infty} [x_i(t) - x^*(t)] = 0$，$\forall i \in \{1, \cdots, n\}$。同时，对任意 $\varepsilon_1 > 0$，

存在 $\delta_1(\varepsilon_1)>0$，使得当 $\|x_0-x^*(0)\mathbf{1}_n\|<\delta_1$ 时，就有 $\|x(t)-x^*(t)\mathbf{1}_n\|<\varepsilon_1$，$\forall t\in\mathbb{N}$。由 $\bar{x}=Px$ 及式 (4-8) 中矩阵 P 构造可得式 (4-12)。

$$\bar{x}_i = \sum_{j=1}^n p_{ij}x_j = \sum_{j=1}^n p_{ij}(x_j-x^*),\ i=1,\cdots,n-1。 \quad (4-12)$$

将式 (4-12) 写成矩阵向量形式：$y=P_1(x-x^*\mathbf{1}_n)$，其中 P_1 是式 (4-8) 中矩阵 P 前 $n-1$ 行元素构成的矩阵。因此，对任意 $\varepsilon=\varepsilon_1\|P_1\|$，取 $\delta=\delta_1\|P_1\|$，当 $\|x_0-x^*(0)\mathbf{1}_n\|<\delta_1$ 时，有 $\|y_0\|<\delta$，且有 $\|y(t)\|<\varepsilon$，$\forall t\in\mathbb{N}$。因此，式 (4-10) 的平衡点 $\bar{x}=0$ 是关于部分变量 $y=[\bar{x}_1,\cdots,\bar{x}_{n-1}]^T$ 稳定的。由必要性假定及 (4-12) 容易得到：$\lim\limits_{t\to+\infty}\|y(t)\|=0$。由定义 4.2 可得式 (4-10) 的平衡点 $\bar{x}=0$ 是关于部分变量 $y=[\bar{x}_1,\cdots,\bar{x}_{n-1}]^T$ 渐近稳定的。证毕。

注 4.1 通过构造系统线性变换，定理 4.1 建立了原系统可达渐近稳定一致与变换系统关于部分变量渐近稳定间的等价关系，从而可将系统可达渐近稳定一致问题转化为系统关于部分变量渐近稳定问题，进行分析与系统设计。

下面介绍线性时不变系统关于部分变量稳定性的相关理论结果。

将式 (4-7) 按分块矩阵表示，见式 (4-13)。

$$\begin{aligned}\dot{y} &= A^*y + b^*x_n \\ \dot{x}_n &= c^*y + d^*x_n\end{aligned}, \quad (4-13)$$

式中，$\dot{x}_n=[y^T,x_n(t)]^T\in\mathbb{R}^n$；$y=[x_1,\cdots,x_{n-1}]^T\in\mathbb{R}^{n-1}$；$A^*\in\mathbb{R}^{(n-1)\times(n-1)}$；$b^*=[b_1^*,\cdots,b_{n-1}^*]^T\in\mathbb{R}^{n-1}$，不妨假定 $b_1^*\neq 0$；$c^*=[c_1^*,\cdots,c_{n-1}^*]^T\in\mathbb{R}^{n-1}$；$d^*\in\mathbb{R}$。

定理 4.2 式 (4-7) 的平衡点 $x=0$ 是关于部分变量 $y=[x_1,\cdots,x_{n-1}]^T\in\mathbb{R}^{n-1}$ 渐近稳定的**充分必要条件**是辅助系统 $\dot{\xi}=L_1AL_1^{-1}\xi$ 的平衡点 $\xi=0$ 是 Lyapunov 渐近稳定的，其中 $L_1=\begin{bmatrix}I_{n-1}&0\\0&b_1^*\end{bmatrix}$；$L_1^{-1}$ 为 L_1 的逆矩阵；$A=\begin{bmatrix}A^*&b^*\\c^*&d^*\end{bmatrix}$。

定理 4.3 若式 (4-13) 中 $b^*=0$，则式 (4-7) 的平衡点 $x=0$ 是关于部分变量 $y=[x_1,\cdots,x_{n-1}]^T\in\mathbb{R}^{n-1}$ 渐近稳定的**充分必要条件**是子系统 $\dot{y}=A^*y$ 是 Lyapunov 渐近稳定的，即矩阵 A^* 的特征值均在单位圆内部。

证明 若式 (4-13) 中 $b^*=0$，则部分变量 $y=[x_1,\cdots,x_{n-1}]^T\in\mathbb{R}^{n-1}$ 的演化与变量 x_n 无关。由定义 4.2 即可得到定理 4.3 中的结论。证毕。

注4.2 定理4.2与定理4.3建立了部分变量渐近稳定与Lyapunov渐近稳定间的等价关系。

进一步而言，根据定理4.1，系统可达渐近稳定一致问题求解可最终转化为系统Lyapunov渐近稳定问题求解。而Lyapunov稳定性理论及分析设计工具已非常丰富，为一致性分析设计问题提供了强有力的工具。

4.1.4 子区边界反馈牵制控制综合

1. $b^* = 0$ 类型

考虑式（4-13）中 $b^* = 0$ 情况下闭环系统状态可达渐近稳定一致的控制设计问题。首先，介绍一类特殊矩阵的定义和基本性质。

下面采用符号 $P > 0$ 表示矩阵（或向量）P 中的元素值均大于或等于0，且 $P \neq 0$；符号 $P \gg 0$ 表示矩阵（或向量）P 中的元素值均大于0；如果矩阵 $P = [p_{ij}] \in \mathbb{R}^{n \times n}$ 的非对角线元素值满足条件 $p_{ij} \leq 0$，$i, j = 1, \cdots, n$，$i \neq j$，并且特征值的实部满足条件 $\text{Re}\lambda \geq 0$，$\lambda \in \text{spec}(P)$，其中 $\text{spec}(P)$ 为矩阵 P 的谱，则矩阵 P 称为M矩阵；如果矩阵 P 是非奇异M矩阵，则有 $P^{-1} > 0$。

引理4.1 对任意给定的 $\overline{\eta} = [\overline{\eta}_1, \cdots, \overline{\eta}_n]^T \gg 0$，矩阵 $\tilde{A} \triangleq I_n - \overline{A} \in \mathbb{R}^{n \times n}$ 是非奇异M矩阵，其中矩阵 $\overline{A} = A(t)|_{\eta_i(t) = \overline{\eta}_i, i = 1, \cdots, n}$，$A(t)$ 为式（4-4）的状态矩阵。

由引理4.1可得：对任意给定的 $\overline{Q} = [\overline{Q}_1, \cdots, \overline{Q}_m]^T \gg 0$ 和 $\overline{\eta} = [\overline{\eta}_1, \cdots, \overline{\eta}_n]^T \gg 0$，在式（4-4）中 $Q(t) = \overline{Q}$ 和 $A(t) = \overline{A}$ 的情况下，式（4-4）存在唯一平衡点 $\overline{N} = \tilde{A}^{-1} B \overline{Q}$。

性质4.2 定义矩阵 $\tilde{A}_1 \triangleq I_n - \overline{A}_1 \in \mathbb{R}^{n \times n}$，其中 $\overline{A}_1 = A(t)|_{\eta_i(t) = 1, i = 1, \cdots, n}$，则有：对任意给定的标量参数 $a < 1$，线性代数方程系统 $[L\tilde{A}_1 L^{-1}]\overline{\eta} = (1-a)\mathbf{1}_n$ 存在唯一解，且满足 $\overline{\eta} = [\overline{\eta}_1, \cdots, \overline{\eta}_n]^T \gg 0$，其中矩阵 L 在式（4-5）中定义。

证明 由引理4.1可得，$\tilde{A}_1 = I_n - \overline{A}_1$ 是非奇异M矩阵，从而 $L\tilde{A}_1 L^{-1}$ 也是非奇异M矩阵。由非奇异M矩阵的性质可得：$[L\tilde{A}_1 L^{-1}]^{-1} > 0$。因此，对任意标量参数 $a \in \mathbb{R}$，线性代数方程系统 $[L\tilde{A}_1 L^{-1}]\overline{\eta} = (1-a)\mathbf{1}_n$ 存在唯一解。进一步，由 $a < 1$ 和 $[L\tilde{A}_1 L^{-1}]^{-1} > 0$ 容易得到：$\overline{\eta} = (1-a)[L\tilde{A}_1 L^{-1}]^{-1}\mathbf{1}_n \gg 0$。证毕。

注4.3 矩阵 $[L\tilde{A}_1 L^{-1}]^{-1}$ 的元素值依赖于路段容量及车流转向比例。路段

交通泄流比例向量 $\bar{\boldsymbol{\eta}} \gg 0$ 的求解依赖于不同参数 a 的选择，并且 $\bar{\boldsymbol{\eta}}$ 关于 a 是单调递减的。对于选定的 $a<1$ 值，线性代数方程系统 $[L\tilde{A}_1 L^{-1}]\bar{\boldsymbol{\eta}} = (1-a)\mathbf{1}_n$ 的解记为 $\bar{\boldsymbol{\eta}}^a = [\bar{\eta}_1^a, \cdots, \bar{\eta}_n^a]^T$，上标 a 表示取值与 a 的相关性。进一步，由性质 4.2 可得：$[L\bar{A}^a L^{-1}]\mathbf{1}_n = a\mathbf{1}_n$，其中 $\bar{A}^a = A(t)\big|_{\eta_i(t)=\bar{\eta}_i^a, i=1,\cdots,n}$，即 $L\bar{A}^a L^{-1}$ 的各行和均等于 a。

考虑式 (4-6)，选取 $\bar{\boldsymbol{\eta}}^a = [\bar{\eta}_1^a, \cdots, \bar{\eta}_n^a]^T$ 作为路段交通泄流比例，可得路网控制状态空间模型，见式 (4-14)。

$$x(t+1) = [L\bar{A}^a L^{-1}]x(t) + [LB]Q(t) \qquad (4-14)$$

此处的目标是设计式 (4-14) 的状态反馈控制律，使得闭环系统状态可达渐近稳定一致。采用式 (4-15) 的状态反馈控制律。

$$Q(t) = KRx(t) \qquad (4-15)$$

式中，$K \in \mathbb{R}^{m \times (n-1)}$ 为待求解的反馈增益矩阵；$R \in \mathbb{R}^{(n-1) \times n}$ 为满足条件 $R\mathbf{1}_n = 0$ 的任意矩阵，例如 $R = P_1$，P_1 在式 (4-8) 中定义。

式 (4-14) 式 (4-15) 下的闭环系统为

$$x(t+1) = \{[L\bar{A}^a L^{-1}] + LBKR\}x(t) \qquad (4-16)$$

式 (4-16) 在线性变换 $\bar{x} = Px$ 下的变换系统为

$$\bar{x}(t+1) = P\{[L\bar{A}^a L^{-1}] + LBKR\}P^{-1}\bar{x}(t) \qquad (4-17)$$

式中，P 和 P^{-1} 分别在式 (4-8) 和式 (4-9) 中定义。

性质 4.3 式 (4-17) 的状态矩阵 $P\{[L\bar{A}^a L^{-1}] + LBKR\}P^{-1}$ 满足式 (4-18)。

$$P\{[L\bar{A}^a L^{-1}] + LBKR\}P^{-1} = \begin{bmatrix} P_1\{[L\bar{A}^a L^{-1}] + LBKR\}\bar{P}_1 & 0 \\ \mathbf{1}_n^T\{[L\bar{A}^a L^{-1}] + LBKR\}\bar{P}_1 & a \end{bmatrix} \qquad (4-18)$$

证明：根据式 (4-8) 和式 (4-9) 中 P 和 P^{-1} 的构造方式及性质，则有

$$P\{[L\bar{A}^a L^{-1}] + LBKR\}P^{-1}$$

$$= \begin{bmatrix} P_1 \\ \mathbf{1}_n^T \end{bmatrix}\{[L\bar{A}^a L^{-1}] + LBKR\}[\bar{P}_1 \quad n^{-1}\mathbf{1}_n]$$

$$= \begin{bmatrix} P_1\{[L\bar{A}^a L^{-1}] + LBKR\}\bar{P}_1 & n^{-1}P_1\{[L\bar{A}^a L^{-1}] + LBKR\}\mathbf{1}_n \\ \mathbf{1}_n^T\{[L\bar{A}^a L^{-1}] + LBKR\}\bar{P}_1 & n^{-1}\mathbf{1}_n^T\{[L\bar{A}^a L^{-1}] + LBKR\}\mathbf{1}_n \end{bmatrix}$$

根据注 4.3 及式（4-15）中矩阵 R 满足的条件可得：$[L\bar{A}^a L^{-1}]\mathbf{1}_n = a\mathbf{1}_n$，$R\mathbf{1}_n = 0$。从而有 $n^{-1}P_1\{[L\bar{A}^a L^{-1}] + LBKR\}\mathbf{1}_n = n^{-1}aP_1\mathbf{1}_n = 0$，$n^{-1}\mathbf{1}_n^T \cdot \{[L\bar{A}^a L^{-1}] + LBKR\}\mathbf{1}_n = a$，证毕。

令 $\bar{x} = [\bar{x}_1, \cdots, \bar{x}_{n-1}, \bar{x}_n]^T = [y^T, \bar{x}_n]^T$，根据性质 4.3，式（4-17）可以表示为

$$\begin{cases} y(t+1) = A^* y(t) + b^* \bar{x}_n(t) \\ \bar{x}_n(t+1) = c^* y(t) + d^* \bar{x}_n(t) \end{cases} \quad (4-19)$$

式中，$A^* = P_1\{[L\bar{A}^a L^{-1}] + LBKR\}\bar{P}_1 \in \mathbb{R}^{(n-1)\times(n-1)}$；$b^* = 0 \in \mathbb{R}^{n-1}$；$d^* = a \in \mathbb{R}$；$c^* = \mathbf{1}_n^T\{[L\bar{A}^a L^{-1}] + LBKR\}\bar{P}_1 \in \mathbb{R}^{1\times(n-1)}$。

由定理 4.1 及定理 4.3 可得：求解反馈增益矩阵 K 使得式（4-16）可达渐近稳定一致问题，可转化为求解反馈增益矩阵 K 使得式（4-19）中 $A^* = P_1\{[L\bar{A}^a L^{-1}] + LBKR\}\bar{P}_1$ 是渐近稳定的。

矩阵 A^* 是渐近稳定的**充分必要条件**是存在 $n-1$ 维正定矩阵 Z，使得下面矩阵为负定矩阵。

$$\begin{bmatrix} -Z & A^*Z \\ Z(A^*)^T & -Z \end{bmatrix} = \begin{bmatrix} -Z & \{P_1[(L\bar{A}^a L^{-1}) + LBKR]\bar{P}_1\}Z \\ Z\{P_1[(L\bar{A}^a L^{-1}) + LBKR]\bar{P}_1\}^T & -Z \end{bmatrix}$$
$$= \begin{bmatrix} -Z & [P_1(L\bar{A}^a L^{-1})\bar{P}_1]Z + [P_1 LB]Y \\ Z[P_1(L\bar{A}^a L^{-1})\bar{P}_1]^T + Y^T[P_1 LB]^T & -Z \end{bmatrix}$$

$$(4-20)$$

式中，$Y = KR\bar{P}_1 Z$。

因此，可采用线性矩阵不等式方法求解反馈增益矩阵 K，即式（4-20）中的负定矩阵有可行解 Z 及 Y，则反馈增益矩阵 $K = Y[R\bar{P}_1 Z]^{-1}$。若 $R = P_1$，则由 $P\bar{P} = \begin{bmatrix} P_1 \\ \mathbf{1}_n^T \end{bmatrix}[\bar{P}_1 \quad n^{-1}\mathbf{1}_n] = I_n$ 可得：$R\bar{P}_1 = I_{n-1}$，从而 $K = YZ^{-1}$。

若式（4-16）可达渐近稳定一致，性质 4.4 给出一致函数 $x^*(t)$ 的求解公式。

性质 4.4 若存在反馈增益矩阵 K 使得式（4-19）中的 A^* 是渐近稳定的，则式（4-16）的一致函数 $x^*(t)$ 为

$$x^*(t) = n^{-1}\left[c^*\left(\sum_{k=0}^{t-1} a^k (A^*)^{t-1-k}\right)P_1 + a^t \mathbf{1}_n^T\right]x(0), \quad \forall t \geq 1$$

$$(4-21)$$

式中，A^* 和 c^* 在式（4-19）中定义；同时，式（4-21）的系数矩阵满足：

$$n^{-1}\left[c^*\left(\sum_{k=0}^{t-1}a^k(A^*)^{t-1-k}\right)P_1+a^t\mathbf{1}_n^T\right][L\bar{A}^aL^{-1}+LBKR] \quad (4-22)$$
$$=n^{-1}\left[c^*\left(\sum_{k=0}^{t}a^k(A^*)^{t-k}\right)P_1+a^{t+1}\mathbf{1}_n^T\right]$$

式中，$n^{-1}\left[c^*\left(\sum_{k=0}^{t-1}a^k(A^*)^{t-1-k}\right)P_1+a^t\mathbf{1}_n^T\right]\mathbf{1}_n=a^t$。

证明 由定理4.1的充分性证明，式（4-16）的一致函数 $x^*(t)=n^{-1}\bar{x}_n(t)$，其中 $\bar{x}_n(t)$ 为式（4-19）的第 n 个状态分量。式（4-19）中的 $b^*=0$ 与 $d^*=a$，则式（4-19）以 $[y(0)^T,\bar{x}_n(0)]^T$ 为初值的解为

$$\begin{cases} y(t)=(A^*)^t y(0), \\ \bar{x}_n(t)=c^*\left(\sum_{k=0}^{t-1}a^k(A^*)^{t-1-k}\right)y(0)+a^t\bar{x}_n(0), \end{cases} \forall t\geq 1 \quad (4-23)$$

由线性变换 $\bar{x}=Px=\begin{bmatrix}P_1\\ \mathbf{1}_n^T\end{bmatrix}x$，可得 $y(0)=P_1x(0)$，$\bar{x}_n(0)=\mathbf{1}_n^T x(0)$，代入式（4-21）即可得证。

进一步，令 $W=L\bar{A}^aL^{-1}+LBKR$，即式（4-16）的状态矩阵。因为 $\bar{P}P=[\bar{P}_1\ n^{-1}\mathbf{1}_n]\begin{bmatrix}P_1\\ \mathbf{1}_n^T\end{bmatrix}=\bar{P}_1P_1+n^{-1}\mathbf{1}_n\mathbf{1}_n^T=I_n$，从而有 $\bar{P}_1P_1=I_n-n^{-1}\mathbf{1}_n\mathbf{1}_n^T$，且有 $W\bar{P}_1P_1=W[I_n-n^{-1}\mathbf{1}_n\mathbf{1}_n^T]=W-n^{-1}a\mathbf{1}_n\mathbf{1}_n^T$。式（4-22）可通过式（4-24）得到。

$$n^{-1}\left[c^*\left(\sum_{k=0}^{t-1}a^k(A^*)^{t-1-k}\right)P_1+a^t\mathbf{1}_n^T\right]W$$
$$=n^{-1}\left[c^*\left(\sum_{k=0}^{t-1}a^k(A^*)^{t-1-k}\right)P_1(W\bar{P}_1P_1+n^{-1}a\mathbf{1}_n\mathbf{1}_n^T)+a^t\mathbf{1}_n^T(W\bar{P}_1P_1+n^{-1}a\mathbf{1}_n\mathbf{1}_n^T)\right]$$
$$=n^{-1}\left[c^*\left(\sum_{k=0}^{t-1}a^k(A^*)^{t-1-k}\right)(P_1W\bar{P}_1)P_1+a^t(\mathbf{1}_n^T W\bar{P}_1)P_1+a^{t+1}\mathbf{1}_n^T\right]$$
$$=n^{-1}\left[c^*\left(\sum_{k=0}^{t-1}a^k(A^*)^{t-1-k}\right)(A^*)P_1+a^t\hat{c}P_1+a^{t+1}\mathbf{1}_n^T\right]$$
$$=n^{-1}\left\{c^*\left[\left(\sum_{k=0}^{t-1}a^k(A^*)^{t-1-k}\right)(A^*)+a^t I_{n-1}\right]P_1+a^{t+1}\mathbf{1}_n^T\right\}$$
$$=n^{-1}\left[c^*\left(\sum_{k=0}^{t}a^k(A^*)^{t-k}\right)P_1+a^{t+1}\mathbf{1}_n^T\right]$$

$$(4-24)$$

式中，$A^* = P_1 W \overline{P}_1$；$c^* = \mathbf{1}_n^T W \overline{P}_1$。由 $P_1 \mathbf{1}_n = 0$ 与 $\mathbf{1}_n^T \mathbf{1}_n = n$，可得式（4-22）。证毕。

由性质4.4可知，式（4-16）的一致函数 $x^*(t)$ 的演化是初始状态 $x(0)$ 分量的加权平均，可以对路网路段占有率渐近状态值进行估计；由闭环系统（4-16）、式（4-21）及式（4-22）可得 $x^*(t) = n^{-1}[c^* P_1 + a\mathbf{1}_n^T] x(t-1)$。由于 $\lim_{t \to \infty} [x(t) - x^*(t)\mathbf{1}_n] = 0$ 且 $P_1 \mathbf{1}_n = 0$，如果 $a \neq 0$ 且 $x^*(t)$ 收敛于某一有限数值 $\overline{x}^*$，则有 $\overline{x}^* = 0$。

在此进行简要说明：对等式 $x^*(t) = n^{-1}[c^* P_1 + a\mathbf{1}_n^T] x(t-1)$ 两端关于时间 t 取极限，可得：$\overline{x}^* = n^{-1} \overline{x}^* [c^* P_1 + a\mathbf{1}_n^T] \mathbf{1}_n = a\overline{x}^*$，因为 $a \neq 0$，所以 $\overline{x}^* = 0$；式（4-22）意味着式（4-21）中初始状态分量的加权系数和等于 a^t，且 $\lim_{t \to \infty} a^t = 0 (|a| < 1)$。

至此，本节已给出式（4-16）可达渐近稳定一致的反馈控制求解方法。令 $\mathbf{Q}^e = [Q_1^e, \cdots, Q_m^e]^T \gg 0$ 为路网期望边界车流输入，则式（4-14）的平衡点为：

$$x_e = [L(I_n - \overline{A}^a) L^{-1}]^{-1} LB\mathbf{Q}^e = L(I_n - \overline{A}^a)^{-1} B\mathbf{Q}^e \quad (4-25)$$

路网的期望输入与平衡点依赖于路网的控制需求，二者间的解析关系由式（4-25）表示。

路网边界车流输入反馈控制律为：$\mathbf{Q}(t) = \mathbf{Q}^e + KR(x(t) - x_e)$，其中 $x(t) = [x_1(t), \cdots, x_n(t)]^T$ 为路段实际检测占有率向量；$K \in \mathbb{R}^{m \times (n-1)}$ 为按照本方法求解的反馈增益矩阵。路网边界车流输入需要满足容量约束，实际应用的车流输入为

$$\tilde{Q}_i(t) = \begin{cases} Q_i(t), & Q_i(t) < Q_{i,\max} \\ Q_{i,\max}, & Q_i(t) \geq Q_{i,\max} \end{cases}, i = 1, \cdots, m \quad (4-26)$$

式中，$\tilde{Q}_i(t) = [\tilde{Q}_1(t), \cdots, \tilde{Q}_m(t)]^T$ 为实际边界车流输入；$\mathbf{Q}_{i,\max} = [Q_{1,\max}, \cdots, Q_{m,\max}]^T$ 为路网边界输入路段容量。

2. $b^* \neq 0$ 类型

在路段交通泄流比例 $\overline{\boldsymbol{\eta}}^a = [\overline{\eta}_1^a, \cdots, \overline{\eta}_n^a]^T$ 满足代数方程组 $[L\tilde{A}_1 L^{-1}] \overline{\boldsymbol{\eta}}^a = (1-a)\mathbf{1}_n$ 的条件下（参考性质4.2），由性质4.3可得，式（4-19）中的 $b^* = 0$。在一般的路段交通泄流比例 $\overline{\boldsymbol{\eta}} = [\overline{\eta}_1, \cdots, \overline{\eta}_n]^T \gg 0$ 选取的情况下，考虑式（4-6）的反馈控制设计问题。此时，考虑的系统见式（4-27）。

$$x(t+1) = [L\overline{A}L^{-1}] x(t) + [LB] \mathbf{Q}(t) \quad (4-27)$$

式中，$\overline{A} = A(t)|_{\eta_i(t) = \overline{\eta}_i, i=1,\cdots,n}$，其中 $A(t)$ 为式（4-4）的状态矩阵，$\overline{\eta} = [\overline{\eta}_1, \cdots, \overline{\eta}_n]^T \gg 0$。

状态反馈控制律仍采用式（4-15）中给定的形式，则闭环系统为

$$x(t+1) = \{[L\overline{A}L^{-1}] + LBKR\}x(t) \quad (4-28)$$

式（4-28）在线性变换 $\overline{x} = Px$ 下的变换系统为

$$\overline{x}(t+1) = P\{[L\overline{A}L^{-1}] + LBKR\}P^{-1}\overline{x}(t) \quad (4-29)$$

式中，P 和 P^{-1} 分别在式（4-8）和式（4-9）中定义。

由定理4.1中的结论可知，式（4-28）可达到渐近稳定一致等价于式（4-29）的平衡点 $\overline{x} = 0$ 关于部分变量 $y = [\overline{x}_1, \cdots, \overline{x}_{n-1}]^T \in \mathbb{R}^{n-1}$ 渐近稳定。

进一步而言，令 $\overline{x} = [\overline{x}_1, \cdots, \overline{x}_{n-1}, \overline{x}_n]^T = [y^T, \overline{x}_n]^T$，参考性质4.3的证明过程，式（4-29）可以表示为

$$\begin{cases} y(t+1) = A^* y(t) + b^* \overline{x}_n(t) \\ \overline{x}_n(t+1) = c^* y(t) + d^* \overline{x}_n(t) \end{cases} \quad (4-30)$$

式中，$A^* = P_1\{[L\overline{A}L^{-1}] + LBKR\}\overline{P}_1 \in \mathbb{R}^{(n-1) \times (n-1)}$，$b^* = n^{-1}P_1[L\overline{A}L^T - 1]1_n \in \mathbb{R}^{n-1}$，$d^* = n^{-1}1_n^T[L\overline{A}L^{-1}]1_n \in \mathbb{R}$，$c^* = 1_n^T\{[L\overline{A}L^{-1}] + LBKR\}\overline{P}_1 \in \mathbb{R}^{1 \times (n-1)}$。

由定理4.2中的结果可知，式（4-29）的辅助系统为

$$\dot{\xi} = [L_1 P][L\overline{A}L^{-1} + LBKR][L_1 P]^{-1}\xi \quad (4-31)$$

式中，$L_1 = \begin{bmatrix} I_{n-1} & 0 \\ 0 & b_1^* \end{bmatrix}$，其中 b_1^* 为式（4-30）中 $b^* = [b_1^*, \cdots, b_{n-1}^*]^T$ 的第一个非零分量。

由定理4.2中的结果可知，式（4-29）的平衡点 $\overline{x} = 0$ 是关于部分变量 $y = [\overline{x}_1, \cdots, \overline{x}_{n-1}]^T \in \mathbb{R}^{n-1}$ 渐近稳定的，等价于式（4-31）的平衡点 $\xi = 0$ 是 Lyapunov 渐近稳定的，从而式（4-28）可达到渐近稳定，一致求解问题转化为式（4-31）稳定性求解问题。

矩阵 $[L_1 P][L\overline{A}L^{-1} + LBKR][L_1 P]^{-1}$ 是渐近稳定的**充分必要条件**是存在 n 维正定矩阵 Z，使得式（4-32）中的矩阵为负定矩阵。

$$\begin{bmatrix} -Z & \{[L_1 P][L\overline{A}L^{-1} + LBKR][L_1 P]^{-1}\}Z \\ Z\{[L_1 P][L\overline{A}L^{-1} + LBKR][L_1 P]^{-1}\}^T & -Z \end{bmatrix}$$

$$= \begin{bmatrix} -Z & \{[L_1 P][L\overline{A}L^{-1}][L_1 P]^{-1}\}Z + [L_1 PLB]Y \\ Z\{[L_1 P][L\overline{A}L^{-1}][L_1 P]^{-1}\}^T + Y^T[L_1 PLB]^T & -Z \end{bmatrix}$$

$$(4-32)$$

式中，$Y = [KR][L_1P]^{-1}Z$。

因此，可采用线性矩阵不等式方法求解反馈增益矩阵 K。若 $R = P_1$，则由
$P\overline{P} = \begin{bmatrix} P_1 \\ 1_n^T \end{bmatrix} [\overline{P}_1 \quad n^{-1}1_n] = I_n$ 可得：$R\overline{P}_1 = I_{n-1}$，从而有

$$\overline{RPL}_1^{-1} = R[\overline{P}_1 \quad n^{-1}1_n] \begin{bmatrix} I_{n-1} & 0 \\ 0 & 1/b_1^* \end{bmatrix}$$

$$= [R\overline{P}_1 \quad n^{-1}R1_n] \begin{bmatrix} I_{n-1} & 0 \\ 0 & 1/b_1^* \end{bmatrix}$$

$$= [I_{n-1} \quad 0] \begin{bmatrix} I_{n-1} & 0 \\ 0 & 1/b_1^* \end{bmatrix}$$

$$= [I_{n-1} \quad 0]$$

即 $Y = [KR][L_1P]^{-1}Z = KR\overline{P}L_1^{-1}Z = K[I_{n-1} \quad 0]Z$，从而，$YZ^{-1} = [K \quad 0]$，反馈矩阵 K 为矩阵 YZ^{-1} 的前 $n-1$ 列，且矩阵 YZ^{-1} 的第 n 列元素均为0。

路网期望车流输入与平衡点及考虑边界路段容量限制情况下实际车流输入，与上一小节中的讨论相同，可参考式（4-25）与式（4-26）。

针对路网控制状态空间模型，以系统可达渐近稳定一致为目标，应用部分变量稳定性方法，提出了式（4-15）形式的状态反馈控制设计方法，通过对路网边界路口车流输入的有效控制，达到整个路网状态的一致渐近目标。

考虑的路网边界交叉口控制与现有文献中方法的主要区别在于：现有针对单个交通子区的控制方法主要以路网内车辆总量为状态变量，建立单输入单输出系统，设计了PI型边界车流的反馈控制律，其中路网状态期望值为路网宏观基本图的临界状态值。总体上，现有方法不能很好地描述边界车流输入与路网内部状态间的耦合关系及动态演化，而此方法是建立在路网控制状态空间模型的基础上，考虑了边界车流输入与路网内部状态间的耦合关系。同时，式（4-6）允许描述更为一般的路网边界输入车流的调控问题，以路网宏观基本图临界状态值为目标的控制问题是此方法适用的一种特殊情况。

下面讨论路网内各交叉口的信号控制设计问题。

4.1.5 路网状态观测机制

对系统状态变量进行重构或估计称为状态观测器，它利用计算机和仿真系统构成的软系统，来构建一个和被控系统有同样动力学性质的路网系统，即控制系

统的状态观测反馈机制,如图4-4所示。通过采集到的流量数据和第2章的数据补全算法来构建观测器的已知项,通过仿真软件的模型来对状态变量进行估计。

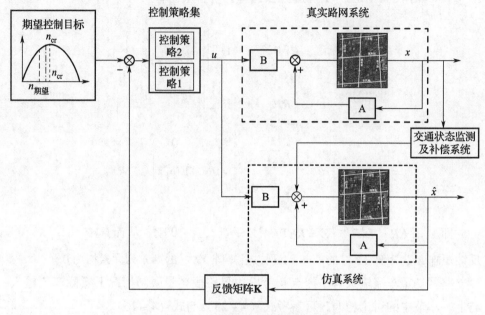

图4-4 路网状态观测反馈机制

设计图4-4的路网状态观测反馈机制,从观测机制的结构可以看出,系统通过交通状态监测系统获得实际测量输出和路网状态信息,并通过数据补偿系统将缺失和失真的数据进行补全,进一步与控制系统的期望状态的差值构成一个反馈矩阵,并经路网控制器选择不同的控制策略输入到真实路网系统。

在实际应用中,路段的交通泄流比例可根据交叉口各进口方向期望的饱和程度进行确定。信号反馈控制律的计算需要路段内车辆数量信息,通常难于通过断面检测器直接获得,可采用式(4-33)进行估计。

$$\hat{N}_j(t) = l_j \frac{\mu_j}{100\lambda_j} o_j(t) \qquad (4-33)$$

式中,$\hat{N}_j(t)$为路段j内t时刻估计车辆数量;l_j为路段j的长度;μ_j为路段j车道数量;λ_j为路段j内车辆的平均长度;$o_j(t)$为路段j内检测器(线圈、地磁等断面检测器)的时间占有率测量值(%)。当检测器布设在路段中间位置,$\hat{N}_j(t)$估计值较为准确。

4.1.6 路网内部信号控制

上一节针对式 (4-6),对任意给定的路段交通泄流比例 $\overline{\boldsymbol{\eta}} = [\overline{\eta}_1, \cdots, \overline{\eta}_n]^T$,$\overline{\boldsymbol{\eta}}$ 或者是方程组 $[L\tilde{A}_1 L^{-1}]\overline{\boldsymbol{\eta}} = (1-a)\mathbf{1}_n$ 的解,或者满足一般性条件 $\overline{\boldsymbol{\eta}} = [\overline{\eta}_1, \cdots, \overline{\eta}_n]^T \gg 0$,设计了实现闭环系统可达渐近稳定一致的边界车流输入状态反馈控制律 $\boldsymbol{Q}(t) = \boldsymbol{KRx}(t)$。

在式 (4-1) 中,路段交通泄流比例可定义为:交叉口进口路段周期放行车辆数量与当前时刻路段内车辆数量的比值,该比值可作为交叉口信号优化的一种约束。下面考虑交叉口信号优化问题。

1. 信号反馈控制

根据路段交通泄流比例的定义,$\overline{\eta}_j$ 与相应流向有效绿灯时间的关系见式 (4-34)。

$$\begin{cases} \overline{\eta}_j = \dfrac{\sum_{k \in V_j^D} s_{jk} g_{jk}(t)}{N_j(t)} = \dfrac{s_j g_j(t)}{N_j(t)} \\ g_j(t) = \dfrac{\overline{\eta}_j N_j(t)}{s_j} \end{cases} \quad (4-34)$$

式中,$s_{jk} > 0$,$j \in V^I$ 为交通流向 $j \to k$ 的饱和流量;$g_{jk}(t) = \gamma_{jk} g_j(t)$,$j \in V^I$ 为由路段 j 驶入下游路段 k 的车流获得的有效绿灯时间,其中 $g_j(t)$ 为路段 j 周期内获得的总有效绿灯时间,$\gamma_{jk} \geq 0$ 为交通流向 $j \to k$ 的绿灯时间分配比例系数,满足 $\sum_{k \in V_j^D} \gamma_{jk} = 1$;$s_j \triangleq \sum_{k \in V_j^D} s_{jk} \gamma_{jk}$ 为路段 j 周期平均饱和流量。若路段 j 各交通流向处于同一信号相位统一放行,则 s_j 与 $g_j(t)$ 分别为路段 j 饱和流量与相位有效绿灯时间。

进一步,考虑信号周期内路段各交通流向有效绿灯时间的分配问题。路段 j 到下游路段 k 流向有效绿灯时间分配比例系数由式 (4-35) 确定。

$$\begin{cases} g_{jk}(t) = \gamma_{jk} g_j(t) = \dfrac{\gamma_{jk} \overline{\eta}_j N_j(t)}{s_j} \\ \gamma_{jk} = \dfrac{\dfrac{\alpha_{jk}}{s_{jk}}}{\sum_{k_l \in V_j^D} \left(\dfrac{\alpha_{jk_l}}{s_{jk_l}}\right)} \end{cases} \quad (4-35)$$

式中,α_{jk} 为路段 j 到下游路段 k 的交通流分配或转向比例;$\dfrac{\alpha_{jk}}{s_{jk}}$ 可理解为交通流向

$j\to k$ 的流量比,即按各交通流向的负荷分配路段的周期总有效绿灯时间。

考虑交叉口信号配时的实际约束,设信号交叉口 j 包含 q 个信号相位,且每个信号相位内包含 l_i 股受控车流, $i=1,\cdots,q$。令 $g_{jk}^i(t)$, $i=1,\cdots,q$; $k=1,\cdots,l_i$ 表示信号交叉口 j 相位 i 内由式(4-34)确定的各交通流向有效绿灯时间,则满足相位绿灯时间及周期约束的相位绿灯时间 G_j^i, $i=1,\cdots,q$ 可通过下面优化问题确定。

$$\min \varphi = \frac{1}{2}\sum_{i=1}^{q}\sum_{k=1}^{l_i}[G_j^i - g_{jk}^i(t)]^2$$
$$\text{s.t. } G_{ji}^{\min} \leqslant G_j^i \leqslant G_{ji}^{\max}, \ i=1,\cdots,q \qquad (4-36)$$
$$\sum_{i=1}^{q} G_j^i = C - L_j$$

式中, $G_{ji}^{\min}$ 与 $G_{ji}^{\max}$ 分别为信号相位 i 允许的最短与最长绿灯时间约束; C 为路网公共信号周期; L_j 为交叉口 j 周期损失时间。

2. 不同交通状态交叉口优化策略

受限于路网的宏观特性和道路通行能力,路网交通流量与占有率的关系如图4-5所示,在实际交通工程实践中,对于路网不同时段的交通状态会设定不同的管理目标,相应地针对不同的管理目标会采取对应的管控策略。

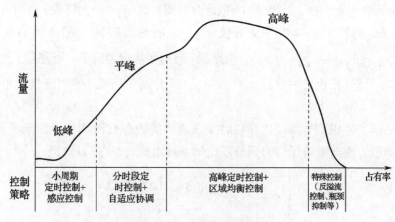

图4-5 分时段控制策略

当牵制节点交通拥堵等级较低或处于交通拥堵的初期时,控制系统的目标既要考虑提升交叉口通行能力,又要考虑减小交叉口延误时间;当牵制节点交通拥堵较为严重时,拥堵若无法有效缓解将导致路口持续排队甚至溢流,此时的控制目标在考虑减小交叉口延误时间的同时,还必须考虑交叉口占有率均衡。

(1) 交叉口总延误最小

交叉口总延误为每车道上的延误与该车道到达交通量的乘积之和,即到达该交叉口所有交通量延误的总和,即

$$D = \sum_i \sum_j d_{ij} q_{ij} \tag{4-37}$$

式中,q_{ij}为第i相位第j进口道的交通量(pcu/h);d_{ij}为第i相位第j进口道的每车延误时间(s)。

在饱和度大于0.9时用Akcelik公式进行计算,约束条件为周期约束:$\sum_{i=1}^{n} g_i + L = C, C \in [C_{\min}, C_{\max}], g_{ip} \in [g_{\min}, g_{\max}]$

采用Akcelik瞬态延误计算模型,见式(4-38)。

$$d = \begin{cases} \dfrac{C(1-g/C)^2}{2[1-(g/C)x]} & x < 1 \\ \dfrac{C-g}{2} & x \geq 1 \end{cases} + \dfrac{Q_0}{C} \tag{4-38}$$

式中,Q_0为$(0, T)$时间段内平均过饱和排队长度的过渡函数,其计算公式为

$$Q_0 = \begin{cases} \dfrac{ST}{4}\left[(x-1) + \sqrt{(x-1)^2 + \dfrac{12(x-x_0)}{ST}}\right] & x > x_0 \\ 0 & x \leq x_0 \end{cases} \tag{4-39}$$

式中,x_0为对应车道的饱和流率(veh/h),$x_0 = 0.67 + \dfrac{s_g}{600}$;$S$为该车道的通行能力(veh/h);$T$为观察时段的长度(s)。

(2) 交叉口通行能力最大

通行能力最大的控制目标适用于饱和度低的交叉口,路段交通泄流比例作为约束,实际交叉口通行能力可定义为

$$J_c = \sum_{i=1}^{I} w_i^s = \dfrac{1}{c} \sum_{i=1}^{I} \bar{\rho}_i g_i s_i \tag{4-40}$$

式中,s_i为交通流的饱和交通流量;g_i为交通流所属相位的绿灯时间;c为周期时间;$\bar{\rho}_i$为交通流的最大容忍饱和度。

$\bar{\rho}_i$的值经常由交通工程师估计,并且针对不同的交通流采用不同的取值,常取0.9。若某些节点允许出现较长排队,则$\bar{\rho}_i$的值可以大于0.9。

(3) 优化目标定义及求解算法

设所有可行的交通信号区域控制方案的集合为 A，即 $a(\cdot)=A$。最优的信号控制方案选择问题 (A, J_{op})，可以归结为一个数学优化问题，不同的交通状态应设定不同的控制目标，不同的路网条件下优化问题的约束条件也有差别，具体控制策略逻辑如图 4-6 所示。

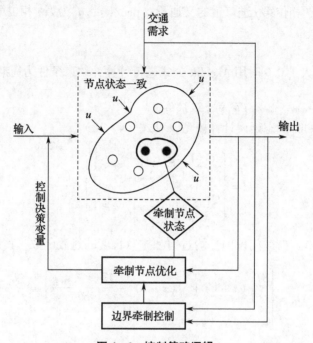

图 4-6　控制策略逻辑

根据交叉口的状态来选择优化目标，并利用一种新型的直接搜索优化算法——混沌遗传算法进行优化问题求解，在允许的解空间内，混沌变量按其自身随机规律进行搜索，混沌运动更易于跳出局部最优解，搜索效率高。它的主要步骤如下。

1) 给定 i 个具有微小差异的初值 $x_n(x_n \in [0, 1])$，并记为 $x_{i,n}(i=1, 2, \cdots)$。

2) 通过 $x_{n+1} = \eta x_n(1-x_n)$ 迭代得到 i 个轨迹不同的混沌变量 $x_{i,n+1}(i=1, 2, \cdots)$。

3) 通过 $x'_{i,n+1} = c + dx_{i,n+1}(c, d$ 为映射常数)，将得到的混沌变量 $x_{i,n+1}$ 映射到优化区间。

4) 令 $x_i(k) = x'_{i,n+1}(i=1, 2, \cdots)$，计算相应的性能指标 $f_i(k)$，令 $x_i^* = x_i(0)$，$f_i^* = f_i(0)(i=1, 2, \cdots)$。

5) 如果 $f_i(k) < f_i^*$，则令 $f_i^* = f_i(k)$，$x_i^* = x_i(k)$，否则，放弃 $x_i(k)(i=1, 2, \cdots)$。

6) 如果 $k > M_2$ (M_2 是最大迭代次数)时，f^* 不变，转下一步，否则，令 $k = k+1$，转步骤3)。

7) 按式 $x_{i,n+1}^n = x^* + a_i x_{i,n+1}$ 进行第二次载波，其中 a_i 为调节常数，使得 $a_i x_{i,n+1}$ 为小幅度混沌变量。

8) 利用 $x_{n+1} = \eta x_n (1 - x_n)$ 产生一组初始个体构成初始种群，并评价每个个体的适应度。

9) 判断算法收敛准则是否满足，若满足则输出搜索结果，否则执行步骤10)。

10) 根据适应度大小，以一定方式进行复制操作。

11) 按交叉概率 P_c 执行交叉操作。

12) 在种群中随机选择5%个体，给定变异次数，按混沌动态搜索过程搜索，并用搜索的结果 x_i^* 取代原个体进入新的种群。

13) 返回步骤9)。

4.1.7 实验分析与应用

1. 路网描述

将本方法应用在一个以潍坊市主城区部分路网为道路网络背景而建立的路网仿真环境下，路网模型由9个交叉口组成，仿真的路网结构及地图如图4-7所示。仿真实验取早高峰7:00—8:00的交通流数据，信号配时参数取当前实际系统的运行配时，仿真采样时间为300s。采用3种控制方式进行对比：固定配时（即路网当前的实际配时）、边界牵制控制、边界牵制控制和全局优化。交叉口间距和路段交通流量见表4-1。仿真路网内交叉口相位划分如图4-8所示。

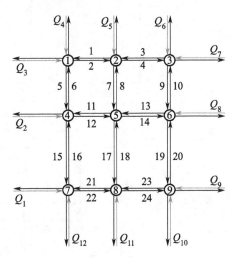

图4-7 潍坊市主城区部分路网结构及地图

表4-1 交叉口间距和路段交通流量

路段编号	间距/m	车道数
1, 2	490	4
3, 4	504	4
5, 6	551	2
7, 8	556	2
9, 10	576	2
11, 12	535	4
13, 14	540	4
15, 16	720	2
17, 18	727	2
19, 20	709	2
21, 22	473	4
23, 24	634	4

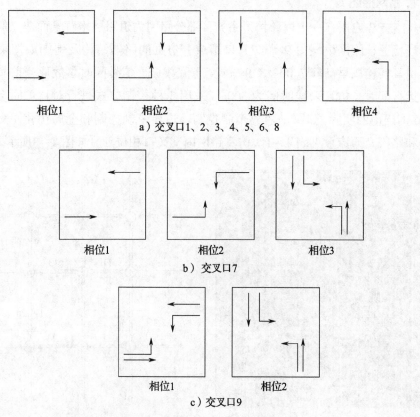

图4-8 仿真路网内交叉口相位划分

仿真项目依托潍坊市交警支队"潍坊市城市道路交通优化组织实施建设项目"的建设内容，通过项目中布设的地磁检测器采集的交通流数据来校验仿真系统，并对控制方法中的某些控制参数（转向比例、放行比例、信号配时参数等）进行校验和辨识。交叉口信号配时参数见表4-2，边界输入路段和路网内部路段的各方向转向比例分别见表4-3和表4-4。

表4-2 交叉口信号配时

（单位：s）

序号	交叉口	周期	东西		南北	
			直行	左转	直行	左转
1	北宫街与四平路	152	45	30	35	30
2	北宫街与潍州路	137	45	30	25	25
3	北宫街与鸢飞路	147	45	30	30	30
4	福寿街与四平路	137	40	30	30	25
5	福寿街与潍州路	172	55	35	40	30
6	福寿街与鸢飞路	137	40	30	30	25
7	东风街与四平路	154	58	38	49	
8	东风街与潍州路	180	58	40	40	30
9	东风街与鸢飞路	76	50		20	

注：黄灯3s。

表4-3 边界输入路段的各方向转向比例和车流输入

边界输入路段编号	车辆输入（veh/h）			左转比例	直行比例	右转比例
	低需求	中需求	高需求			
Q_1	700	1 000	1 300	2/7	4/7	1/7
Q_2	700	1 000	1 300	1/5	3/5	1/5
Q_3	700	1 000	1 300	2/7	4/7	1/7
Q_4	500	800	1 100	1/4	2/4	1/4
Q_5	600	900	1 200	3/6	2/6	1/6
Q_6	700	1 000	1 300	2/4	1/4	1/4
Q_7	600	900	1 200	2/5	2/5	1/5
Q_8	700	1 000	1 300	1/5	3/5	1/5
Q_9	600	900	1 200	1/5	3/5	1/5
Q_{10}	500	800	1 100	3/5	1/5	1/5
Q_{11}	500	800	1 100	3/6	2/6	1/6
Q_{12}	500	800	1 100	3/6	2/6	1/6

表4-4 路网内部路段的各方向转向比例

内部路段编号	左转比例	直行比例	右转比例
1	2/6	3/6	1/6
2	2/6	3/6	1/6
3	2/7	4/7	1/7
4	1/4	2/4	1/4
5	3/5	1/5	1/5
6	2/4	1/4	1/4
7	3/5	1/5	1/5
8	3/6	2/6	1/6
9	1/4	2/4	1/4
10	2/4	1/4	1/4
11	1/5	3/5	1/5
12	1/5	3/5	1/5
13	1/4	2/4	1/4
14	3/6	2/6	1/6
15	2/5	2/5	1/5
16	1/3	1/3	1/3
17	3/6	2/6	1/6
18	2/4	1/4	1/4
19	2/5	2/5	1/5
20	3/6	2/6	1/6
21	2/6	3/6	1/6
22	1/6	4/6	1/6
23	3/7	3/7	1/7
24	1/5	3/5	1/5

2. 子区边界牵制节点反馈控制应用

考虑如图4-7所示的城市局部交通网络,其中,信号交叉口的编号集合记为$J = \{i, j, k, l\}$,交通网络模型的顶点为路段,且源顶点、内部顶点及流出顶点的编号集合分别记为:$V^S = \{25, 27, 29, 31, 33, 35, 37, 39, 41, 43, 45, 47\}$;$V^I = \{1, 2, 3, 4, 5, 6, 7, 8, 9, 10, 11, 12, 13, 14, 15, 16, 17, 18, 19, 20, 21, 22, 23, 24\}$;$V^D = \{26, 28, 30, 32, 34, 36, 38, 40, 42, 44, 46, 48\}$。

假定路网内信号交叉口的相位划分如图4-8所示。为了符号的简便,采用

$g_{i,n}$ 表示信号交叉口 i 的第 n 个相位的有效绿灯时间,$i \in J$,$n=1,2,3,4$,则交通网络的信号控制模型为:

$$x(t+1) = [LA(t)L^{-1}]x_i(t) + [LB]Q(t) \quad (4-41)$$

式中,$x_i(t) = N_i(t)/N_{i,\max}$,$i=1,\cdots,n$,为路段的相对空间占有率;$L = \text{diag}\{1/N_{1,\max},\cdots,1/N_{n,\max}\}$;$B = [B_1, B_2]^T$,

$$B_1 = \begin{bmatrix} 0 & 0 & 0 & 0 & \alpha_{29,1} & 0 & 0 & 0 & 0 & 0 & 0 & 0 \\ 0 & 0 & \alpha_{27,2} & \alpha_{28,2} & 0 & 0 & 0 & 0 & 0 & 0 & 0 & 0 \\ 0 & 0 & 0 & 0 & 0 & \alpha_{30,3} & \alpha_{31,3} & 0 & 0 & 0 & 0 & 0 \\ 0 & 0 & 0 & 0 & \alpha_{29,4} & 0 & 0 & 0 & 0 & 0 & 0 & 0 \\ 0 & 0 & \alpha_{27,5} & \alpha_{28,5} & 0 & 0 & 0 & 0 & 0 & 0 & 0 & 0 \\ 0 & \alpha_{26,6} & 0 & 0 & 0 & 0 & 0 & 0 & 0 & 0 & 0 & 0 \\ 0 & 0 & 0 & 0 & \alpha_{29,7} & 0 & 0 & 0 & 0 & 0 & 0 & 0 \\ 0 & 0 & 0 & 0 & 0 & 0 & 0 & 0 & 0 & 0 & 0 & 0 \\ 0 & 0 & 0 & 0 & 0 & \alpha_{30,9} & \alpha_{31,9} & 0 & 0 & 0 & 0 & 0 \\ 0 & 0 & 0 & 0 & 0 & 0 & 0 & \alpha_{32,10} & 0 & 0 & 0 & 0 \\ 0 & 0 & 0 & 0 & 0 & 0 & 0 & 0 & 0 & 0 & 0 & 0 \\ 0 & \alpha_{26,12} & 0 & 0 & 0 & 0 & 0 & 0 & 0 & 0 & 0 & 0 \end{bmatrix}$$

$$B_2 = \begin{bmatrix} 0 & 0 & 0 & 0 & 0 & 0 & 0 & \alpha_{32,13} & 0 & 0 & 0 & 0 \\ 0 & 0 & 0 & 0 & 0 & 0 & 0 & 0 & 0 & 0 & 0 & 0 \\ 0 & \alpha_{26,15} & 0 & 0 & 0 & 0 & 0 & 0 & 0 & 0 & 0 & 0 \\ \alpha_{25,16} & 0 & 0 & 0 & 0 & 0 & 0 & 0 & 0 & 0 & 0 & \alpha_{36,16} \\ 0 & 0 & 0 & 0 & 0 & 0 & 0 & 0 & 0 & 0 & 0 & 0 \\ 0 & 0 & 0 & 0 & 0 & 0 & 0 & 0 & 0 & 0 & \alpha_{35,18} & 0 \\ 0 & 0 & 0 & 0 & 0 & 0 & 0 & \alpha_{32,19} & 0 & 0 & 0 & 0 \\ 0 & 0 & 0 & 0 & 0 & 0 & 0 & 0 & \alpha_{33,20} & \alpha_{34,20} & 0 & 0 \\ 0 & 0 & 0 & 0 & 0 & 0 & 0 & 0 & 0 & 0 & \alpha_{35,21} & 0 \\ \alpha_{25,22} & 0 & 0 & 0 & 0 & 0 & 0 & 0 & 0 & 0 & 0 & \alpha_{36,22} \\ 0 & 0 & 0 & 0 & 0 & 0 & 0 & 0 & \alpha_{33,23} & \alpha_{34,23} & 0 & 0 \\ 0 & 0 & 0 & 0 & 0 & 0 & 0 & 0 & 0 & 0 & \alpha_{35,24} & 0 \end{bmatrix}$$

$$A = \begin{bmatrix} A_1 & A_2 \\ A_3 & A_4 \end{bmatrix}, A_1 = [A_{11} \quad A_{12}], A_4 = [A_{41} \quad A_{42}]$$

$$A_{11} = \begin{bmatrix} 0 & 0 & \alpha_{3,1}\eta_3 & 0 & 0 & 0 \\ 0 & 0 & 0 & 0 & 0 & \alpha_{6,2}\eta_6 \\ 0 & 0 & 0 & 0 & 0 & 0 \\ 0 & \alpha_{2,4}\eta_2 & 0 & 0 & 0 & 0 \\ \alpha_{1,5}\eta_1 & 0 & 0 & 0 & 0 & 0 \\ 0 & 0 & 0 & 0 & 0 & 0 \\ 0 & \alpha_{2,7}\eta_2 & \alpha_{3,7}\eta_3 & 0 & 0 & 0 \\ 0 & 0 & 0 & 0 & 0 & 0 \\ 0 & 0 & 0 & \alpha_{4,9}\eta_4 & 0 & 0 \\ 0 & 0 & 0 & 0 & 0 & 0 \\ 0 & 0 & 0 & 0 & 0 & 0 \\ 0 & 0 & 0 & 0 & \alpha_{5,12}\eta_5 & 0 \end{bmatrix}$$

$$A_{12} = \begin{bmatrix} 0 & \alpha_{8,1}\eta_8 & 0 & 0 & 0 & 0 \\ 0 & 0 & 0 & 0 & 0 & 0 \\ 0 & 0 & 0 & \alpha_{10,3}\eta_{10} & 0 & 0 \\ 0 & \alpha_{8,4}\eta_8 & 0 & 0 & 0 & 0 \\ 0 & 0 & 0 & 0 & 0 & 0 \\ 0 & 0 & 0 & 0 & \alpha_{11,6}\eta_{11} & 0 \\ 0 & 0 & 0 & 0 & 0 & 0 \\ 0 & 0 & 0 & 0 & 0 & \alpha_{12,8}\eta_{12} \\ 0 & 0 & 0 & 0 & 0 & 0 \\ 0 & 0 & 0 & 0 & 0 & 0 \\ \alpha_{7,11}\eta_7 & 0 & 0 & 0 & 0 & 0 \\ 0 & 0 & 0 & 0 & 0 & 0 \end{bmatrix}$$

$$A_2 = \begin{bmatrix} 0 & 0 & 0 & 0 & 0 & 0 & 0 & 0 & 0 & 0 & 0 & 0 \\ 0 & 0 & 0 & 0 & 0 & 0 & 0 & 0 & 0 & 0 & 0 & 0 \\ 0 & 0 & 0 & 0 & 0 & 0 & 0 & 0 & 0 & 0 & 0 & 0 \\ 0 & 0 & 0 & 0 & 0 & 0 & 0 & 0 & 0 & 0 & 0 & 0 \\ 0 & 0 & 0 & 0 & 0 & 0 & 0 & 0 & 0 & 0 & 0 & 0 \\ 0 & 0 & 0 & \alpha_{16,6}\eta_{16} & 0 & 0 & 0 & 0 & 0 & 0 & 0 & 0 \\ 0 & 0 & 0 & 0 & 0 & 0 & 0 & 0 & 0 & 0 & 0 & 0 \\ \alpha_{13,8}\eta_{13} & 0 & 0 & 0 & 0 & \alpha_{18,8}\eta_{18} & 0 & 0 & 0 & 0 & 0 & 0 \\ 0 & 0 & 0 & 0 & 0 & 0 & 0 & 0 & 0 & 0 & 0 & 0 \\ 0 & \alpha_{14,10}\eta_{14} & 0 & 0 & 0 & 0 & 0 & 0 & \alpha_{20,10}\eta_{20} & 0 & 0 & 0 \\ \alpha_{13,11}\eta_{13} & 0 & 0 & 0 & 0 & \alpha_{18,11}\eta_{18} & 0 & 0 & 0 & 0 & 0 & 0 \\ 0 & 0 & 0 & \alpha_{16,12}\eta_{16} & 0 & 0 & 0 & 0 & 0 & 0 & 0 & 0 \end{bmatrix}$$

$$A_3 = \begin{bmatrix} 0 & 0 & 0 & 0 & 0 & 0 & 0 & 0 & \alpha_{9,13}\eta_9 & 0 & 0 & 0 \\ 0 & 0 & 0 & 0 & 0 & 0 & \alpha_{7,14}\eta_7 & 0 & 0 & 0 & 0 & \alpha_{12,14}\eta_{12} \\ 0 & 0 & 0 & 0 & \alpha_{5,15}\eta_5 & 0 & 0 & 0 & 0 & \alpha_{11,15}\eta_{11} & 0 \\ 0 & 0 & 0 & 0 & 0 & 0 & 0 & 0 & 0 & 0 & 0 & 0 \\ 0 & 0 & 0 & 0 & 0 & 0 & \alpha_{7,17}\eta_7 & 0 & 0 & 0 & 0 & \alpha_{12,17}\eta_{12} \\ 0 & 0 & 0 & 0 & 0 & 0 & 0 & 0 & 0 & 0 & 0 & 0 \\ 0 & 0 & 0 & 0 & 0 & 0 & 0 & 0 & \alpha_{9,19}\eta_9 & 0 & 0 & 0 \\ 0 & 0 & 0 & 0 & 0 & 0 & 0 & 0 & 0 & 0 & 0 & 0 \\ 0 & 0 & 0 & 0 & 0 & 0 & 0 & 0 & 0 & 0 & 0 & 0 \\ 0 & 0 & 0 & 0 & 0 & 0 & 0 & 0 & 0 & 0 & 0 & 0 \\ 0 & 0 & 0 & 0 & 0 & 0 & 0 & 0 & 0 & 0 & 0 & 0 \\ 0 & 0 & 0 & 0 & 0 & 0 & 0 & 0 & 0 & 0 & 0 & 0 \end{bmatrix}$$

$$A_{41} = \begin{bmatrix} 0 & 0 & 0 & 0 & 0 & 0 \\ 0 & 0 & 0 & 0 & 0 & \alpha_{18,14}\eta_{18} \\ 0 & 0 & 0 & 0 & 0 & 0 \\ 0 & 0 & 0 & 0 & 0 & 0 \\ \alpha_{13,17}\eta_{13} & 0 & 0 & 0 & 0 & 0 \\ 0 & 0 & 0 & 0 & 0 & 0 \\ 0 & \alpha_{14,19}\eta_{14} & 0 & 0 & 0 & 0 \\ 0 & 0 & 0 & 0 & 0 & 0 \\ 0 & 0 & 0 & 0 & \alpha_{17,21}\eta_{17} & 0 \\ 0 & 0 & \alpha_{15,22}\eta_{15} & 0 & 0 & 0 \\ 0 & 0 & 0 & 0 & 0 & 0 \\ 0 & 0 & 0 & 0 & \alpha_{17,24}\eta_{17} & 0 \end{bmatrix}$$

$$A_{42} = \begin{bmatrix} 0 & \alpha_{20,13}\eta_{20} & 0 & 0 & 0 & 0 \\ 0 & 0 & 0 & 0 & 0 & 0 \\ 0 & 0 & 0 & 0 & 0 & 0 \\ 0 & 0 & \alpha_{21,16}\eta_{21} & 0 & 0 & 0 \\ 0 & 0 & 0 & 0 & 0 & 0 \\ 0 & 0 & 0 & \alpha_{22,18}\eta_{22} & \alpha_{23,18}\eta_{23} & 0 \\ 0 & 0 & 0 & 0 & 0 & 0 \\ 0 & 0 & 0 & 0 & 0 & \alpha_{24,20}\eta_{24} \\ 0 & 0 & 0 & 0 & \alpha_{23,21}\eta_{23} & 0 \\ 0 & 0 & 0 & 0 & 0 & 0 \\ \alpha_{19,23}\eta_{19} & 0 & 0 & 0 & 0 & 0 \\ 0 & 0 & 0 & \alpha_{22,24}\eta_{22} & 0 & 0 \end{bmatrix}$$

分别选取网络顶点集合 V^I 中路段可容纳的最大车辆数为：

$N_{1,\max} = N_{2,\max} = 326,\quad N_{3,\max} = N_{4,\max} = 336,\quad N_{5,\max} = N_{6,\max} = 183,$
$N_{7,\max} = N_{8,\max} = 185,\quad N_{9,\max} = N_{10,\max} = 192,\quad N_{11,\max} = N_{12,\max} = 356,$
$N_{13,\max} = N_{14,\max} = 360,\quad N_{15,\max} = N_{16,\max} = 240,\quad N_{17,\max} = N_{18,\max} = 242,$
$N_{19,\max} = N_{20,\max} = 236,\quad N_{21,\max} = N_{22,\max} = 315,\quad N_{23,\max} = N_{24,\max} = 422。$

本书作者所发展的理论方法，可用于设计使得交通网络控制模型式（4-6），可达到渐近稳定一致的状态反馈控制律，对于仿真路网，选取系统的变换矩阵 P 为：$P = \begin{bmatrix} P_{11} & P_{12} \\ P_{21} & P_{22} \end{bmatrix}$，其中，

$$P_{11} = \begin{bmatrix} 1 & -1 & 0 & 0 & 0 & 0 & 0 & 0 & 0 & 0 & 0 & 0 \\ 0 & 1 & -1 & 0 & 0 & 0 & 0 & 0 & 0 & 0 & 0 & 0 \\ 0 & 0 & 1 & -1 & 0 & 0 & 0 & 0 & 0 & 0 & 0 & 0 \\ 0 & 0 & 0 & 1 & -1 & 0 & 0 & 0 & 0 & 0 & 0 & 0 \\ 0 & 0 & 0 & 0 & 1 & -1 & 0 & 0 & 0 & 0 & 0 & 0 \\ 0 & 0 & 0 & 0 & 0 & 1 & -1 & 0 & 0 & 0 & 0 & 0 \\ 0 & 0 & 0 & 0 & 0 & 0 & 1 & -1 & 0 & 0 & 0 & 0 \\ 0 & 0 & 0 & 0 & 0 & 0 & 0 & 1 & -1 & 0 & 0 & 0 \\ 0 & 0 & 0 & 0 & 0 & 0 & 0 & 0 & 1 & -1 & 0 & 0 \\ 0 & 0 & 0 & 0 & 0 & 0 & 0 & 0 & 0 & 1 & -1 & 0 \\ 0 & 0 & 0 & 0 & 0 & 0 & 0 & 0 & 0 & 0 & 1 & -1 \\ 0 & 0 & 0 & 0 & 0 & 0 & 0 & 0 & 0 & 0 & 0 & 1 \end{bmatrix}$$

$$P_{12} = \begin{bmatrix} 0 & 0 & 0 & 0 & 0 & 0 & 0 & 0 & 0 & 0 & 0 & 0 \\ 0 & 0 & 0 & 0 & 0 & 0 & 0 & 0 & 0 & 0 & 0 & 0 \\ 0 & 0 & 0 & 0 & 0 & 0 & 0 & 0 & 0 & 0 & 0 & 0 \\ 0 & 0 & 0 & 0 & 0 & 0 & 0 & 0 & 0 & 0 & 0 & 0 \\ 0 & 0 & 0 & 0 & 0 & 0 & 0 & 0 & 0 & 0 & 0 & 0 \\ 0 & 0 & 0 & 0 & 0 & 0 & 0 & 0 & 0 & 0 & 0 & 0 \\ 0 & 0 & 0 & 0 & 0 & 0 & 0 & 0 & 0 & 0 & 0 & 0 \\ 0 & 0 & 0 & 0 & 0 & 0 & 0 & 0 & 0 & 0 & 0 & 0 \\ 0 & 0 & 0 & 0 & 0 & 0 & 0 & 0 & 0 & 0 & 0 & 0 \\ 0 & 0 & 0 & 0 & 0 & 0 & 0 & 0 & 0 & 0 & 0 & 0 \\ 0 & 0 & 0 & 0 & 0 & 0 & 0 & 0 & 0 & 0 & 0 & 0 \\ -1 & 0 & 0 & 0 & 0 & 0 & 0 & 0 & 0 & 0 & 0 & 0 \end{bmatrix}$$

$$P_{21} = \begin{bmatrix} 0 & 0 & 0 & 0 & 0 & 0 & 0 & 0 & 0 & 0 & 0 & 0 \\ 0 & 0 & 0 & 0 & 0 & 0 & 0 & 0 & 0 & 0 & 0 & 0 \\ 0 & 0 & 0 & 0 & 0 & 0 & 0 & 0 & 0 & 0 & 0 & 0 \\ 0 & 0 & 0 & 0 & 0 & 0 & 0 & 0 & 0 & 0 & 0 & 0 \\ 0 & 0 & 0 & 0 & 0 & 0 & 0 & 0 & 0 & 0 & 0 & 0 \\ 0 & 0 & 0 & 0 & 0 & 0 & 0 & 0 & 0 & 0 & 0 & 0 \\ 0 & 0 & 0 & 0 & 0 & 0 & 0 & 0 & 0 & 0 & 0 & 0 \\ 0 & 0 & 0 & 0 & 0 & 0 & 0 & 0 & 0 & 0 & 0 & 0 \\ 0 & 0 & 0 & 0 & 0 & 0 & 0 & 0 & 0 & 0 & 0 & 0 \\ 0 & 0 & 0 & 0 & 0 & 0 & 0 & 0 & 0 & 0 & 0 & 0 \\ 0 & 0 & 0 & 0 & 0 & 0 & 0 & 0 & 0 & 0 & 0 & 0 \\ 1 & 1 & 1 & 1 & 1 & 1 & 1 & 1 & 1 & 1 & 1 & 1 \end{bmatrix}$$

$$P_{22} = \begin{bmatrix} 1 & -1 & 0 & 0 & 0 & 0 & 0 & 0 & 0 & 0 & 0 \\ 0 & 1 & -1 & 0 & 0 & 0 & 0 & 0 & 0 & 0 & 0 \\ 0 & 0 & 1 & -1 & 0 & 0 & 0 & 0 & 0 & 0 & 0 \\ 0 & 0 & 0 & 1 & -1 & 0 & 0 & 0 & 0 & 0 & 0 \\ 0 & 0 & 0 & 0 & 1 & -1 & 0 & 0 & 0 & 0 & 0 \\ 0 & 0 & 0 & 0 & 0 & 1 & -1 & 0 & 0 & 0 & 0 \\ 0 & 0 & 0 & 0 & 0 & 0 & 1 & -1 & 0 & 0 & 0 \\ 0 & 0 & 0 & 0 & 0 & 0 & 0 & 1 & -1 & 0 & 0 \\ 0 & 0 & 0 & 0 & 0 & 0 & 0 & 0 & 1 & -1 & 0 \\ 0 & 0 & 0 & 0 & 0 & 0 & 0 & 0 & 0 & 1 & -1 \\ 1 & 1 & 1 & 1 & 1 & 1 & 1 & 1 & 1 & 1 & 1 \end{bmatrix}$$

状态反馈控制律式 (4-15) 中的常矩阵 R 取为 $R = P_1$,其中,P_1 为变换矩阵 P 的前 23 行构成的矩阵。采用 MATLAB 中 LMI 工具箱可求解反馈增益矩阵 $K = [K_1 \quad K_2]$,K_1、K_2 分别为:

$$K_1 = \begin{bmatrix} -2.8 & -1.5 & 0.8 & 12.0 & 12.6 & 11.3 & 12.7 & 11.5 & 14.2 & 12.6 & -1.3 & 5.7 \\ -23.1 & -20.6 & -12.3 & -13.2 & 6.9 & 7.3 & -8.2 & -8.2 & 2.9 & 3.1 & 3.6 & -17.7 \\ 14.5 & 85.0 & -74.9 & -52.7 & -53.7 & -26.8 & -33.1 & -89.8 & -80.4 & -103.1 & -65.4 & -120.9 \\ -19.6 & -98.1 & -12.1 & -34.5 & -20.4 & -47.4 & -34.9 & -16.6 & -18.7 & 3.6 & -35.9 & 27.7 \\ -10.6 & -21.3 & -22.4 & -27.0 & -10.9 & -25.0 & -24.1 & -29.5 & -22.5 & -52.4 & -56.2 & -59.5 \\ -2.7 & -20.8 & -22.3 & -24.9 & -18.6 & -20.8 & -14.0 & -19.2 & -17.1 & -20.1 & -22.7 & -7.3 \\ -4.3 & -33.6 & -35.2 & -40.1 & -29.5 & -33.1 & -22.4 & -30.9 & -27.0 & -32.7 & -35.8 & -11.9 \\ 2.2 & 10.3 & 21.0 & 14.9 & 38.7 & 40.6 & 6.2 & 8.4 & 19.1 & 20.4 & 22.4 & -42.6 \\ -0.8 & 0.1 & 2.1 & 7.5 & 13.3 & 12.4 & 13.0 & 12.2 & 12.8 & 11.8 & 11.0 & 13.3 \\ -0.8 & 0.1 & 2.1 & 7.5 & 13.3 & 12.5 & 13.0 & 12.1 & 12.8 & 11.8 & 11.0 & 13.4 \\ -2.4 & -1.0 & 2.8 & 10.5 & 22.5 & 20.0 & 17.0 & 14.6 & 18.9 & 16.2 & 13.7 & 11.1 \\ 4.0 & 4.0 & 7.3 & -5.3 & 9.5 & 8.1 & 3.6 & 1.9 & 6.9 & 5.6 & 15.0 & -0.1 \end{bmatrix}$$

$$K_2 = \begin{bmatrix} 4.2 & 2.6 & -0.5 & 4.3 & 1.2 & -4.4 & -4.2 & 3.1 & 2.5 & -4.7 & 7.4 \\ -39.8 & -37.7 & -36.6 & -21.9 & -19.7 & -40.8 & -40.5 & -12.8 & -19.9 & -8.3 & 1.4 \\ -105.3 & -121.5 & -101.6 & -77.2 & -57.9 & -57.1 & -36.8 & -59.4 & -33.8 & -23.3 & -12.4 \\ 32.3 & 56.3 & 37.3 & 19.7 & 1.7 & 15.9 & -3.9 & 38.9 & 19.1 & 15.4 & 10.9 \\ -46.2 & -43.9 & -47.4 & -36.7 & -39.8 & -31.7 & -35.5 & -10.1 & -7.7 & -2.2 & -3.2 \\ -7.9 & -12.3 & -14.4 & -10.1 & -11.7 & -8.0 & -10.2 & -2.4 & -4.1 & -2.0 & -0.2 \\ -12.3 & -19.7 & -22.7 & -16.2 & -18.8 & -12.9 & -16.4 & -3.8 & -6.4 & -3.1 & -0.4 \\ -46.5 & -45.5 & -41.7 & -23.9 & -17.3 & -38.9 & -37.2 & -13.4 & -11.9 & 5.3 & 15.7 \\ 15.3 & 13.2 & 14.6 & 18.5 & 11.1 & 9.4 & 8.6 & 15.4 & 14.5 & 3.3 & 4.0 \\ 15.2 & 13.2 & 14.6 & 18.7 & 11.1 & 9.5 & 8.6 & 15.5 & 14.5 & 3.4 & 4.0 \\ 6.3 & 3.4 & -6.1 & 1.9 & 4.4 & 0.6 & -12.8 & 2.1 & -0.5 & 7.6 & 7.6 \\ 11.9 & 11.2 & 11.5 & 17.9 & 11.8 & 21.1 & 18.3 & 34.0 & 29.7 & 36.6 & -3.2 \end{bmatrix}$$

系统的仿真结果如图 4-9 所示。由式 (4-29) 可计算初始状态 x_0 下系统最终的一致状态值为：$\lim\limits_{t \to +\infty} x^*(t) \approx 0$。

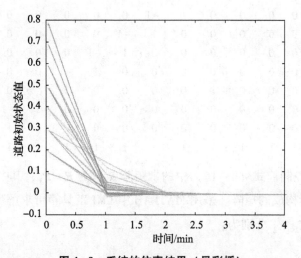

图 4-9 系统的仿真结果（见彩插）

3. 控制效果分析

针对低、中、高三种交通流量条件，分别考虑子区反馈牵制控制、边界牵制控制结合全局优化和无牵制控制三种控制方式，选定子区的路网延误、平均停车次数、路网车辆存量、离开路网车辆数作为路网的性能指标；选定牵制节点的路段延误、停车次数、排队长度、密度作为牵制节点的性能指标。为了避免仿真过程中的随机误差，对每个模型分别独立进行了 10 次仿真测试，并利用 10 次仿真测试的平均值来进行数据分析。

(1) 路网宏观状态变化情况

使用 VB、MATLAB 及 VISSIM 仿真软件联合搭建仿真环境，分别应用定时控制、边界协调控制对图 4-7 所示的路网进行控制，每种情况分别用不同的随机种子仿真 10 次（不同的随机数将改变车辆的到达规律，即随机变化输入流量的到达时间），仿真周期为 2h，每次仿真间隔为 5min，得到区域路网各路段的密度和流量，分别以其为纵坐标（加权流量）和横坐标（车辆累积量）可以得到实验路网的宏观基本图 MFD，如图 4-10 所示。

边界控制作用下的路网 MFD 如图 4-11 所示，边界控制策略能够让路网车流流入和流出保持最大效能，路网加权流量保持在 MFD 的顶点。

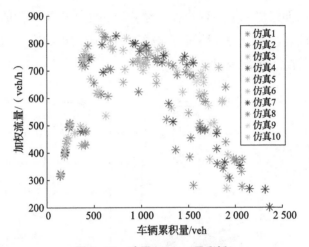

图 4-10 路网 MFD（见彩插）

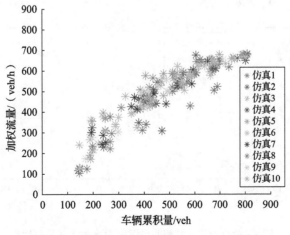

图 4-11 边界控制作用下路网 MFD（见彩插）

(2) 牵制节点的状态变化情况比较

路网中几个关键节点在三种方法下的控制效果对比分别如图 4-12 ~ 图 4-18 所示，图中绿色星型折线、绿色加号折线和绿色方框折线分别代表固定配时、子区边界牵制控制和牵制控制结合内部优化三种方法的仿真数值。由图 4-12 ~ 图 4-18 可知，在同等流量条件下，边界牵制控制策略具有更理想的路网协调控制效果；由于车辆到达的随机性，部分牵制节点的某些时刻牵制控制结合内部优化的控制策略，要比没有内部优化的策略控制效果略差。总体来说，综合四个评价指标的分析结果，边界牵制控制方法对路网的优化控制效果明显优于固定配时方法，通过边界牵制控制策略可以有效减少路段排队和停车次数，而且内部路段能够实现均衡目标，边界路段由于车辆的随机输入和转向比例的设置问题，部分边界路段并未达到一致的期望状态，但控制策略能够有效抑制排队，防止溢流现象的发生。

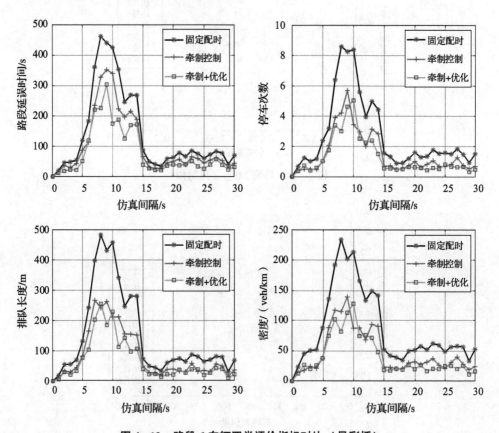

图 4-12 路段 6 车辆四类评价指标对比（见彩插）

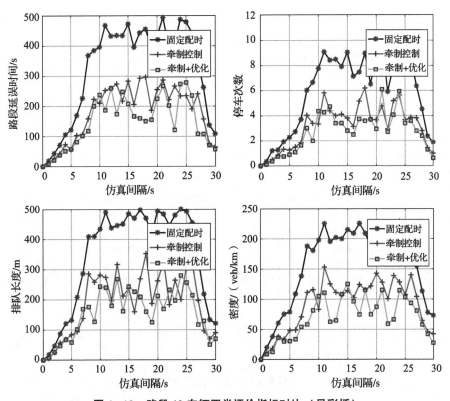

图 4-13 路段 10 车辆四类评价指标对比（见彩插）

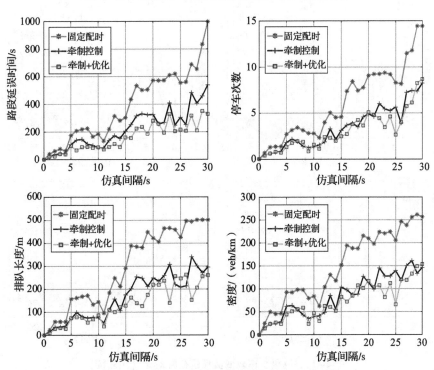

图 4-14 路段 7 车辆四类评价指标对比（见彩插）

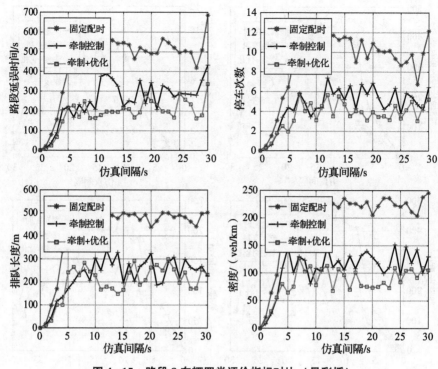

图 4-15　路段 8 车辆四类评价指标对比（见彩插）

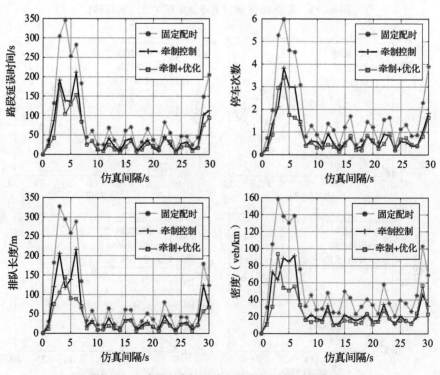

图 4-16　路段 9 车辆四类评价指标对比（见彩插）

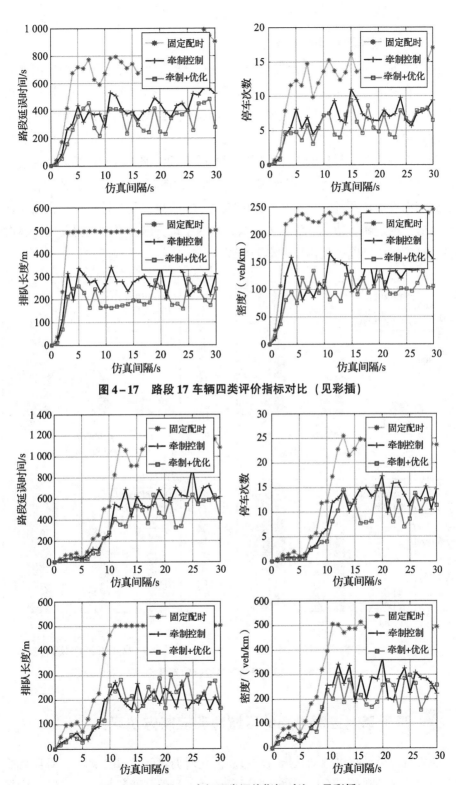

图4-17 路段17车辆四类评价指标对比（见彩插）

图4-18 路段23车辆四类评价指标对比（见彩插）

(3) 路网整体运行效果评价

路网不同交通状态（流量等级为高、中、低三个级别）下三种控制方式的四种评价指标对比如图 4-19 所示，通过 VISSIM 的仿真评价模块，选取路网延误时间、路网平均停车次数、路网车辆存量和离开路网车辆数作为评价控制策略优劣的评价指标，对路网整体运行结果进行评价。由图 4-19 可知，区域边界协调控制的控制效果明显优于现路网固定配时的管控策略；由于系统的反馈控制作用，无论在哪种流量等级下，控制策略都有明显的提高。此外，边界协调控制策略结合路网内部的协调优化，一方面能够增大车辆的流出量，另一方面在路网饱和度较高时，通过减少边界车流输入和增大路网流量流出，可以使得路网车辆存量减少，进而有效抑制路网内部的车辆延误。

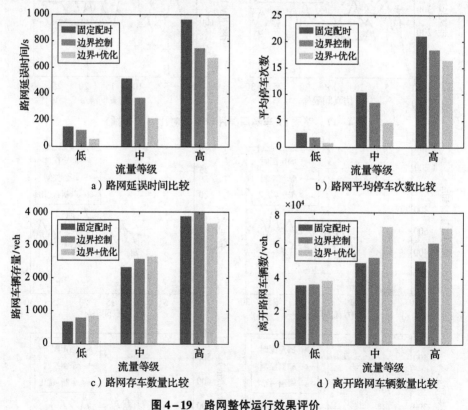

图 4-19 路网整体运行效果评价

4.2 基于牵制控制思想的区域协调控制方法研究

随着城市机动化进程的发展，城市路网交通拥堵问题日益突出，而且经常呈现不均匀分布的现象。在路网中一些通行能力不足的交通瓶颈（交叉口或控制子区）处，往往会出现排队无法及时消散甚至排队溢出的交通状态。

针对区域协调控制的路网牵制控制问题，以控制子区为基本研究单位，运用路网的宏观模型来描述一定规模路网的状态演化。城市级信号管控架构如图4-20所示。然后，通过线性化等手段来简化路网子区状态演化的非线性系统，引入辅助系统建立了线性系统一致性、部分变量稳定性与 Lyapunov 稳定的等价关系，并设计出多子区协同控制的反馈控制器结构，最终实现子区内部车辆负荷均衡的控制目标。随后，进一步针对牵制子区设计了协调牵制控制策略，分别考虑了单个牵制子区和多个牵制子区存在时，牵制子区的输入输出强度与反馈控制作用的关系，通过调整子区边界的信号控制参数来实现协调控制目标，验证了调整控制强度来缓解牵制子区拥堵状态和路网车流不均衡分布的实用性。最后，建立仿真平台，通过模拟仿真检验反馈控制系统的控制效果。

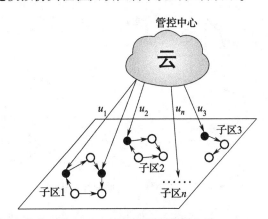

图4-20 城市级信号管控架构

4.2.1 多子区协同控制模型

假定具有一定规模的路网能够划分为 $n \geqslant 2$ 个均匀分布的交通控制子区，采用 $N_j(t)$，$j=1, \cdots, n$ 表示 t 时刻子区 j 内的车辆数量，则子区 j 状态演化可由式（4-42）描述。

$$\dot{N}_j(t) = Q_{j,\text{in}}(t) - Q_{j,\text{out}}(t) \tag{4-42}$$

式中，$Q_{j,\text{in}}(t)$ 与 $Q_{j,\text{out}}(t)$ 分别为子区 j 的车流输入（inflow）与输出（outflow），可分别由式（4-43）和式（4-44）定义。

$$Q_{j,\text{out}}(t) = O_j(N_j(t)) \tag{4-43}$$

$$Q_{j,\text{in}}(t) = \sum_{i \in S_j} u_{ij}(t) O_i(N_i(t)) \tag{4-44}$$

式中,$O_j(N_j(t))$ 为子区内车辆数量的函数,表示子区 j 的宏观基本图模型(MFD);S_j 为与子区 j 相邻的子区集合,若子区 j 与路网边界相邻,则路网边界部分记为子区 j 的特殊相邻子区,仍采用指标 j 表示;$u_{ij}(t)$,$i \neq j$ 为子区 $i \in S_j$ 与子区 j 之间车流传输比例,则 $u_{ij}(t)O_i(N_i(t))$ 为子区 i 与子区 j 间传输的车流,若子区 j 与路网边界相邻,则 $u_{jj}(t)$ 表示路网边界车流输入比例,$u_{jj}(t)O_j(N_j(t))$ 为路网边界车流输入。

路网多子区协同控制模型如图 4-21 所示。

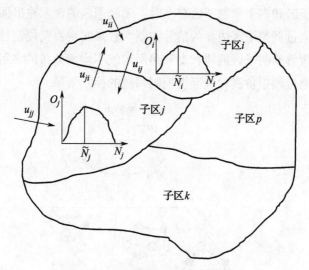

图 4-21 路网多子区协同控制模型

将式 (4-42) 与式 (4-43) 代入式 (4-44),可得路网子区 j 的状态方程,见式 (4-45)。

$$\dot{N}_j(t) = \sum_{i \in S_j} u_{ij}(t) O_i(N_i(t)) - O_j(N_j(t)) \qquad (4-45)$$

假定式 (4-45) 存在平衡点 $[\hat{N}_1, \cdots, \hat{N}_n]^T \in \mathbb{R}^n$ 与 $[\hat{u}_{ij}]_{i,j=1,\cdots,n} \in \mathbb{R}^m$,其中 $\hat{N}_j \leq \tilde{N}_j$,$j = 1, \cdots, n$,$\tilde{N}_j$ 为子区 j 宏观基本图 $O_j(N_j)$ 的临界状态值,路网子区在临界状态值处达到最大输出(outflow);$(\hat{u}_{ij})_{i,j=1,\cdots,n} \in \mathbb{R}^m$ 为稳态边界车流输入比例,m 的具体取值由路网子区划分及拓扑结构确定,从而有 $\sum_{i \in S_j} \hat{u}_{ij} O_i(\hat{N}_i) - O_j(\hat{N}_j) = 0$。

进一步,将式 (4-45) 在平衡点 $[\hat{N}_1, \cdots, \hat{N}_n]^T \in \mathbb{R}^n$ 与 $[\hat{u}_{ij}]_{i,j=1,\cdots,n} \in \mathbb{R}^m$ 处线性化可得式 (4-46)。

$$\Delta \dot{N}_j(t) = \sum_{i \in S_j} [\hat{u}_{ij} O'_i(\hat{N}_i)] \Delta N_i(t) - [O'_j(\hat{N}_j)] \Delta N_j(t) + \sum_{i \in S_j} [O_i(\hat{N}_i)] \Delta u_{ij}(t) \tag{4-46}$$

式中，$\Delta N_j(t) = N_j(t) - \hat{N}_j$；$\Delta u_{ij}(t) = u_{ij}(t) - \hat{u}_{ij}$；$O'_i(\hat{N}_i) = \dfrac{\mathrm{d}O_i}{\mathrm{d}N_i}\bigg|_{N_i = \hat{N}_i}$。

将式（4-46）写成矩阵向量形式，见式（4-47）。

$$\Delta \dot{\boldsymbol{N}}(t) = \boldsymbol{A} \Delta \boldsymbol{N}(t) + \boldsymbol{B} \Delta \boldsymbol{u}(t) \tag{4-47}$$

式中，$\Delta \boldsymbol{N}(t) = [\Delta N_1(t), \cdots, \Delta N_n(t)] \in \mathbb{R}^n$ 为状态向量；$\Delta \boldsymbol{u}(t) = [\Delta u_{ij}(t)]_{i,j=1,\cdots,n} \in \mathbb{R}^m$ 为控制输入向量；状态矩阵 $\boldsymbol{A} = [a_{ij}] \in \mathbb{R}^{n \times n}$，其各元素值为

$$a_{ii} = \begin{cases} -(1-\hat{u}_{ii}) O'_i(\hat{N}_i), & \text{子区 } i \text{ 与路网边界相邻} \\ -O'_i(\hat{N}_i), & \text{其他} \end{cases}, \quad i = 1, \cdots, n,$$

$$a_{ij} = \begin{cases} \hat{u}_{ji} O'_j(\hat{N}_j), & j \in S_i \\ 0, & \text{其他} \end{cases}, \quad j \neq i;$$

输入矩阵 $\boldsymbol{B} = [b_{ij}] \in \mathbb{R}^{n \times m}$，其各元素值为

$$b_{ij} = \begin{cases} O_j(\hat{N}_j), & j \in S_i \\ 0, & \text{其他} \end{cases}。$$

式（4-47）中状态矩阵 $\boldsymbol{A} = [a_{ij}] \in \mathbb{R}^{n \times n}$ 元素值具有如下性质：$a_{ii} \leq 0$，$a_{ij} \geq 0$。下面对其进行简要说明：首先考虑矩阵 $\boldsymbol{A}$ 的对角线元素 a_{ii} 的符号，由各子区宏观基本图模型 $O_i(N_i)$ 的性质可知，在未超过临界状态值的情况下，$O'_i(\hat{N}_i) \geq 0$（$\hat{N}_i \leq \tilde{N}_i$），并且 $0 \leq \hat{u}_{ii} \leq 1$，从而有 $a_{ii} \leq 0$；其次，由 $\hat{u}_{ji} \geq 0$，$O'_j(\hat{N}_j) \geq 0$，可得 $a_{ij} \geq 0$。式（4-47）中输入矩阵 $\boldsymbol{B} = [b_{ij}] \in \mathbb{R}^{n \times m}$ 元素值具有如下性质：$b_{ij} \geq 0$。从而，$\boldsymbol{A} > 0$，$\boldsymbol{B} > 0$，其中符号"$>$"含义参见 4.1.4 节。

进一步考虑对式（4-6）进行线性变换，见式（4-48）。

$$\boldsymbol{x} = \boldsymbol{L} \Delta \boldsymbol{N}, \quad \boldsymbol{L} = \mathrm{diag}\{1/N_{1,\max}, \cdots, 1/N_{i,\max}\} \tag{4-48}$$

式中，$\boldsymbol{x} = [x_1, \cdots, x_n]^\mathrm{T} \in \mathbb{R}^n$ 为变换系统状态向量；$\boldsymbol{L}$ 为对角矩阵；$N_{i,\max}$ 为路网子区 i 能容纳的最大车辆数量。

式（4-47）在线性变换式（4-48）下可变换为如下形式

$$\dot{\boldsymbol{x}}(t) = [\boldsymbol{LAL}^{-1}] \boldsymbol{x}(t) + [\boldsymbol{LB}] \boldsymbol{Q}(t) \tag{4-49}$$

式中，L^{-1} 为变换矩阵 L 的逆矩阵；状态向量 $x(t)=[x_1(t),\cdots,x_n(t)]^T\in\mathbb{R}^n$，其各元素为 $x_i(t)=\Delta N_i(t)/N_{i,\max}$，$i=1,\cdots,n$；$Q(t)=\Delta u(t)$。

式（4-49）中的状态变量 $x_i(t)=\Delta N_i(t)/N_{i,\max}$ 可表示路网子区 i 的负荷，下面将考虑式（4-49）的控制综合问题，即设计各子区边界传输流 $Q(t)$ 的反馈控制律，使得式（4-49）可达渐近稳定一致，实现路网各子区负荷的均衡性。

4.2.2 线性系统一致性与部分变量稳定性

考虑 n 维连续时间线性时不变系统，见式（4-50）。

$$\dot{x}(t)=Ax(t),\ x(0)=x_0,\ t\in[0,+\infty) \qquad (4-50)$$

式中，$x(t)=[x_1(t),\cdots,x_n(t)]^T\in\mathbb{R}^n$ 为系统状态向量；$A\in\mathbb{R}^{n\times n}$ 为系统状态矩阵；x_0 为系统初始状态。

下面叙述式（4-50）状态向量分量 $x_i(t)$，$\forall i\in\{1,\cdots,n\}$ 可达到渐近稳定一致的概念。

定义 4.3 若存在标量函数 $x^*(t)\in\mathbb{R}$，$t\in[0,+\infty)$，使得 $\lim\limits_{t\to+\infty}[x_i(t)-x^*(t)]=0$，$\forall i\in\{1,\cdots,n\}$，则称系统（4-50）可渐近达到一致，并称 $x^*(t)$ 为系统（4-50）的一致函数。进一步而言，若对任意 $\varepsilon>0$，存在 $\delta(\varepsilon)>0$，使得当 $\|x_0-x^*(0)\mathbf{1}_n\|<\delta$ 时就有 $\|x(t)-x^*(t)\mathbf{1}_n\|<\varepsilon$，$\forall t\in[0,+\infty)$，其中 $\|\cdot\|$ 为欧几里得范数，$\mathbf{1}_n\in\mathbb{R}^n$ 为各元素均为 1 的 n 维向量，则称式（4-50）的一致函数 $x^*(t)$ 为稳定的。若式（4-50）可渐近达到一致，并且一致函数 $x^*(t)$ 是稳定的，则称式（4-50）可达到渐近稳定一致。

进一步而言，令 $y=[x_1,\cdots,x_{n-1}]^T\in\mathbb{R}^{n-1}$，则有 $y_0=[x_1(0),\cdots,x_{n-1}(0)]^T\in\mathbb{R}^{n-1}$。下面叙述式（4-50）的平衡点 $x=0$ 关于部分变量 y 稳定及渐近稳定的概念。

定义 4.4 式（4-50）的平衡点 $x=0$ 是关于部分变量 y 稳定的（简记为 y-稳定）：若对任意 $\varepsilon>0$，存在 $\delta(\varepsilon)>0$，使得当 $\|y_0\|<\delta$ 时就有 $\|y(t)\|<\varepsilon$，$\forall t\in[0,+\infty)$。进一步而言，式（4-50）的平衡点 $x=0$ 是关于部分变量 y 渐近稳定的（简记为渐近 y-稳定）：若式（4-50）的平衡点 $x=0$ 是 y-稳定的，并且满足 $\lim\limits_{t\to+\infty}\|y(t)\|=0$。

应用线性变换 $\bar{x}=Px$，其中变换矩阵 P 由式（4-8）定义，可得到如下变换系统。

$$\dot{\bar{x}}(t)=PAP^{-1}\bar{x}(t) \qquad (4-51)$$

定理 4.4 式（4-50）可达到渐近稳定一致的**充分必要条件**是式（4-51）

的平衡点 $\bar{x}=0$ 是关于部分变量 $y=[\bar{x}_1,\cdots,\bar{x}_{n-1}]^T\in\mathbb{R}^{n-1}$ 渐近稳定的。

定理 4.4 的证明与定理 4.1 中的证明过程类似,此处省略。

将式(4-50)按分块矩阵表示,见式(4-52)。

$$\begin{aligned}\dot{y}(t)&=A^*y(t)+b^*x_n(t)\\ \dot{x}_n(t)&=c^*y(t)+d^*x_n(t)\end{aligned} \quad (4-52)$$

式中,$x_n(t)=[y^T,x_n]^T\in\mathbb{R}^n$;$y(t)=[x_1,\cdots,x_{n-1}]^T\in\mathbb{R}^{n-1}$;$A^*\in\mathbb{R}^{(n-1)\times(n-1)}$;$b^*=[b_1^*,\cdots,b_{n-1}^*]^T\in\mathbb{R}^{n-1}$,假定 $b_1^*\neq 0$;$c^*=[c_1^*,\cdots,c_{n-1}^*]^T\in\mathbb{R}^{n-1}$;$d^*\in\mathbb{R}$。

定理 4.5 式(4-50)的平衡点 $x=0$ 是关于部分变量 $y=[x_1,\cdots,x_{n-1}]^T\in\mathbb{R}^{n-1}$ 渐近稳定的**充分必要条件**是辅助系统 $\dot{\xi}(t)=L_1AL_1^{-1}\xi(t)$ 的平衡点 $\xi=0$ 是 Lyapunov 渐近稳定的,其中 $L_1=\begin{bmatrix}I_{n-1}&0\\0&b_1^*\end{bmatrix}$;$L_1^{-1}$ 为 L_1 的逆矩阵;$A=\begin{bmatrix}A^*&b^*\\c^*&d^*\end{bmatrix}$。

定理 4.6 若式(4-52)中 $b^*=0$,则式(4-50)的平衡点 $x=0$ 是关于部分变量 $y=[x_1,\cdots,x_{n-1}]^T\in\mathbb{R}^{n-1}$ 渐近稳定的**充分必要条件**是子系统 $\dot{y}=A^*y$ 是 Lyapunov 渐近稳定的,即矩阵 A^* 的特征值实部均小于零。

证明 若式(4-50)中 $b^*=0$,则部分变量 $y=[x_1,\cdots,x_{n-1}]^T\in\mathbb{R}^{n-1}$ 的演化与变量 x_n 无关。由定义 4.4 即可得到定理 4.6 中的结论。证毕。

定理 4.4、定理 4.5 与定理 4.6 建立了系统可达渐近稳定一致与部分变量稳定及部分变量稳定与 Lyapunov 稳定间的等价关系,为下面控制系统设计奠定了基础。

4.2.3 多子区协同控制设计

考虑式(4-49),其状态反馈控制律仍采用式(4-15)中给定的形式,则闭环系统见式(4-53)。

$$\dot{x}(t)=[LAL^{-1}+LBKR]x(t) \quad (4-53)$$

式(4-53)在线性变换 $\bar{x}=Px$ 下的变换系统见式(4-54)。

$$\dot{\bar{x}}(t)=P[LAL^{-1}+LBKR]P^{-1}\bar{x}(t) \quad (4-54)$$

式中，P 和 P^{-1} 分别在式（4-8）和式（4-9）中定义。

由定理 4.4 中的结论可知，式（4-54）可达到渐近稳定一致等价于式（4-54）的平衡点 $\bar{x}=0$ 关于部分变量 $y=[\bar{x}_1, \cdots, \bar{x}_{n-1}]^T \in \mathbb{R}^{n-1}$ 渐近稳定。

进一步而言，令 $\bar{x}=[\bar{x}_1, \cdots, \bar{x}_{n-1}, \bar{x}_n]^T=[y^T, \bar{x}_n]^T$，参考性质 4.3 的证明过程，式（4-54）可以表示如下。

$$\begin{cases} \dot{y}(t) = A^* y(t) + b^* \bar{x}_n(t) \\ \dot{\bar{x}}_n(t) = c^* y(t) + d^* \bar{x}_n(t) \end{cases} \quad (4-55)$$

式中，$A^* = P_1[LAL^{-1}+LBKR]\bar{P}_1 \in \mathbb{R}^{(n-1)\times(n-1)}$；$b^* = n^{-1}P_1[LAL^{-1}]1_n \in \mathbb{R}^{n-1}$；$d^* = n^{-1}1_n^T[LAL^{-1}]1_n \in \mathbb{R}$；$c^* = 1_n^T[LAL^{-1}+LBKR]\bar{P}_1 \in \mathbb{R}^{1\times(n-1)}$。

由定理 4.5 中的结果可知，辅助系统如下。

$$\dot{\xi}(t) = [L_1 P][LAL^{-1}+LBKR][L_1 P]^{-1}\xi(t) \quad (4-56)$$

式中，$L_1 = \begin{bmatrix} I_{n-1} & 0 \\ 0 & b_1^* \end{bmatrix}$，其中 b_1^* 为式（4-55）中 $b^*=[b_1^*, \cdots, b_{n-1}^*]^T$ 的第一个非零分量。

由定理 4.5 中的结果可得，式（4-54）的平衡点 $\bar{x}=0$ 是关于部分变量 $y=[\bar{x}_1, \cdots, \bar{x}_{n-1}]^T \in \mathbb{R}^{n-1}$ 渐近稳定的等价于式（4-56）的平衡点 $\xi=0$ 是 Lyapunov 渐近稳定的，从而式（4-53）可达到渐近稳定一致求解问题可转化为辅助式（4-56）稳定性求解问题。

式（4-56）的状态矩阵 $[L_1 P][LAL^{-1}+LBKR][L_1 P]^{-1}$ 是渐近稳定的**充分必要条件**是存在 n 维正定矩阵 Z，使得下面矩阵为负定矩阵。

$$\begin{aligned} & Z\{[L_1 P][LAL^{-1}+LBKR][L_1 P]^{-1}\}^T + \{[L_1 P][LAL^{-1}+LBKR][L_1 P]^{-1}\}Z \\ & = Z\{[L_1 P][LAL^{-1}][L_1 P]^{-1}\}^T + \{[L_1 P][LAL^{-1}][L_1 P]^{-1}\}Z + \\ & Y^T[L_1 PLB]^T + [L_1 PLB]Y \end{aligned} \quad (4-57)$$

式中，$Y = KRP^{-1}L_1^{-1}Z = KR\bar{P}L_1^{-1}Z$。

因此，可采用线性矩阵不等式方法求解反馈增益矩阵 K。若 $R=P_1$，则由 $P\bar{P} = \begin{bmatrix} P_1 \\ 1_n^T \end{bmatrix}[\bar{P}_1 \quad n^{-1}1_n] = I_n$ 可得：$R\bar{P}_1 = P_1\bar{P}_1 = I_{n-1}$，从而有

$$R\bar{P}L_1^{-1} = R[\bar{P}_1 \quad n^{-1}1_n]\begin{bmatrix} I_{n-1} & 0 \\ 0 & 1/b_1^* \end{bmatrix}$$

$$= \begin{bmatrix} R\overline{P}_1 & n^{-1}R\mathbf{1}_n \end{bmatrix} \begin{bmatrix} I_{n-1} & 0 \\ 0 & 1/b_1^* \end{bmatrix}$$

$$= \begin{bmatrix} I_{n-1} & 0 \end{bmatrix} \begin{bmatrix} I_{n-1} & 0 \\ 0 & 1/b_1^* \end{bmatrix}$$

$$= \begin{bmatrix} I_{n-1} & 0 \end{bmatrix},$$

即 $Y = KRP^{-1}L_1^{-1}Z = K[I_{n-1} \quad 0]Z$。从而 $YZ^{-1} = [K \quad 0]$，即反馈矩阵 K 为矩阵 YZ^{-1} 的前 $n-1$ 列，且矩阵 YZ^{-1} 的第 n 列元素均为 0。

至此，本节已给出式(4-53)可达渐近稳定一致的反馈控制设计与求解方法，状态反馈控制律见式(4-58)。

$$u(t) = \hat{u} + KRx = \hat{u} + KRL[N(t) - \hat{N}] \tag{4-58}$$

式中，$\hat{N} = [\hat{N}_1, \cdots, \hat{N}_n]^T \in \mathbb{R}^n$；$\hat{u} = [\hat{u}_{ij}]_{i,j=1,\cdots,n} \in \mathbb{R}^m$；$K$ 为按本节方法求解的反馈矩阵；$N(t) = [N_1(t), \cdots, N_n(t)] \in \mathbb{R}^n$，其中各分量 $N_i(t)$ 为子区 i 内车辆数量，且 $N_i(t) = \sum_{j \in V_i^l} N_i^j(t)$，其中 $N_i^j(t)$ 为子区 i 路段 j 内车辆数量，V_i^l 为子区 i 内部路段集合。实际应用时各路段内车辆数量 $N_i^j(t)$ 可通过本节的方法进行估计。

4.2.4 拥堵子区牵制控制策略

上一小节给出了子区与路网边界车流输入的控制设计方法，在上一节控制策略的基础上考虑拥堵子区的控制问题，分为以下两种情况。

情况 1 子区 j 当前处于拥堵状态，而子区 j 的相邻子区处于非拥堵状态，即 $x_j(t) > \gamma_j > 0$，其中 γ_j 为子区 j 拥堵状态的阈值，而 $\forall i \in S_j, i \neq j, x_i(t) < 0$。

考虑由式(4-58)给出的反馈控制律，其发挥着各子区边界输入与输出流量的调控作用，目标是消除各子区内负荷 $x_j(t)$ 的差异性，从而实现各子区负荷的均衡。在情况 1 下，将由式 (4-59) 定义的子区 j 内车辆数量 $\tilde{N}_j(t)$ 应用于反馈控制律式 (4-58)。

$$\tilde{N}_j(t) = \frac{N_j(t)}{1 - [b_j N_j(t)/N_{j,\max}]} \tag{4-59}$$

式中，$N_j(t)$ 为子区 j 当前时刻车辆数量；$N_{j,\max}$ 为子区 j 能容纳的最大车辆数量；$b_j \in [0, 1)$ 为调节参数。

不难验证，式 (4-59) 右端是关于 N_j 单调递增的，且有 $\tilde{N}_j(t) \geq N_j(t)$。

将比实际值较大的 $\tilde{N}_j(t)$ 应用于反馈控制律式（4-58）的目的是：通过反馈控制作用进一步增大子区 j 的输出流量 $u_{ji}(t)$ 并减少输入流量 $u_{ij}(t)$，从而快速缓解子区 j 的拥堵情况，控制效果将在仿真分析部分进行验证。

情况 2 子区 j 当前处于拥堵状态，并且存在某些相邻子区 $i \in S_j$，$i \neq j$，子区 i 也处于拥堵状态，即 $x_j(t) > \gamma_j > 0$ 且 $x_i(t) > \gamma_i > 0$，其中 γ_j 与 γ_i 分别为子区 j 与子区 i 拥堵状态的阈值。

在情况 2 下，将由式（4-60）定义的拥堵子区车辆数量 $\tilde{N}_i(t)$ 应用于式（4-55）。

$$\tilde{N}_i(t) = \frac{N_i(t)}{1 - [bN_i(t)/\max_{i \in S_j^c}(N_{i,\max})]}, \quad i \in S_j^c \tag{4-60}$$

式中，$b \in [0, 1)$ 为调节参数；S_j^c 为子区 j 相邻拥堵子区集合。

与式（4-59）类似，式（4-60）中 $\tilde{N}_i(t) \geq N_i(t)$，其含义与式（4-59）中解释相同。令 $\tilde{x}_i(t) = \tilde{N}_i(t)/N_{i,\max} - \hat{N}_i(t)/N_{i,\max}$，$x_i(t) = N_i(t)/N_{i,\max} - \hat{N}_i(t)/N_{i,\max}$，则有式（4-61）。

$$\begin{aligned}
X_i(t) \triangleq \tilde{x}_i(t) - x_i(t) &= \frac{\tilde{N}_i(t)}{N_{i,\max}} - \frac{N_i(t)}{N_{i,\max}} \\
&= \frac{N_i(t)}{N_{i,\max}\{1 - [bN_i(t)/\max_{i \in S_j^c}(N_{i,\max})]\}} - \frac{N_i(t)}{N_{i,\max}} \\
&= \frac{N_i(t)/N_{i,\max}}{1 - [(bN_{i,\max})/\max_{i \in S_j^c}(N_{i,\max})][N_i(t)/N_{i,\max}]} - \frac{N_i(t)}{N_{i,\max}} \\
&= \frac{N_i(t)/N_{i,\max}}{1 - [(bN_{i,\max})/\max_{i \in S_j^c}(N_{i,\max})][N_i(t)/N_{i,\max}]} - \frac{N_i(t)}{N_{i,\max}}
\end{aligned} \tag{4-61}$$

记 $\delta_i(t) = N_i(t)/N_{i,\max} \leq 1$，则 X_i 关于 δ_i 的导数见式（4-62）。

$$\begin{aligned}
\frac{dX_i}{d\delta_i} &= \frac{\{1 - [(bN_{i,\max})/\max_{i \in S_j^c}(N_{i,\max})]\delta_i\} + \delta_i[(bN_{i,\max})/\max_{i \in S_j^c}(N_{i,\max})]}{\{1 - [(bN_{i,\max})/\max_{i \in S_j^c}(N_{i,\max})]\delta_i\}^2} - 1 \\
&= \frac{1}{\{1 - [(bN_{i,\max})/\max_{i \in S_j^c}(N_{i,\max})]\delta_i\}^2} - 1 > 0
\end{aligned} \tag{4-62}$$

由式（4-62）可知，X_i 是关于 δ_i 单调递增的。因此，若 $\delta_i(t) > \delta_j(t)$，则 $X_i(t) > X_j(t)$，其含义为：若子区 i 的负荷 $N_i(t)/N_{i,\max}$ 大，则调整后的负荷 $\tilde{N}_i(t)/N_{i,\max}$ 与实际值的增量大，意味着通过反馈控制作用对子区 i 的输入与输出流量的调整强度大。

以上两种情况包括了路网子区各种拥堵状态的分布情况，在式（4-58）的基础上，通过增加拥堵子区输入与输出流量的调整强度，减少了拥堵子区的交通需求，增加了拥堵子区交通流的消散速度，从而牵制整个路网状态快速达到均衡。

通过式（4-58）、式（4-59）与式（4-60）可确定子区间及路网边界输入车流的控制律，即 $u_{ij}(t)O_i(N_i(t))$，$i \in S_j$，需要将其进一步转化为相应边界输入路段的流量，并对边界路口进行信号配时。

4.2.5 边界输入流量分配与路口信号配时

式（4-58）为子区间及路网边界总的传输流的控制律，应用时需要进行边界流量分配。本小节将考虑路网子区边界输入流量分配及边界路口信号配时问题。

记 $q_{ij}(t) = u_{ij}(t)Q_i(N_i(t))$，$i \in S_j$ 若 $i \neq j$，则 $q_{ij}(t)$ 为子区 i 与子区 j 间传输流量；若 $i = j$，则子区 j 与路网边界相邻，且 $q_{ij}(t)$ 为子区 j 路网边界传输流量。假定有 $I_j \geq 2$ 个边界路口，且子区 j 边界输入路段流量记为 $q_{ij}^k(t)$，$k = 1, \cdots, I_j$，则设计 $q_{ij}^k(t)$ 的控制律见式（4-63）。

$$\begin{cases} \dfrac{q_{ij}^k(t)}{q_{ij}^k(t-1)} = h(t) + [1 - h(t)]\left[1 + \dfrac{\bar{z}_k - z_k(t)}{\bar{z}_k}\right], \ (k = 1, \cdots, I_j) \\ h(t) = \dfrac{1}{1 + \{[1/r_k]\,|z_k(t) - \bar{z}_k|\}^m} \end{cases} \quad (4-63)$$

式中，$z_k(t) = n_k(t)/n_{k,\max}$，其中 $n_k(t)$ 为边界输入路段 k 内的车辆数，$n_{k,\max}$ 为边界输入路段 k 能容纳的最大车辆数；$\bar{z}_k = \bar{n}_k/n_{k,\max}$，其中 $\bar{n}_k$ 为边界输入路段 k 内的期望车辆数；$0 < h(t) \leq 1$ 为动态调节参数；$r_k > 0$，$m \geq 1$；$t \in \mathbb{N}$ 为离散时刻，采样周期为 T。

由上式给出的边界路段流量控制律可知，当 $z_k(t) > \bar{z}_k$ 时，有 $q_{ij}^k(t) < q_{ij}^k(t-1)$，意味着减少路段流量以降低路段占有率；当 $z_k(t) < \bar{z}_k$ 时，有 $q_{ij}^k(t) > q_{ij}^k(t-1)$，意味着增加路段流量以增加路段占有率；当 $z_k(t) = \bar{z}_k$ 时，有 $q_{ij}^k(t) = q_{ij}^k(t-1)$。

下面进一步解释式（4-61）中动态调节参数 $h(t)$ 的意义。定义函数 $f(h) \triangleq h+(1-h)b$，$0 \leqslant h \leqslant 1$，$b>0$。如果 $b>1$，则 $f(h)$ 是严格单调递减函数；如果 $b<1$，则 $f(h)$ 是严格单调递增函数。因此，如果差值 $|z_k(t)-\bar{z}_k| \neq 0$，则差值 $|q_{ij}^k(t)-q_{ij}^k(t-1)|$ 关于 $h \in [0,1]$ 是严格单调递减的。对此进行简要说明：若 $z_k(t)-\bar{z}_k>0$，此时对应 $f(h)$ 中 $b<1$ 情况，则 $f(h)$ 是严格单调递增函数，且有 $q_{ij}^k(t)<q_{ij}^k(t-1)$，因此，当 h 值增大，$f(h)$ 值也将增大，从而有 $q_{ij}^k(t)$ 值增大，即差值 $|q_{ij}^k(t)-q_{ij}^k(t-1)|$ 减小；若 $z_k(t)-\bar{z}_k<0$，分析过程与上述一致。由此可知，当差值 $|z_k(t)-\bar{z}_k|$ 较大，为加快控制过程的收敛速度，应取较小的 $h(t)$ 值来增加流量差值 $|q_{ij}^k(t)-q_{ij}^k(t-1)|$，反之亦然。式（4-61）中 $h(t)$ 的更新规律与上述思想吻合。$r_k>0$ 及 $m \geqslant 1$ 根据实验控制效果进行选择，以便获取更优 $h(t)$ 值。

边界输入路段期望占有率值 $\bar{z}_k = \bar{n}_k/n_{k,\max}$ 可根据不同交通状态进行设定。式（4-63）给出的流量控制律的目标是通过调控路段输入流量，实现路段占有率的均衡性。

下面进一步考虑路段流量的约束条件，建立优化方程求解实际流量分配值，见式（4-64）。

$$\left. \begin{array}{l} \min \varphi = \dfrac{1}{2}\sum\limits_{k=1}^{I_1}[\tilde{q}_{ij}^k(t)-q_{ij}^k(t)]^2 \\ \tilde{q}_{ij,\min}^k \leqslant \tilde{q}_{ij}^k(t) \leqslant \tilde{q}_{ij,\max}^k, k=1,\cdots,I_j \\ \sum\limits_{k=1}^{I_1}\tilde{q}_{ij}^k(t) = q_{ij}(t) \end{array} \right\} \quad (4-64)$$

式中，$\tilde{q}_{ij}^k(t)$ 为路段 k 实际应用的流量值；$q_{ij}^k(t)$ 为由式（4-61）给出的流量值；$q_{ij}(t)$ 为子区 i 与子区 j 间传输总流量；$\tilde{q}_{ij,\min}^k$ 与 $\tilde{q}_{ij,\max}^k$ 分别为路段 k 最小与最大流量约束。

4.2.6 实验分析与应用

1. 路网描述

以潍坊市实际路网为仿真原型，在 VISSIM 软件中搭建网络仿真环境，如图 4-22 所示。依托潍坊市交警支队"潍坊市城市道路交通优化组织实施建设项目"的建设内容，通过项目中布设的地磁检测器采集的交通流数据来校验仿真系统，并对控制方法中的某些控制参数（转向比例、放行比例、信号配时参数等）进行校验和辨识。

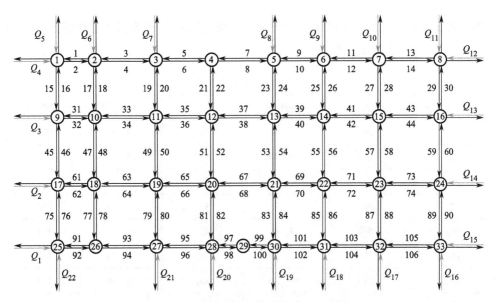

图 4-22 潍坊路网拓扑示意图（见彩插）

该交通路网分布不均匀，交通流量大小随时间变化显著。仿真路网划分后的 4 个子区及各边界输入流量如图 4-23 所示。在高峰时段，子区 1 易发生交通拥

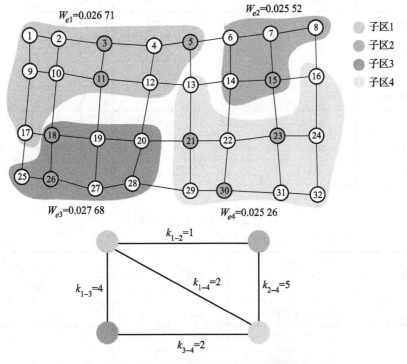

图 4-23 区域路网各边界输入流量

注：k_{i-j} 为子区 i 与子区 j 的边界邻接路段数。

堵，需要及时对子区 1 内交通流进行快速疏散和管控。仿真路网的交通参数见表 4-5 ~ 表 4-8 及图 4-24。

表 4-5　交叉口间距

路段编号	间距/m	路段编号	间距/m	路段编号	间距/m
1, 2	355	37, 38	511	73, 74	483
3, 4	600	39, 40	535	75, 76	565
5, 6	611	41, 42	540	77, 78	558
7, 8	500	43, 44	555	79, 80	607
9, 10	490	45, 46	752	81, 82	531
11, 12	504	47, 48	746	83, 84	618
13, 14	591	49, 50	750	85, 86	642
15, 16	448	51, 52	721	87, 88	715
17, 18	439	53, 54	720	89, 90	728
19, 20	441	55, 56	727	91, 92	358
21, 22	462	57, 58	709	93, 94	608
23, 24	551	59, 60	733	95, 96	469
25, 26	556	61, 62	330	97, 98	270
27, 28	576	63, 64	584	99, 100	510
29, 30	590	65, 66	589	101, 102	404
31, 32	345	67, 68	620	103, 104	725
33, 34	566	69, 70	473	105, 106	506
35, 36	623	71, 72	634	—	—

表 4-6　交叉口信号配时

（单位：s）

序号	交叉口	周期	东西		南北	
			直行	左转	直行	左转
1	北宫街与永安路	122	40	25	25	20
2	北宫街与月河路	142	45	25	35	25
3	北宫街与向阳路	142	45	25	35	25
4	北宫街与和平路	109	45	25	30	

（续）

序号	交叉口	周期	东西		南北	
			直行	左转	直行	左转
5	北宫街与四平路	152	45	30	35	30
6	北宫街与潍州路	137	45	30	25	25
7	北宫街与鸢飞路	147	45	30	30	30
8	通亭街与虞河路	147	45	30	30	30
9	福寿街与永安路	117	35	20	30	20
10	福寿街与月河路	122	40	20	30	20
11	福寿街与向阳路	122	35	25	30	20
12	福寿街与和平路	197	60	45	45	35
13	福寿街与四平路	137	40	30	30	25
14	福寿街与潍州路	172	55	35	40	30
15	福寿街与鸢飞路	137	40	30	30	25
16	福寿街与虞河路	182	60	30	45	35
17	东风街与永安路	95	25	20	20	18
18	东风街与月河路	150	48	30	35	25
19	东风街与向阳路	148	40	25	40	31
20	东风街与和平路	180	58	40	40	30
21	东风街与四平路	154	58	38	49	
22	东风街与潍州路	180	58	40	40	30
23	东风街与鸢飞路	76	50		20	
24	东风街与虞河路	180	58	40	30	30
25	胜利街与永安路	79	30	20	20	
26	胜利街与月河路	79	30	20	20	
27	胜利街与向阳路	128	40	26	25	25
28	胜利街与和平路	144	40	23	30	39
29	胜利街与青年路	64	20	15	20	
30	胜利街与四平路	152	60	35	48	
31	胜利街与潍州路	182	55	34	52	29
32	胜利街与鸢飞路	92	53		33	
33	胜利街与虞河路	162	50	35	37	28

注：黄灯3s。

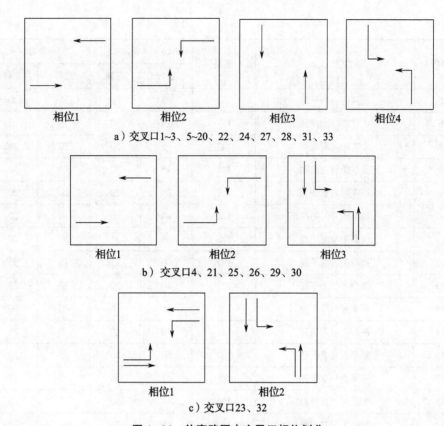

图 4-24 仿真路网内交叉口相位划分

表 4-7 路网内部路段的各方向转向比例

路段编号	左转比例	直行比例	右转比例	路段编号	左转比例	直行比例	右转比例	路段编号	左转比例	直行比例	右转比例
1	3/6	2/6	1/6	14	3/7	3/7	1/7	27	1/4	2/4	1/4
2	1/5	3/5	1/5	15	2/4	1/4	1/4	28	2/4	1/4	1/4
3	2/4	1/4	1/4	16	3/7	3/7	1/7	29	1/6	4/6	1/6
4	1/5	3/5	1/5	17	2/4	1/4	1/4	30	2/4	1/4	1/4
5	2/6	3/6	1/6	18	3/6	2/6	1/6	31	1/5	3/5	1/5
6	—	2/3	1/3	19	1/5	3/5	1/5	32	3/6	2/6	1/6
7	3/5	2/5	—	20	1/3	1/3	1/3	33	1/6	4/6	1/6
8	2/7	4/7	1/7	21	3/6	2/6	1/6	34	3/6	2/6	1/6
9	2/6	3/6	1/6	22	3/4	—	1/4	35	3/6	2/6	1/6
10	2/6	3/6	1/6	23	3/5	1/5	1/5	36	3/6	2/6	1/6
11	2/7	4/7	1/7	24	2/4	1/4	1/4	37	3/7	3/7	1/7
12	1/4	2/4	1/4	25	3/5	1/5	1/5	38	1/5	3/5	1/5
13	2/5	2/5	1/5	26	3/6	2/6	1/6	39	1/5	3/5	1/5

(续)

路段编号	左转比例	直行比例	右转比例	路段编号	左转比例	直行比例	右转比例	路段编号	左转比例	直行比例	右转比例
40	1/5	3/5	1/5	63	2/4	1/4	1/4	86	3/6	2/6	1/6
41	1/4	2/4	1/4	64	2/6	3/6	1/6	87	1/5	3/5	1/5
42	3/6	2/6	1/6	65	2/5	2/5	1/5	88	3/5	1/5	1/5
43	1/5	3/5	1/5	66	3/6	2/6	1/6	89	2/5	2/5	1/5
44	2/5	2/5	1/5	67	3/7	3/7	1/7	90	2/4	1/4	1/4
45	2/6	3/6	1/6	68	2/7	4/7	1/7	91	1/5	3/5	1/5
46	2/4	1/4	1/4	69	2/4	1/4	1/4	92	2/3	1/3	—
47	2/4	1/4	1/4	70	3/7	3/7	1/7	93	—	3/4	1/4
48	1/3	1/3	1/3	71	2/4	1/4	1/4	94	1/4	2/4	1/4
49	3/6	2/6	1/6	72	1/4	2/4	1/4	95	2/6	3/6	1/6
50	1/5	3/5	1/5	73	1/5	3/5	1/5	96	1/5	3/5	1/5
51	2/6	3/6	1/6	74	2/4	1/4	1/4	97	3/6	2/6	1/6
52	1/3	1/3	1/3	75	3/6	2/6	1/6	98	2/4	1/4	1/4
53	2/5	2/5	1/5	76	2/5	2/5	1/5	99	2/4	1/4	1/4
54	1/3	1/3	1/3	77	3/4	—	1/4	100	1/4	2/4	1/4
55	3/6	2/6	1/6	78	1/3	1/3	1/3	101	2/6	3/6	1/6
56	2/4	1/4	14	79	3/6	2/6	1/6	102	1/6	4/6	1/6
57	2/5	2/5	1/5	80	2/7	4/7	1/7	103	3/7	3/7	1/7
58	3/6	2/6	1/6	81	2/4	1/4	1/4	104	1/5	3/5	1/5
59	1/5	3/5	1/5	82	2/5	2/5	1/5	105	2/4	1/4	1/4
60	2/4	1/4	1/4	83	2/7	4/7	1/7	106	3/6	2/6	1/6
61	3/6	2/6	1/6	84	3/6	2/6	1/6	—	—	—	—
62	1/6	4/6	1/6	85	3/7	3/7	1/7	—	—	—	—

表 4-8 边界输入路段的各方向转向比例

路段编号	左转比例	直行比例	右转比例	路段编号	左转比例	直行比例	右转比例	路段编号	左转比例	直行比例	右转比例
Q_1	1/5	3/5	1/5	Q_9	2/4	1/4	1/4	Q_{17}	2/4	1/4	1/4
Q_2	3/6	2/6	1/6	Q_{10}	3/7	3/7	1/7	Q_{18}	1/6	4/6	1/6
Q_3	1/6	4/6	1/6	Q_{11}	1/5	3/5	1/5	Q_{19}	1/4	2/4	1/4
Q_4	1/4	2/4	1/4	Q_{12}	3/6	2/6	1/6	Q_{20}	3/6	2/6	1/6
Q_5	3/6	2/6	1/6	Q_{13}	2/4	1/4	1/4	Q_{21}	1/4	2/4	1/4
Q_6	2/4	1/4	1/4	Q_{14}	1/6	4/6	1/6	Q_{22}	1/5	3/5	1/5
Q_7	2/4	1/4	1/4	Q_{15}	3/6	2/6	1/6	Q_{23}	1/5	3/5	1/5
Q_8	3/7	3/7	1/7	Q_{16}	1/5	3/5	1/5	—	—	—	—

在 VISSIM 中搭建仿真路网，在 2h 仿真周期内路网边界输入流量的变化趋势如图 4-25 所示。

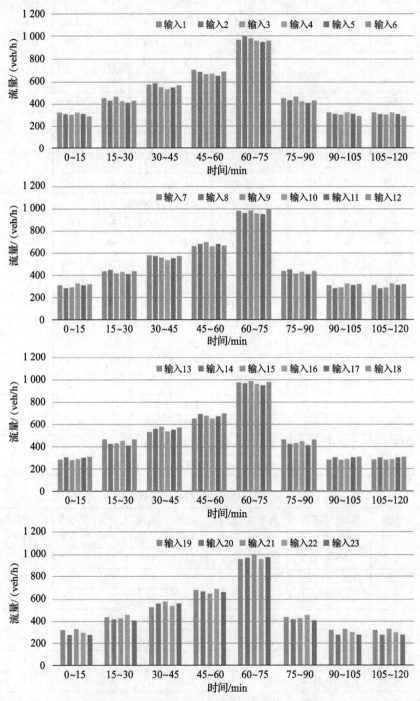

图 4-25　区域路网各边界输入流量（见彩插）

根据路网实际交通流量数据，对仿真路网进行参数标定，改变 VISSIM 的随机种子数进行 10 次仿真，得到区域路网各路段的密度和流量，进一步分别以加权流量为纵坐标和以车辆累积量为横坐标进行绘图，可以得到四个子区的 MFD，如图 4-26 所示。

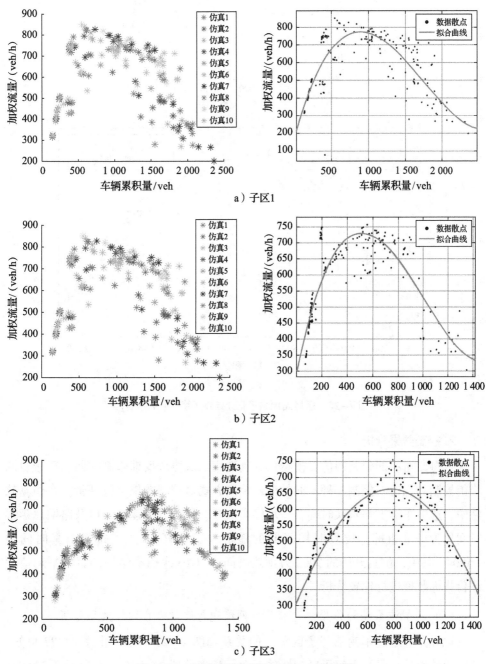

图 4-26 区域路网各子区 MFD（见彩插）

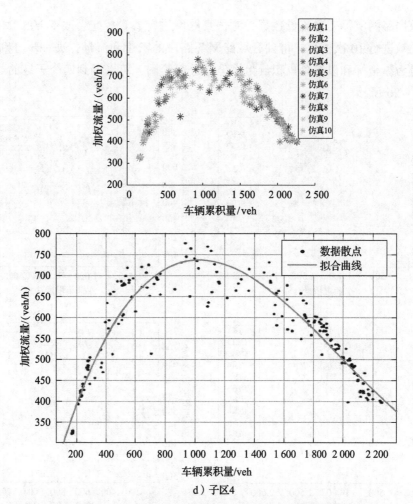

d）子区4

图4-26 区域路网各子区 MFD（续）（见彩插）

2. 控制效果分析

针对潍坊的部分路网仿真模型，分别选用区域协调反馈牵制控制、区域协调均衡控制和无边界控制3种不同的信号控制方式对控制效果进行评价。在仿真软件中，选取车辆平均延误时间、平均停车次数、平均行驶速度，以及路网总延误时间作为评价指标。仿真时用不同的随机种子仿真10次，每次仿真时间为4 500s，其中，仿真开始的900s为预热时间，以10次仿真结果的算术平均值为评价指标数据进行比较分析。

(1) 边界流量调控作用，选取某条网络边界路段进行调控效果分析

边界路段通过车辆数与子区负荷的关系如图4-27所示。由图4-27可知，子区间的邻接路段为缓解子区拥堵的开关，选取路段11~19（流向子区3）、路

段 5~6（流向子区 2）为示例，验证分析通过调控子区 1 的边界路段车辆数来缓解子区拥堵的有效性，随着拥堵子区负荷的增加，可以通过调节边界路段的通过车辆来缓解子区拥堵，而且基于不同边界路段的道路容量和流入子区的负荷，通过调节边界路口的配时来进行路网交通量的微观调控；而且边界路段车流流出量与流入子区的子区负荷有关系，即子区负荷较小的邻接路段承接了更多的拥堵交通流。

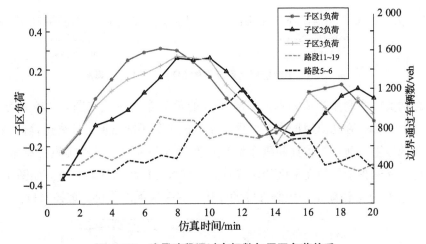

图 4-27 边界路段通过车辆数与子区负荷关系

(2) 协调策略动态调整的调控效果比较

施加牵制控制作用后，再经过 10 次仿真重新得到四个子区的 MFD，如图 4-28 所示，由图 4-28 可知，实施牵制控制后各个子区的拥堵被有效抑制，而且路网的状态不会超过 MFD 的临界值。

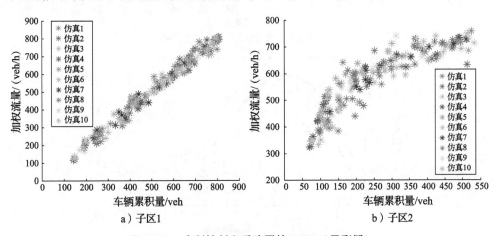

a) 子区1　　　　　　　　　b) 子区2

图 4-28 牵制控制之后路网的 MFD（见彩插）

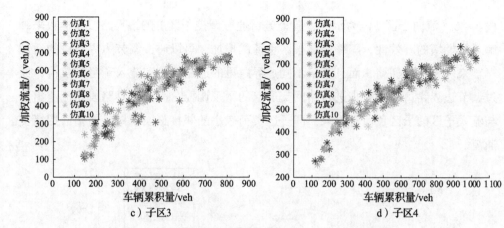

图4-28 牵制控制之后路网的MFD（续）（见彩插）

路网实施协调控制策略前后，各子区的负荷变化曲线如图4-29所示。由图4-29a可知，在仿真时间内，路网各子区的负荷不断增加，最终持续保持在子区负荷的极限，前4个仿真间隔车流从边界流入路网内部。当实施控制策略后，子区内车辆累积量保持在子区的最优状态，即各子区负荷均衡分布，如图4-29b所示。图4-29c说明由于控制强度的作用，各子区能够更快实现控制目标。

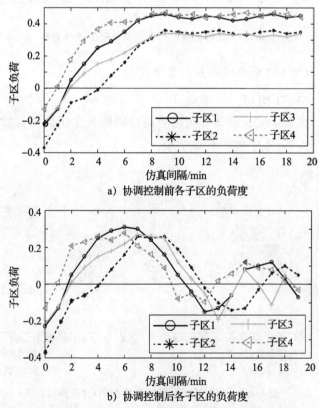

图4-29 不同控制策略下子区负荷的变化趋势

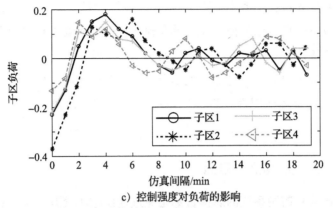

c) 控制强度对负荷的影响

图 4-29 不同控制策略下子区负荷的变化趋势（续）

（3）路网整体运行效果的评价

路网整体运行效果性能评价指标对比见表 4-9。

表 4-9 性能评价指标对比

评价指标	子区1		子区2		子区3		子区4		路网		改进(%)
	实际配时	协调策略	实际配时	协调策略	实际配时	协调策略	实际配时	协调策略	实际配时	协调策略	
平均延误时间/s	250.78	215.12	200.86	180.27	239.33	189.24	164.27	146.52	1 412.18	1 185.32	16.06
停车次数	260.88	210.96	151.92	124.75	271.78	225.8	252.23	210.85	1 533.58	1 264.21	17.56
子区负荷	0.32	0.012	0.19	-0.025	0.23	0.014	0.37	0.025	—	—	—

由表 4-9 的实验结果可知，与无协调控制的方案相比，该方法可减少路网内车辆的延误时间 16.06%，停车次数可减少 17.56%。

4.3 交通控制系统设计与研发

本节从系统层面对控制系统的架构和前文控制算法的实现方式进行阐述。目前国内虽已建立起了较为完善的智能交通系统，但现有系统的前端设施、软件应用功能都有很大的提升空间。多数控制系统只是执行信号状态监控任务和一些常规的交通控制策略。

本系统基于先进的交通控制理念和软件架构设计方式，采用数据与控制分离、控制与设备分离、虚拟信号驱动器等模式，实现多类型检测设备和多厂家信号设备的快速接入，充分解放了信号控制能力，系统可执行包括区域自适应、动态方案选择、绿波协调、反溢流、大小周期、多时段等在内的多种控制策略。同时该系统利用强大的地图数据资源，可快速完成交叉口建模、勤务路线设定等工作。

4.3.1 系统的特点与目标

潍坊交通信号控制系统的总体目标是通过建设潍坊交警支队交通信号智能管控业务中心，构建交通流实时感知监测、数据资源充分整合、交通流智能疏导的智能交通管控和信号服务体系。

潍坊交通信号控制系统借助布设于关键路段交叉口节点的地磁检测设备、交通信号控制设备和视频专网，构建起了集流量采集、中心数据分析、远程信号优化为一体的智能化信号管控体系，支撑面向交通管理者、交通参与者及运维管理者的信号业务综合应用。可视化的智能信号控制系统在潍坊交警支队交通信号智能管控业务中心的部署，实现了"中心—勤务"的协同化的交管模式，实时掌握路网的运行态势，为交通事件快速处置提供管控工具。系统通过交通设施设备管理模块和交通运维管理模块，实现了前端设施运行状态监测、故障诊断排查、维护管理跟踪，保障了潍坊市交通信号设施、设备和控制系统的稳定运行。

4.3.2 平台结构设计

1. 系统结构

交通信号控制系统建设是由前端信控设备安装、中心软件系统部署和信号业务管理信息化综合集成的。从交警交管业务应用层次来分析，信号控制系统是公安交通集成指挥平台的一个子系统，是和其他应用子系统有机结合构成的具有对交通流数据采集分析、管控信号远程处理、路口控制决策和协调、特勤任务指挥功能的综合应用系统；从软件产品来看，它包括各个层次的不同功能模块。根据通信协议、物理架构和功能作用的不同，交通信号控制系统逻辑结构如图4-30所示。

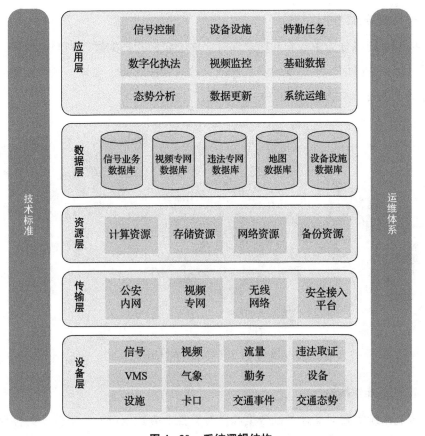

图 4-30 系统逻辑结构

2. 软件结构

系统软件逻辑结构如图 4-31 所示。

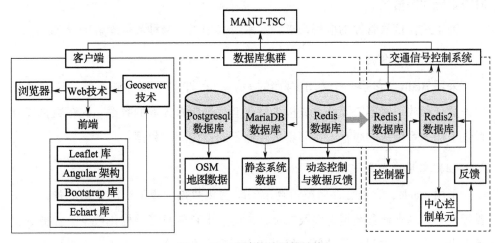

图 4-31 系统软件逻辑结构

3. 物理硬件结构

控制系统可分为中心和前端两部分,中心包括指挥大厅、中心机房等,前端主要是指一些路面设施设备的安装调试,如信号控制器、地磁、网络设备等,以土建施工为主,系统结构如图 4-32 所示。

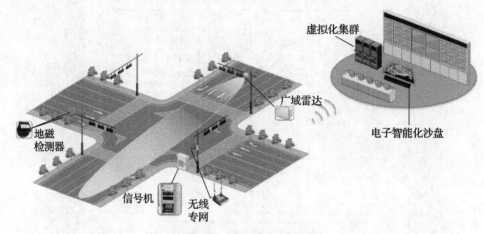

图 4-32 系统外场硬件结构

4. 数据库结构设计

控制系统需要对交通基础数据和信号管控业务数据进行集中统一的存储和管理。交通基础数据主要是交管业务中的一些静态数据,如警员信息、警车信息、设施设备台账、数据字典等;信号管控业务数据主要包括警力调度信息、出行分布、路段与交叉口的车流量、车道占有率、车速、勤务路线及备勤方案、信号配时方案等动态信息。

为了适应信号管控的应用需求,本系统采用以下两种数据库解决方案:

(1) 内存数据库

采用 Redis,它是一个基于内存的 key-value 非关系型存储系统,读取速度快,适合存放一些不需要修改或极少修改但是会频繁读取的数据。内存数据库在系统中作为系统级的缓存,主要用来存储不断被访问的数据。

(2) 单机或集群式数据库

采用 oracle,它适合存储逻辑复杂的结构化数据,查询、统计功能强大,主要管理一些基本业务数据,以及人员、机构、卡点信息等结构化数据。业务数据量本身较小,且访问数量较低,每天几十万次到百万次。

4.3.3 控制系统功能应用

1. 宏观和中观结合的信号控制可视化模块

该模块可以让用户从宏观和中观两个角度直观地了解区域多个交叉口的信号控制模式、信号运行状态、设备设施布局及状态等,如图4-33所示。

图4-33 控制系统主界面(见彩插)

2. 车队仿真与路况信息检测模块

系统内置车队仿真驱动引擎,提供基于车队队列运动的交通仿真功能,利用车队仿真实现信号优化、路况信息检测等功能,如图4-34所示。

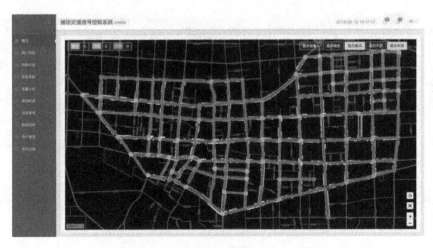

图4-34 系统车队仿真界面(见彩插)

3. 控制策略模块

该模块实现路口相位锁定控制、相位步进控制、运行状态监控、基于检测数据的路口状态评价等，完成区域自适应控制、子区协调控制、干线绿波控制、大小周期控制、中心时间表控制、溢流控制等功能，如图 4-35 所示。

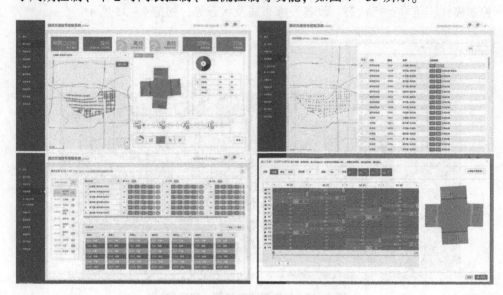

图 4-35 系统控制策略界面（见彩插）

4. 勤务任务模块

该模块实现勤务路线的快速设置、分级勤务控制、临时路口控制等功能，如图 4-36 所示。

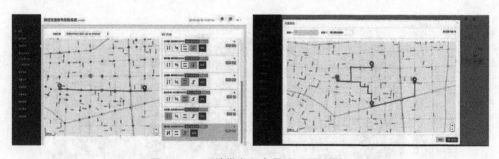

图 4-36 系统勤务任务界面（见彩插）

5. 数据分析模块

该模块实现基于检测数据的流量统计，以及基于饱和指数和失衡指数等评价指标的信号配时分析，如图 4-37 所示。

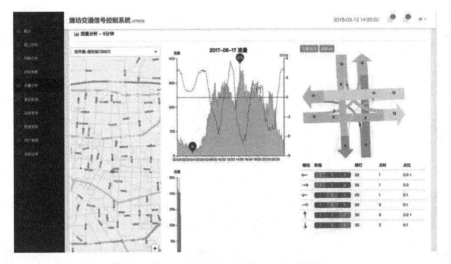

图 4-37　系统数据分析界面（见彩插）

6. 基础数据管理模块

该模块管理包括子区、信号机、路口、检测器、路段、方案等基础数据，如图 4-38 所示。

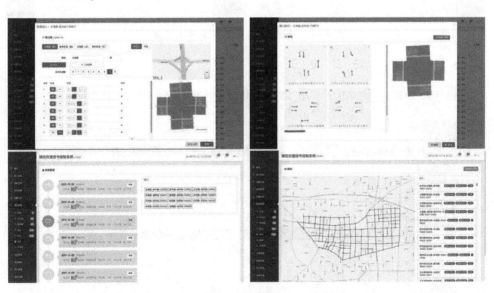

图 4-38　系统数据管理界面（见彩插）

7. 设备设施管理模块

该模块将宏观概况及设备设置相结合，实现设备设置一张图，进行统一管理和维护，同时提供设备设施状态监控及数据统计，如图 4-39 所示。

图4-39 系统设备设施管理界面（见彩插）

8. 多级、多功能用户管理模块

该模块实现管理员角色分级、管理权限划分等功能，如图4-40所示。

图4-40 系统用户管理界面（见彩插）

9. 数据更新模块

该模块保障数据的及时更新和数据准确及交通安全，如图4-41所示。

图4-41 系统数据更新界面（见彩插）

10. 系统运维模块

该模块实现信号机、检测器、设备设施的故障报警，以及在线用户检测、日志查询、系统和数据镜像、在线更新等功能，如图4-42所示。

图4-42 系统运维界面（见彩插）

4.4 小结

本章以控制算法与控制系统为主题，考虑到城市道路网络的复杂性，研究了基于节点群一致的交通子区均衡牵制控制策略和基于牵制控制思想的区域协调控制方法，并以此为算法核心设计和开发了交通控制系统，形成了较为完整的面向复杂道路交通控制的体系。

第5章
应用案例

城市道路交通的理论研究应该是面向解决实际问题而不断发展的,为此将作者团队近年来利用研究结果进行的一些实际应用案例介绍给本书的读者,包括具体到北京市石景山区杨庄东街的综合优化改造和山东省潍坊市东风街绿波协调控制实例。

5.1 北京市石景山区杨庄东街交通综合优化改造方案研究

北京城市道路交通的发展代表了我国城市交通领域的现状,为缓解北京交通拥堵问题,从2016年起北京市交通委员会连续三年发布《北京市缓解交通拥堵行动计划》,力求针对重点区域、突出问题,对症下药缓解交通拥堵。同时交通委员会配合公安部下发《城市道路交通信号灯配时智能化和交通标志标线标准化工作指导意见》,提出了"交通标志标线规范化,信号配时智能化"的要求,本节通过浮动车数据分析,科学设置杨庄东街交通组织和信号配时,对其进行综合优化和改造。

5.1.1 杨庄东街周边整体情况及存在问题

1. 道路结构及渠化

杨庄东街4个信号交叉口路段的道路结构、道路渠化和周边交通需求产生情况等如图5-1所示。从图5-1中可以看出,该道路周边聚集有大量生活社区,交通需求非常大。道路交通需求点见表5-1。

图 5-1 杨庄东街道路渠化

表 5-1 交通需求点

调查对象	杨庄东街		
交通需求类型	社区	企事业单位	其他
具体名称	杨庄北区 黄南苑小区	北方工业大学 首钢医院 石景山交警支队 人才服务中心 环境卫生服务局	当代商城 首钢篮球中心 杨庄北区加油站 黄南苑小区停车场

2. 主要问题分析

(1) 行人过街问题

1) 由于未采用行人过街信号灯和其他安全限制措施,行人过街安全无法保证,多数情况下行人随意穿越。

2) 未实施其他措施的情况下,行人过街对杨庄东街南北向直行车辆的正常行驶影响较大,既降低车队行驶速度又存在安全隐患。

(2) 机动车违章停车问题

杨庄东街两侧的非机动车道被机动车违章停靠占用现象非常严重,不但影响非机动车正常行驶(非机动车经常被迫进入机动车道),而且对南北方向行驶的直行车辆也会造成很大影响。

(3) 交叉口车辆掉头问题

晋元庄路口南北方向允许车辆掉头，会对南北直行车辆行驶造成严重影响，不但会降低车速，还会降低交叉口的通行能力。

(4) 交叉口相位组织问题

1) 晋元庄路口东向北右转车辆由于不受信号灯控制，因而其对南向北直行车辆影响非常严重，尤其是该方向公交车辆线路较多，影响更为严重。同时原有相位采用南北直行和北向东左转同时放行，虽然南向北直行施行早断，再放行左转，但在早晚高峰对南向北直行的车辆影响也比较严重。

2) 由于东向南左转车辆较少，单独放行时间损失较为严重。

(5) 交叉口车辆冲突等问题

杨庄路交叉口没有信号灯控，各流向的交通流在该交叉口自由交织，西进口的左转、南进口左转与北进口直行的冲突较为严重。同时西向北左转车辆抢道现象严重，对南北直行车辆造成影响。由于西向南右转方向行人步道较宽，因而北向南的非机动车需要绕行进入机动车道，存在不安全因素。

(6) 公交车停靠影响其他车辆问题

由于公交站采用的路侧式停靠，并且车道较窄，因此公交车停靠会对直行车辆造成影响。

(7) 配时方案问题

1) 苹果园南路与杨庄东街交叉口：①原有配时方案中，阶段 2 和阶段 3 中间存在 29s 各方向全红时间，该时间被浪费，同时会造成各方向车辆的累积；②由于南向西左转车辆较多，因此第 3 阶段的绿灯时间无法满足需求。

2) 杨庄东街与晋元庄路交叉口：①原有配时方案中，未考虑晋元庄路东向北右转对南向北直行车辆的影响，造成通行时间浪费；②晋元庄路东向南左转车辆相对较少，给予的绿灯时间过长，造成绿灯时间浪费较为严重。

3) 阜石路与杨庄东街交叉口：从阜石路汇入杨庄东街的车辆较多，且未同下游晋元庄路和苹果园南路口形成协调控制，造成拥堵比较严重。

(8) 未实施绿波协调

杨庄东街具有明前的潮汐现象，且交叉口间距较短、交通组织相似，具备实施绿波协调的条件，但是实际中并未实施。

5.1.2 综合优化改造方案

1. 针对行人过街问题

1) 对苹果园南路口与晋元庄路口之间的行人过街，其信号灯放行时序与上游苹果园南路交叉口西向东直行相位相同，此时南北方向车辆处于排队状态，因此行人过街安全性得到保证；同时南北向车流获得通行权，行人过街处于红灯状态，因此减小了行人过街对直行车辆造成的影响。

2) 对晋元庄路口与阜石路路口之间的行人过街，其信号灯放行时序与下游阜石路路口东西直行相位相同，此时南北方向车辆处于排队状态，因此行人过街安全性得到保证；同时南北向车流获得通行权，行人过街处于红灯状态，因此减缓了行人过街对直行车辆造成的影响。

3) 对杨庄路口两侧行人过街，其信号灯放行时序与上游阜石路路口东西直行相位相同，此时南北方车辆处于排队状态，因此行人过街安全性得到保证；同时南北向车流获得通行权，行人过街处于红灯状态，因此减缓了行人过街对直行车辆造成的影响。

2. 针对机动车违章停车问题

在杨庄东街非机动车道旁设立禁止泊车标志，同时可增设违章停车视频检测装置。

3. 针对交叉口车辆掉头问题

将现有允许掉头标志更换为禁止掉头标志，引导掉头车辆通过选择其他路线到达目的地，降低对杨庄东街南北向直行车辆的影响。

1) 由南向北方向掉头车辆的引导路线如图 5-2 所示。

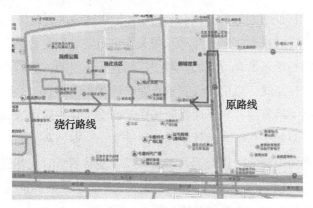

图 5-2　由南向北方向掉头车辆的引导路线

2) 由北向南方向掉头车辆的引导路线如图 5-3 所示。

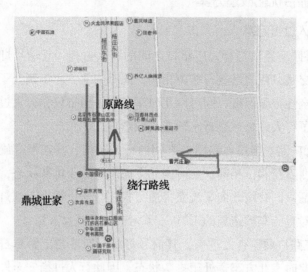

图 5-3　由北向南方向掉头车辆的引导路线

4. 针对交叉口相位组织问题

1) 将晋元庄路东向南左转车道改为左右转车道。
2) 设置东向北右转信号灯，同时重新设计路口相位组合。

5. 针对交叉口车辆冲突等问题

1) 增加隔离护栏，同时禁止西向北左转车辆行驶，加装禁止左转标志。
2) 增加南向西方向引导线和左转渠化标志，引导公交车等左转。
3) 取消北向东方向左转。
4) 将杨庄路口上游丁字口设置成单行车道，引导车辆进入阜石路。
5) 制定合理的绕行路线：分析杨庄路上车辆左转的目的方向有两个，一个是进入杨庄东街之后在杨庄东街与阜石路交叉口右转进入阜石路，另一个是进入杨庄东街之后沿杨庄东街直行向北，对于这两种行车目的，应该给出对新进口禁止左转之后的绕行路线，以满足设置禁止左转标志的需要。

其中杨庄路 – 阜石路：在杨庄路与杨庄东街交叉口右转进入杨庄东街，沿杨庄东街向南行驶至杨庄东街与时代花园中路交叉口，左转进入时代花园中街，向东行驶至时代花园中街与时代花园西街交叉口，左转后沿时代花园西街直行到达时代花园西街与时代花园南路交叉口掉头，沿时代花园西街向北直行到达阜石路，全程绕行大约 1.2km。绕行路线如图 5-4 所示。

图 5-4　杨庄路-阜石路绕行路线（见彩插）

杨庄路-杨庄东街：对于杨庄路内部想要左转进入杨庄东街的车辆，选择在杨庄路上向西行驶，在杨庄路与杨庄大街交叉口右转后进入杨庄大街，直行到达阜石路与杨庄大街交叉口，右转后进入阜石路，直行到达阜石路与杨庄东街交叉口之后左转进入杨庄东街或设置单行车道。其绕行路线如图5-5所示。

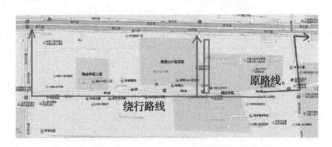

图 5-5　杨庄路-杨庄东街绕行路线（见彩插）

6. 针对交车停靠影响其他车辆问题

由于杨庄东街各公交站点停靠位置的非机动车道和行人步道均比较宽，因此可以将公交站设计成港湾式，其有利于公交车停靠，同时可以避免对后面社会车辆的影响。

7. 针对配时方案问题实施绿波协调

针对具有信号灯控制的交叉口（阜石路路口、晋元庄路路口和苹果园南路路口），可实施协调控制（协调方案根据OD调查获得数据计算得到），协调控制配置见表5-2，各路口信号相位与相序分别见表5-3～表5-5。

表 5-2 协调控制配置

配置参数	阜石路路口				晋元庄路路口			苹果园南路路口		
车速要求/(km/h)	25~30									
路口间距/m	328							320		
相位差/s	30							28		
信号周期/s	160				160			160		
协调阶段	S1				S1			S1		
阶段组合	S1	S2	S3	S4	S1	S2	S3	S1	S2	S3
阶段时间/s	47	47	47	17	110	25	15	80	40	30

表 5-3 阜石路信号相位与相序

阶段 1	阶段 2	阶段 3	阶段 4
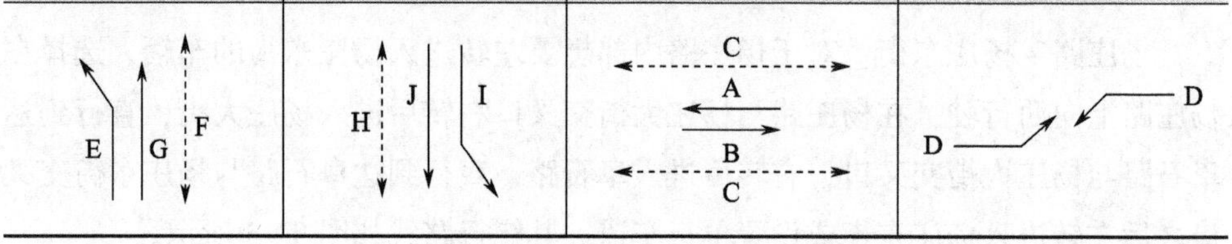 E G F	H J I	C A B C	D D

表 5-4 晋元庄路信号相位与相序

阶段 1	阶段 2	阶段 3

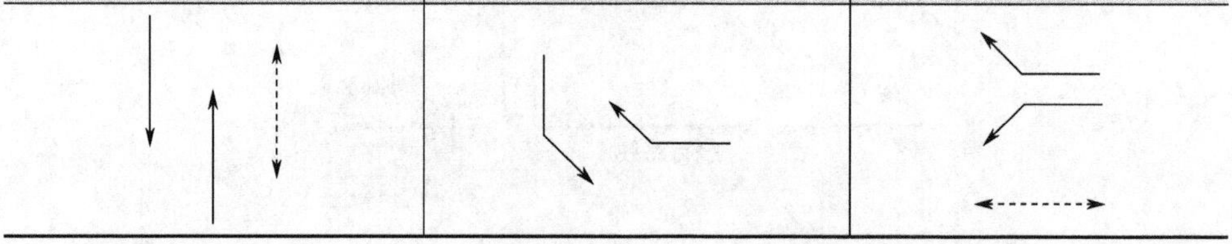

表 5-5 苹果园南路信号相位与相序

阶段 1	阶段 2	阶段 3
C D F	G H C E	B A B

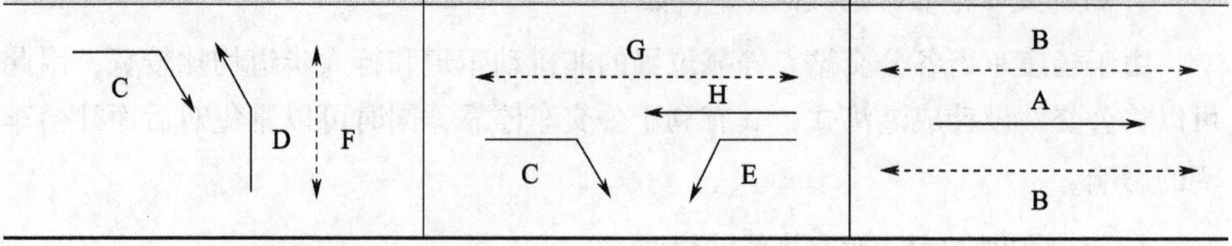

5.1.3 数据采集与仿真分析

1. 数据采集

通过浮动车数据对杨庄东街的车辆延误进行分析,涉及路段如图 5-6 所示。

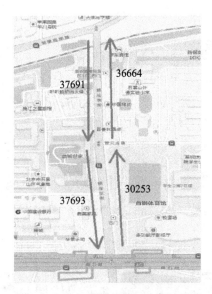

图 5-6 杨庄东街车辆延误分析路段

1) 路段 37691 在工作日与节假日的车辆延误对比如图 5-7 所示。

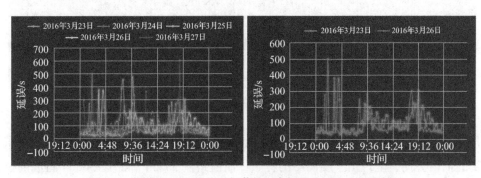

图 5-7 路段 37691 工作日与节假日车辆延误对比（见彩插）

2) 路段 37693 在工作日与节假日的车辆延误对比如图 5-8 所示。

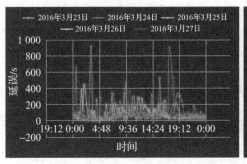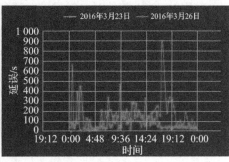

图 5-8 路段 37693 工作日与节假日车辆延误对比（见彩插）

3）路段 30253 在工作日与节假日的车辆延误对比如图 5-9 所示。

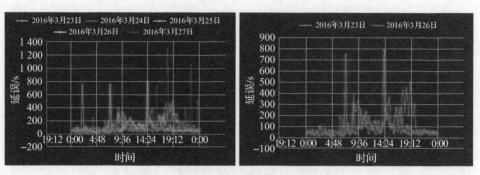

图 5-9　路段 30253 工作日与节假日车辆延误对比（见彩插）

4）路段 36664 在工作日与节假日车辆延误时间对比如图 5-10 所示。

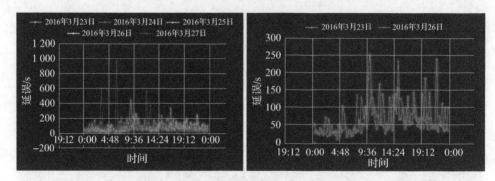

图 5-10　路段 36664 工作日与节假日车辆延误时间对比（见彩插）

对各路段车辆延误进行对比发现，由路段 37691 和路段 37693 组成的杨庄东街北向南方向，呈现出早晚高峰的特点；而由路段 30253 和路段 36664 组成的杨庄东街南向北方向则晚高峰的特点更明显。

2. 仿真分析

采用 VISSIM 软件对 OD 需求、通行能力、交叉口信号配时、相位相序组合等进行综合仿真分析。

1）改进前路网及路口延误时间见表 5-6 和表 5-7。

表 5-6　改进前路口整体延误时间

（单位：s）

路口	苹果园南路路口	晋元庄路路口	阜石路路口	杨庄路路口
延误时间	133.1	16.7	180.1	15.2
路网平均延误时间	114.4			

表5-7 改进前路口单方向延误时间

(单位：s)

路口	苹果园南路路口		晋元庄路路口		阜石路路口		杨庄路路口	
延误时间	—	—	北	0.3	北	35.1	北	0.8
	东	316.2	东	2.1	东	21.5	—	—
	南	119.4	南	31.1	南	17.7	南	0.8
	西	11.9	—	—	西	280.6	西	11

2）改进后路网及路口延误见表5-8和表5-9。

表5-8 改进后路口整体延误时间

(单位：s)

路口	苹果园南路路口	晋元庄路路口	阜石路路口	杨庄路路口
延误时间	110.4	30.8	154.1	3.1
路网总延误时间	104.9			

表5-9 改进后路口单方向延误时间

(单位：s)

路口	苹果园南路路口		晋元庄路路口		阜石路路口		杨庄路路口	
延误时间	—	—	北	0.3	北	30.4	北	0.8
	东	214.3	东	28.3	东	25.4	—	—
	南	50.3	南	6.8	南	12.5	南	0.8
	西	10.0	—	—	西	267.8	西	6

3．优化前后对比

仿真是在相对理想环境情况下进行的（未考虑抢占道路、行人过街等问题），但通过改进措施，改进后的路网的整体平均延误时间下降9%，其中苹果园南路路口下降17.1%、晋元庄路路口上升84.2%、阜石路路口下降14.4%、杨庄路路口下降78.8%，各路口改进前后对比如图5-11所示。如果考虑到对行人、抢占道路、掉头等问题，改进效果应超过仿真结果。

4．优化改造结论

本次北京市石景山区杨庄东街交通综合优化改造从解决现有交通问题出发，利用浮动车数据合理优化交通组织、交通管理和信号配置，并利用VISSIM仿真软件进行仿真验证，结果显示，优化改造后杨庄东街交通运行顺畅、通行效率提高。

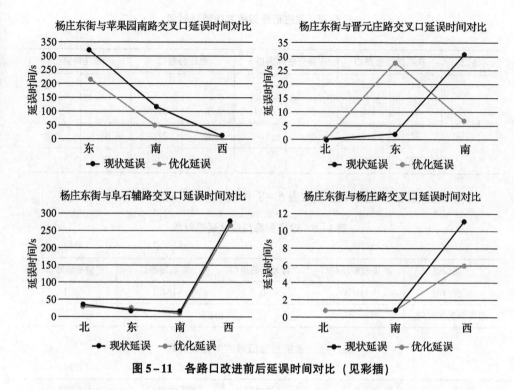

图 5-11 各路口改进前后延误时间对比（见彩插）

5. 远期建议

(1) 加强机动车违章行为的监管

对于没有监控的路口应统一安装电子警察系统，以加强对闯红灯、违章掉头等行为的监管，既能保证车辆的行车安全，又能提高路口的通行能力。

(2) 加强非机动车辆的监管

应加强对非机动车辆（包括电动自行车、三轮车、自行车等）的监管和安全教育的力度，对于没有非机动车专用道、间距较大、非机动车辆较多的路口可增加非机动车通行等待区，设置非机动车信号灯以保证非机动车辆的行车安全，提高路口整体的通行能力。

(3) 深化道路交通设计

针对重点区域交通道路渠化、交通信号配时、交通组织等展开深入调研，寻找拥堵问题根源，深化道路交通设计。

(4) 实施区域总体设计和协调控制

将该路段周边区域纳入总体设计范畴，综合考虑区域交通组织和信号协调控制策略。

(5) 数据分析及控制策略调整

基于大数据的时代特点,以及交通控制的未来发展的方向,可集合管理部门优势对各种设备采集到的数据进行整理和分析,可进行旅行时间预测、交通流特性分析、出行规律分析等,还可展开相应的研究和控制策略的调整,既能提高现有信号控制的效果,还能适应未来交通增量情况下的交通控制需求。

5.2 山东省潍坊市东风街绿波协调控制研究

为了响应2016年公安部交管局提出的推进"两化"(道路交通信号智能化和交通标志标线规范化)工作要求,结合潍坊市现阶段中心城区道路交通管控现状,以潍坊市城市交通优化组织实施项目(第三标段:道路交通安全设施综合智能管控系统)为依托,对市内主要干道东风街11个交叉口进行分段绿波协调控制方案设计并实施。此项工作旨在通过对纳入本期交通优化组织实施项目的26个交叉口中的11个进行交通组织优化设计,规范道路交通设施,改善交通秩序,提高道路资源利用效率,为先进的交通信号控制技术的应用提供良好的基础条件。

5.2.1 设计内容

考虑到通信存在的实际问题和现场情况,本次信号优化工作主要针对东风街沿线11个交叉口设计分时分段绿波协调控制方案,东风街沿线设计交叉口位置分布如图5-12所示。设计对象交叉口见表5-10。

图5-12 东风街沿线设计交叉口位置分布

表 5-10　设计对象交叉口

序号	名　称	类　型
1	东风西街 - 安顺路	十字交叉口
2	东风西街 - 永安路	十字交叉口
3	东风西街 - 月河路	十字交叉口
4	东风西街 - 向阳路	十字交叉口
5	东风西街 - 和平路	十字交叉口
6	东风东街 - 四平路	十字交叉口
7	东风东街 - 潍州路	十字交叉口
8	东风东街 - 鸢飞路	十字交叉口
9	东风东街 - 虞河路	十字交叉口
10	东风东街 - 文化路	十字交叉口
11	东风东街 - 新华路	十字交叉口

5.2.2　设计原则及方法

1. 交通参数调查方法

交通参数调查是对交通现状进行有效评估、合理选取控制方法和设置控制方案的基础，包括交通参数的选取原则、标准的确定、调查时间与调查方法、数据统计分析等。

（1）交通参数的选取原则

为了客观、准确地对潍坊市交通现状进行评估，以及为信号控制器配时方案和控制方法进行初步设计，本节确定了评价指标的选取原则，包括以下内容。

1）全局性原则：城市交通系统是一个复杂系统，不但要考虑到某交叉口本身的控制，同时还要考虑交叉口受到的与之相邻的城市交叉口流量、OD 分布、交通结构等其他因素的影响。

2）实用性和可行性原则：交通参数调查的目的是发现问题，进而有针对性地进行改善，提高系统运行效率。因此拟定的目标要简单明确，便于统计和量化计算。

3）可比性原则：要能客观地评估同一城市在不同时期的交通控制状况，这就要有可比性。因此，指标体系的建立，应考虑到交通控制发展的过程，选取在一段时间内通用的指标，指标尽量选用相对值，以方便比较。

4）科学性和可靠性原则：交通调查必须建立在科学的基础上，才能客观地反映实际,对事件起到指导作用。所谓科学性,就是完全符合交通工程原理,把握交通调查的总体目标和系统思路;所谓可靠性,就是能够切实反映控制效果,不失真,尽可能将误差降到最低。

(2) 交通参数的选取

根据实用性和可行性原则,进行潍坊市东风街交通信号控制方法及配时方案的设计,通过交通调查获取相关的基础数据,通过对交通现状进行分析,选择相符的控制方法及配时方案。主要交通参数为:交叉口断面流量、现有交通配时、灯序、停车次数、旅行时间、延误时间等。

1) 交叉口断面流量、交通配时、灯序:

①交叉口断面流量:是指指定路段在一定时间段内每小时通过的机动车数量总和。

②交通配时:是指信号控制器按照一定时间和顺序依次点亮信号灯。

③灯序:是指根据国家标准信号灯依次点亮的顺序,以及根据地区特点所设置的绿灯、黄灯、红灯等的顺序。

交通流量和车辆速度随时间变化的规律构成了交通流特性。对处于实施信号控制的交叉口进行交通需求与通行能力的比较,通行能力是衡量交通信号控制效率的重要指标。

2) 旅行时间、停车次数、延误时间:

①旅行时间:指定的浮动车在选定区域内的两个控制点之间正常行驶的情况下通过第一个控制点时开始计时,在通过第二个控制点时截止所测得的时间。

②停车次数:指定的浮动车在选定区域内的两个控制点之间的停车等待次数。

③延误时间:指定的浮动车在选定区域内的两个控制点之间正常行驶的情况下通过第一个控制点时开始计时,在通过第二个控制点时截止所测得停车延误的时间。

旅行时间是交通信号控制方法选取的重要指标。旅行时间是指车辆通过既定路段的总时间(包括中间停车时间和延误时间)。因此,旅行时间对分析交通信号控制系统的服务水平、信号控制方案和交通规划、设计具有重要意义。

2. 交通调查方法与调查时间及地点

(1) 交通调查方法

1) 交叉口断面流量、交通配时、灯序调查方法:基于建设基础中的地磁检测器可获取到停车线后 30~40m 位置的断面流量数据,数据的统计频度为 5min

(经过理论证明和实际工程证明,5min 统计流量数据能够较好反映出车道交通流量特征)。

考虑到所涉及的东风街为潍坊市城区主干道,公共交通、行人通行需求大,在进行交叉口断面流量调查时一并予以考虑。

2)旅行时间、停车次数、延误时间调查方法:采用浮动车调查方法,调查机动车的旅行时间、停车次数、延误时间。一辆车在一个时间段往返一次(分高峰和平峰)。

(2)交通调查时间

对于调查日期的选择,应该本着普遍性、相对稳定性的原则。根据交叉口历史流量数据变化的特点,选取具有代表性的日期和时间段进行交通流量调查。

观测时间:项目交叉口调查时间为 2018 年 3 月 23 日—2018 年 3 月 27 日。

观测时间段见表 5-11。

表 5-11 观测时间段

说 明	时间段
夜间	22:00—6:00
早平峰	6:00—7:00
早高峰	7:00—9:00
上午平峰	9:00—11:30
午高峰	11:30—14:00
午平峰	14:00—16:30
晚高峰	16:30—19:00
晚平峰	19:00—22:00

(3)交通调查地点

1)交叉口断面流量、交通配时、灯序调查。交叉口断面流量调查为现场调查,对交通配时和灯序调查,配合支队提供的信息,进行实地调查及验证,共计 11 个交叉口。

2)旅行时间、停车次数、延误时间调查。采用某公司车辆和出租车作为浮动车对 11 个交叉口的旅行时间、停车次数、延误时间进行调查。

3)旅行时间、停车次数调查方法。

①浮动车辆:奔驰和出租车各 1 辆,如图 5-13 所示。

图 5-13　浮动车辆

②交通参数评估软件：本次交通调查采用的评估软件为 SIDRA TRIP Ver1.0，其应用界面如图 5-14 所示。

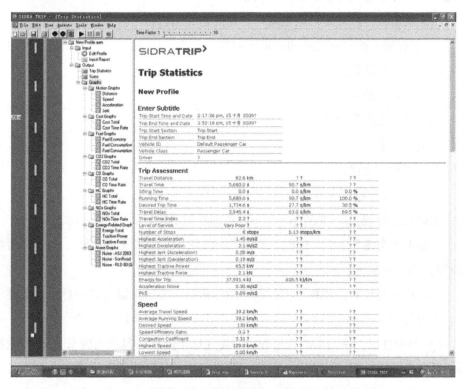

图 5-14　交通参数评估软件

评估软件主要分为数据输入、数据分析处理以及信息输出三个部分。

数据输入主要包括数据的导入及交通参数设置两部分。数据导入可以通过直接导入文件和逐条手工输入的方式进行，导入的数据文件一般来源于车载 GPS，可用的源文件类型为 CSV（*.csv）、Text（*.txt）、NMEA Text（*.txt）、GPS

Exchange（*.gpx）、Track（*.trk）和 Garmin Database v1.0/2.0（*.gdb）等，不同格式的数据导入后转换为软件定义的标准格式。交通参数设置主要是为后续数据分类处理及各类数据处理模型服务。

数据分析处理主要包括数据预处理、分类统计、输出数据计算（通过数据处理模型）三部分。数据预处理主要完成数据单位变换及输入数据过滤的功能，软件通过数据预处理使计算过程统一并避免异常数据对计算结果的影响。分类统计主要是在交通参数设置的基础上，实现导入数据按用户便于理解及分析的形式加以展现，并可打印形成存档文件。输出数据计算主要由服务水平评价、费用计算、尾气排放计算等核心模型构成，对经过处理的输入数据进行分析计算，为用户提供道路交通各项有益的非直接数据。

信息输出将分析处理后的数据以一定的格式加以输出，并可打印存档。

4) 数据输入的具体功能包括以下内容。

①基本参数设置。

②旅行数据设置。

③车辆速度参数设置。

④成本设置。

⑤车辆属性设置。

5) 数据分析处理具体功能包括以下内容。

①数据预处理：a) 数据转换；b) 数据单位变换；c) 数据过滤。

②数据分类统计：a) 行驶过程数据统计；b) 速度数据统计；c) 费用统计；d) 尾气排放统计。

③输出数据计算。信息输出的具体功能包括：输出设置、图表显示、文件保存、图表打印。

6) 调查过程：浮动车调查过程由 3 位现场调查员（包括驾驶员）、1 位数据分析员负责完成。现场调查员 1 负责驾驶浮动车，保证浮动车按照跟车法进行行驶；现场调查员 2 记录停车次数、停车时间、通过调查起讫点时间对 GPS 数据进行校准。数据分析员对 GPS 设备记录的数据进行提取、误差过滤及参数分析，同时参考现场调查员手动记录数值以核实数据的有效性。

以配备 GPS 车载装置的浮动车为主要对象进行干线交通特性参数调查，具体步骤如下：

①为浮动车装配 GPS 数据接收终端（直接采用连接 PC 终端方式）。

②选择考察区域，并进行在起讫点间往返多次驾驶车辆，自动记录 GPS 数据。

③驾驶车辆完成后，对初始 GPS 数据进行预处理，滤除误差数据。

④将处理后的 GPS 行车数据作为输入，利用 SIDRA TRIP 软件进行道路交通参数评估与分析。

⑤根据实际需求，对多个可评估参数进行筛选，本次调查重点考察旅行时间、停车次数、平均速度等交通特性参数。

交通评价参数调查表设计见表 5–12。

表 5–12 评价参数调查表

编号	交叉口	旅行时间/s	旅行速度/（km/h）	停车次数
1	东风西街–安顺路			
2	东风西街–永安路			
3	东风西街–月河路			
4	东风西街–向阳路			
5	东风西街–和平路			
6	东风东街–四平路			
7	东风东街–潍州路			
8	东风东街–鸢飞路			
9	东风东街–虞河路			
10	东风东街–文化路			
11	东风东街–新华路			

3. 调控制设计方法

（1）信号控制配时设计

根据交通调查所获得的分时段的交通流量，分别计算不同时段下，交叉口的配时方案，本项目采用饱和度等比优化配时算法，方法如下。

最佳周期计算公式见式（5–1）。

$$C_0 = \frac{1.5L + 5}{1 - Y} \tag{5-1}$$

式中，C_0 为最佳周期长度（s）；L 为总损失时间（s）；Y 为交叉口交通流量比。

其中总损失时间 L 计算公式见式（5-2）。

$$L = nl + AR; \qquad (5-2)$$

式中，l 为一相位信号的损失时间；n 为信号的相位数；AR 为一周期中的全红时间。

交叉口交通流量比 Y 为各相信号临界车道的交通流量比 y_i 之和，见式（5-3）。

$$Y = \sum_{i=1}^{n} y_i \qquad (5-3)$$

所谓临界车道，是指每一信号相位上交通量最大的那条车道。临界车道的交通流量比等于该车道的交通量和饱和流量之比。

(2) 协调控制策略

在多年的理论研究和实际工程经验的基础上，北方工业大学城市道路交通智能控制技术北京市重点实验室开发出了多款干线协调控制设计软件，本项目主要采用以下三款软件对东风街进行干线绿波协调控制设计，并对三款软件设计的方案进行对比，针对交通调查的实际情况进行微调，以适应本地区的交通特性要求，如图 5-15～图 5-17 所示。

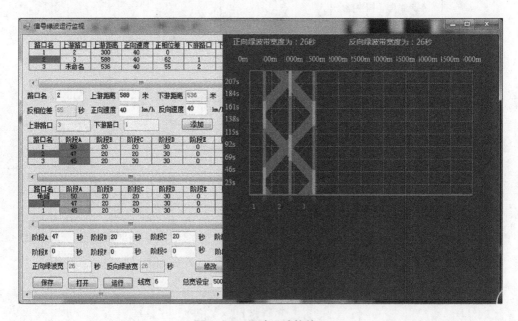

图 5-15　绿波设计软件 1

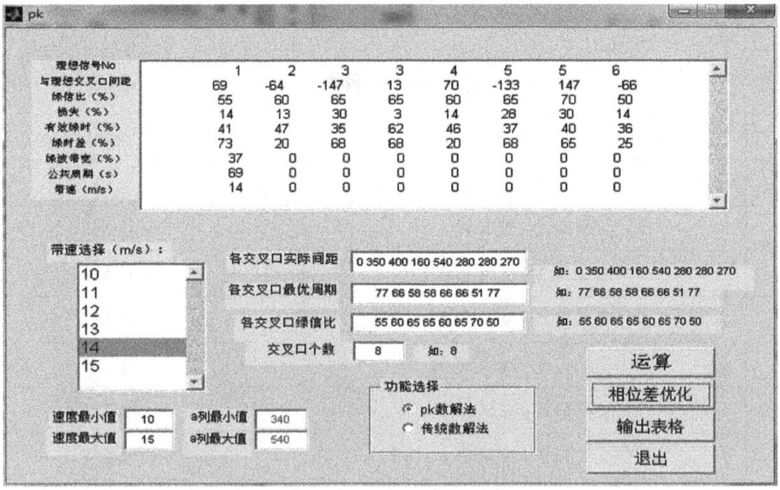

图 5-16 绿波设计软件 2

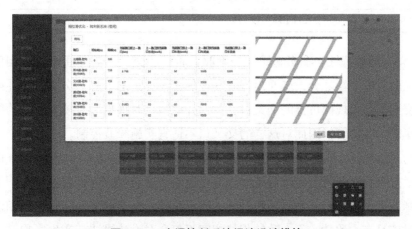

图 5-17 交通控制系统绿波设计模块

5.2.3 交叉口信号控制及配时方案

针对设计绿波带控制的要求,分别对本项目所设计的 11 个交叉口的间距、交通流特性、交通出行规律、现有配时方案、相位相序进行了深入调查。

1. 绿波协调控制设计

(1) 绿波协调控制设计要求

1) 交叉口间距。在设计绿波带时,对交叉口间距有严格要求,一般间距在 1km 之内的交叉口可以进行绿波带设计。由于实施绿波控制的车流应该是以车队形式鱼贯通过各个交叉口,当交叉口间距较大(超过 1km)时,车流多呈现离散行驶的状态,很难形成车队,因此对这样的交叉口不适宜实施绿波控制。设计对象交叉口见表5-13。

表5-13 设计对象交叉口列表

序号	名　称	交叉口间距/km
1	交叉口1-交叉口2	1.037
2	交叉口2-交叉口3	0.365
3	交叉口3-交叉口4	0.578
4	交叉口4-交叉口5	0.581
5	交叉口5-交叉口6	0.601
6	交叉口6-交叉口7	0.469
7	交叉口7-交叉口8	0.647
8	交叉口8-交叉口9	0.487
9	交叉口9-交叉口10	0.593
10	交叉口10-交叉口11	0.688

2）交通流特性。在实施绿波控制时，希望各交叉口的交通流特性相似，呈现明显的高峰平峰之分，交通出行有一定的规律性。由于对于交通流特性差别较大、交通出行无规律可循的交叉口，在设计绿波带时很难形成较为理想的绿波带宽和车辆行驶速度，因此对这样的交叉口不适宜实施绿波控制。

3）配时方案和相位相序。在设计绿波带时，对现有配时方案的调查也很重要，通过分析交通流量和现有配时方案可以对交通流规律进行有效把握。相位相序对绿波带设计也有非常重要的影响，原因是相似的交通流特性在进行相位相序设置时应具有一致性，不一致的相位相序不仅会对设计绿波带产生影响，而且也不符合交通规划设计的内容。

4）分段绿波设计。通过实地调查发现，四平路和和平路路段内为大型商业购物中心，交通需求过大，且路段内开口有机动车掉头对上下游车辆通行影响较大，因此将其分开分别作为绿波控制的起讫点实施分段绿波控制。

5）分段绿波方案优化。第一版方案于2018年3月27日0:00上线，经历24小时所有时段，经过数据分析和现场调研发现干线路段存在的掉头开口和行人过街对绿波协调影响较大，因此对方案进行优化，第二版方案于2018年3月28日0:00上线。

（2）安顺路-新华路绿波协调控制

1）东风西街-安顺路。

①基本信息。

交叉口名称：<u>东风西街-安顺路</u>　　　　交叉口编号：<u>　1　</u>

交叉口类型：<u>斜交十字</u>

交叉口位置：<u>南北方向：安顺路</u>　　　　东西方向：东风西街

交叉口上下游：<u>上游方向：福寿西街</u>　　下游方向：永安路

②相位及灯组设计见表5-14。

表5-14 东风西街-安顺路相位及灯组设计

相位	A	B	C	D	E	F	G	H
说明	东直行	西直行	东西行人	东西左转	北直行	南直行	南北行人	南北左转
灯组	2组	2组	2组	2组	2组	2组	2组	2组

③交通组织设计见表5-15。

表5-15 东风西街-安顺路交通组织设计

阶段1	阶段2	阶段3	阶段4
C、A、B、C	D	E、F、G、G	H、H

④控制策略设计。交叉口采用本地无电缆协调控制方案。

a) 划分时段见表5-16。

表5-16 划分时段

时间段	控制方式	控制方案
0:00—6:00	绿波带控制	方案2
6:00—7:00	绿波带控制	方案3
7:00—9:00	绿波带控制	方案6
9:00—11:00	绿波带控制	方案8
11:00—12:30	绿波带控制	方案4
12:30—14:00	绿波带控制	方案5
14:00—16:30	绿波带控制	方案8
16:30—19:30	绿波带控制	方案7
19:30—21:00	绿波带控制	方案8
21:00—00:00	绿波带控制	方案3

b) 配时方案见表 5-17。

表 5-17　东风西街-安顺路配时方案

时间段	控制方案	周期/s	阶段1	阶段2	阶段3	阶段4	相位差/s
0:00—6:00	方案2	102	28	23	28	23	60
6:00—7:00	方案3	150	47	33	37	33	136
7:00—9:00	方案6	210	62	30	62	56	173
9:00—11:00	方案8	180	61	30	51	38	133
11:00—12:30	方案4	160	54	26	43	7	96
12:30—14:00	方案5	160	54	26	43	37	141
14:00—16:30	方案8	180	61	30	51	38	133
16:30—19:30	方案7	210	62	30	62	56	163
19:30—21:00	方案8	180	61	30	51	38	33
21:00—00:00	方案3	150	47	33	37	33	136

⑤手动遥控器按钮设计见表 5-18。

表 5-18　东风西街-安顺路手动遥控器按钮设计

按钮	按钮1	按钮2	按钮3	按钮4	按钮5	按钮6
对应阶段	阶段1	阶段2	阶段3	阶段4	黄闪	全红
对应内容	东西直行（东西行人）	东西左转	南北直行（南北行人）	南北左转		
备注	锁定30s，无请求自动解锁					

2) 东风西街-永安路。

①基本信息。

交叉口名称：<u>东风西街-永安路</u>　　交叉口编号：<u>　2　</u>

交叉口类型：<u>平交十字</u>

交叉口位置：南北方向：<u>永安路</u>　　东西方向：<u>东风西街</u>

交叉口上下游：上游方向：<u>安顺路</u>　　下游方向：<u>月河路</u>

②相位及灯组设计见表 5-19。

表 5-19　东风西街-永安路相位及灯组设计

相位	A	B	C	D	E	F	G	H	L
说明	东直行	西直行	东西行人	西左转	东掉头	北左转	北右转	南北行人东	南北行人西
灯组	2组	2组	2组	2组	2组	2组	2组	2组	2组

③交通组织设计见表 5-20。

表 5-20　东风西街 - 永安路交通组织设计

阶段 1	阶段 2	阶段 3	阶段 4
C ← → C ← A B → → C ← → C	D ↘ ↗ D	G↓ E↑ ↑G ↓ ↓F	H ↘ ↓ H

④控制策略设计。交叉口采用本地无电缆协调控制方案。

a) 划分时段见表 5-21。

表 5-21　东风西街 - 永安路划分时段

时间段	控制方式	控制方案
0:00—6:00	绿波带控制	方案 2
6:00—7:00	绿波带控制	方案 3
7:00—9:00	绿波带控制	方案 6
9:00—11:00	绿波带控制	方案 8
11:00—12:30	绿波带控制	方案 4
12:30—14:00	绿波带控制	方案 5
14:00—16:30	绿波带控制	方案 8
16:30—19:30	绿波带控制	方案 7
19:30—21:00	绿波带控制	方案 8
21:00—00:00	绿波带控制	方案 3

b) 配时方案见表 5-22。

表 5-22　东风西街 - 永安路配时方案

时间段	控制方案	周期/s	阶段 1	阶段 2	阶段 3	阶段 4	相位差/s
0:00—6:00	方案 2	102	28	23	28	23	37
6:00—7:00	方案 3	150	47	33	37	33	53
7:00—9:00	方案 6	210	74	53	49	34	41
9:00—11:00	方案 8	180	62	34	52	32	28
11:00—12:30	方案 4	160	55	31	43	31	138
12:30—14:00	方案 5	160	55	31	43	31	97
14:00—16:30	方案 8	180	62	34	52	32	28
16:30—19:30	方案 7	210	74	53	49	34	75
19:30—21:00	方案 8	180	62	34	52	32	28
21:00—00:00	方案 3	150	47	33	37	33	53

⑤手动遥控器按钮设计见表5-23。

表5-23 东风西街-永安路手动遥控器按钮设计

按钮	按钮1	按钮2	按钮3	按钮4	按钮5	按钮6
对应阶段	阶段1	阶段2	阶段3	阶段4		
对应内容	东西直行（东西行人）	东西左转	南北直行（南北行人）	南北左转	黄闪	全红
备注	锁定30s，无请求自动解锁					

3）东风西街-月河路。

①基本信息。

交叉口名称：<u>东风西街-月河路</u>　　交叉口编号：　<u>3</u>

交叉口类型：<u>平交十字</u>

交叉口位置：<u>南北方向：月河路</u>　　东西方向：<u>东风西街</u>

交叉口上下游：<u>上游方向：永安路</u>　　下游方向：<u>向阳路</u>

②相位及灯组设计见表5-24。

表5-24 东风西街-月河路相位及灯组设计

相位	A	B	C	D	E	F	G	H
说明	东直行	西直行	东西行人	东西左转	北直行	南直行	南北行人	南北左转
灯组	2组	2组	2组	2组	2组	2组	2组	2组

③交通组织设计见表5-25。

表5-25 东风西街-月河路交通组织设计

阶段1	阶段2	阶段3	阶段4
C←→ ←A B→ C←→	D↗←D	G↓ E↑ G↓ F↓	H↓ ↑H

④控制策略设计。交叉口采用本地无电缆协调控制方案。

a）划分时段见表5-26。

表5-26　东风西街-月河路划分时段

时间段	控制方式	控制方案
0:00—6:00	绿波带控制	方案2
6:00—7:00	绿波带控制	方案3
7:00—9:00	绿波带控制	方案6
9:00—11:00	绿波带控制	方案8
11:00—12:30	绿波带控制	方案4
12:30—14:00	绿波带控制	方案5
14:00—16:30	绿波带控制	方案8
16:30—19:30	绿波带控制	方案7
19:30—21:00	绿波带控制	方案8
21:00—00:00	绿波带控制	方案3

b) 配时方案见表5-27。

表5-27　东风西街-月河路配时方案

时间段	控制方案	周期/s	阶段1	阶段2	阶段3	阶段4	相位差/s
0:00—6:00	方案2	102	28	23	28	23	60
6:00—7:00	方案3	150	47	33	37	33	75
7:00—9:00	方案6	210	74	43	51	42	85
9:00—11:00	方案8	180	61	38	49	32	56
11:00—12:30	方案4	160	54	35	41	30	101
12:30—14:00	方案5	160	54	35	41	30	141
14:00—16:30	方案8	180	61	38	49	32	56
16:30—19:30	方案7	210	74	43	51	42	41
19:30—21:00	方案8	180	61	38	49	32	56
21:00—00:00	方案3	150	47	33	37	33	75

⑤手动遥控器按钮设计见表5-28。

表5-28　东风西街-月河路手动遥控器按钮设计

按钮	按钮1	按钮2	按钮3	按钮4	按钮5	按钮6
对应阶段	阶段1	阶段2	阶段3	阶段4		
对应内容	东西直行 (东西行人)	东西 左转	南北直行 (南北行人)	南北 左转	黄闪	全红
备注	锁定30s,无请求自动解锁					

4）东风西街–向阳路。

①基本信息。

交叉口名称：<u>东风西街–向阳路</u>　　交叉口编号：<u>　4　</u>

交叉口类型：<u>平交十字</u>

交叉口位置：<u>南北方向：向阳路</u>　　东西方向：<u>东风西街</u>

交叉口上下游：<u>上游方向：月河路</u>　　下游方向：<u>和平路</u>

②相位及灯组设计见表 5–29。

表 5–29　东风西街–向阳路相位及灯组设计

相位	A	B	C	D	E	F	G	H
说明	东直行	西直行	东西行人	东西左转	北直行	南直行	南北行人	南北左转
灯组	2组	2组	2组	2组	2组	2组	2组	2组

③交通组织设计见表 5–30。

表 5–30　东风西街–向阳路交通组织设计

阶段1	阶段2	阶段3	阶段4
C→ ←A B→ ←C	D↗ ↙D	↓E G↓ ↓G ↓F	H↘ ↖H

④控制策略设计。交叉口采用本地无电缆协调控制方案。

a）划分时段见表 5–31。

表 5–31　东风西街–向阳路划分时段

时间段	控制方式	控制方案
0:00—6:00	绿波带控制	方案2
6:00—7:00	绿波带控制	方案3
7:00—9:00	绿波带控制	方案6
9:00—11:00	绿波带控制	方案8
11:00—12:30	绿波带控制	方案4
12:30—14:00	绿波带控制	方案5
14:00—16:30	绿波带控制	方案8
16:30—19:30	绿波带控制	方案7
19:30—21:00	绿波带控制	方案8
21:00—00:00	绿波带控制	方案3

b）配时方案见表 5-32。

表 5-32 东风西街-向阳路配时方案

时间段	控制方案	周期/s	阶段1	阶段2	阶段3	阶段4	相位差/s
0:00—6:00	方案2	102	28	23	28	23	3
6:00—7:00	方案3	150	47	33	37	33	117
7:00—9:00	方案6	210	80	44	48	38	127
9:00—11:00	方案8	180	68	35	43	34	96
11:00—12:30	方案4	160	58	28	41	33	40
12:30—14:00	方案5	160	58	28	41	33	43
14:00—16:30	方案8	180	68	35	43	34	96
16:30—19:30	方案7	210	80	44	48	38	194
19:30—21:00	方案8	180	68	35	43	34	96
21:00—00:00	方案3	150	47	33	37	33	117

⑤手动遥控器按钮设计见表 5-33。

表 5-33 东风西街-向阳路手动遥控器按钮设计

按钮	按钮1	按钮2	按钮3	按钮4	按钮5	按钮6
对应阶段	阶段1	阶段2	阶段3	阶段4		
对应内容	东西直行（东西行人）	东西左转	南北直行（南北行人）	南北左转	黄闪	全红
备注		锁定30s，无请求自动解锁				

5）东风西街-和平路。

①基本信息。

交叉口名称：东风西街-和平路　　交叉口编号：　5　

交叉口类型：平交十字

交叉口位置：南北方向：和平路　　东西方向：东风西街

交叉口上下游：上游方向：向阳路　　下游方向：四平路

②相位及灯组设计见表 5-34。

表 5-34 东风西街-和平路相位及灯组设计

相位	A	B	C	D	E	F	G	H
说明	东直行	西直行	东西行人	东西左转	北直行	南直行	南北行人	南北左转
灯组	2组	2组	2组	2组	2组	2组	2组	2组

③交通组织设计见表5-35。

表5-35 东风西街-和平路交通组织设计

阶段1	阶段2	阶段3	阶段4
C←→ A→ B→ C←→	D↘ ↙D	G↓ E↑ G↓ ↓F	H↘ ↙H

④控制策略设计。交叉口采用本地无电缆协调控制方案。

a) 划分时段见表5-36。

表5-36 东风西街-和平路划分时段

时间段	控制方式	控制方案
0:00—6:00	绿波带控制	方案2
6:00—7:00	绿波带控制	方案3
7:00—9:00	绿波带控制	方案6
9:00—11:00	绿波带控制	方案8
11:00—12:30	绿波带控制	方案4
12:30—14:00	绿波带控制	方案5
14:00—16:30	绿波带控制	方案8
16:30—19:30	绿波带控制	方案7
19:30—21:00	绿波带控制	方案8
21:00—00:00	绿波带控制	方案3

b) 配时方案见表5-37。

表5-37 东风西街-和平路配时方案

时间段	控制方案	周期/s	阶段1	阶段2	阶段3	阶段4	相位差/s
0:00—6:00	方案2	102	28	23	28	23	41
6:00—7:00	方案3	150	47	33	37	33	4
7:00—9:00	方案6	210	74	41	43	52	180
9:00—11:00	方案8	180	61	43	43	33	149
11:00—12:30	方案4	160	54	38	38	30	133
12:30—14:00	方案5	160	54	38	38	30	103
14:00—16:30	方案8	180	61	43	43	33	149
16:30—19:30	方案7	210	74	41	43	52	146
19:30—21:00	方案8	180	61	43	43	33	149
21:00—00:00	方案3	150	47	33	37	33	4

⑤手动遥控器按钮设计见表5-38。

表5-38 东风西街-和平路手动遥控器按钮设计

按钮	按钮1	按钮2	按钮3	按钮4	按钮5	按钮6
对应阶段	阶段1	阶段2	阶段3	阶段4	黄闪	全红
对应内容	东西直行（东西行人）	东西左转	南北直行（南北行人）	南北左转		
备注	锁定30s，无请求自动解锁					

6) 东风东街-四平路。

①基本信息。

交叉口名称：东风东街-四平路　　　交叉口编号：　6

交叉口类型：平交十字

交叉口位置：南北方向：四平路　　　东西方向：东风东街

交叉口上下游：上游方向：和平路　　　下游方向：潍州路

②相位及灯组设计见表5-39。

表5-39 东风东街-四平路相位及灯组设计

相位	A	B	C	D	E	F	G	H
说明	东直行	西直行	东西行人	东西左转	北直行	南直行	南北行人	南北左转
灯组	2组	2组	2组	2组	2组	2组	2组	2组

③交通组织设计见表5-40。

表5-40 东风东街-四平路交通组织设计

阶段1	阶段2	阶段3	阶段4
C←→ ←A B→ ←→C	D↘　↙D	G↕ E G 　↕ 　F	H↓ 　↓ 　H

④控制策略设计。交叉口采用本地无电缆协调控制方案。

a) 划分时段见表5-41。

表 5-41　东风东街-四平路划分时段

时间段	控制方式	控制方案
0:00—6:00	绿波带控制	方案 2
6:00—7:00	绿波带控制	方案 3
7:00—9:00	绿波带控制	方案 6
9:00—11:00	绿波带控制	方案 8
11:00—12:30	绿波带控制	方案 4
12:30—14:00	绿波带控制	方案 5
14:00—16:30	绿波带控制	方案 8
16:30—19:30	绿波带控制	方案 7
19:30—21:00	绿波带控制	方案 8
21:00—00:00	绿波带控制	方案 3

b）配时方案见表 5-42。

表 5-42　东风东街-四平路配时方案

时间段	控制方案	周期/s	阶段 1	阶段 2	阶段 3	阶段 4	相位差/s
0:00—6:00	方案 2	102	28	23	28	23	47
6:00—7:00	方案 3	150	46	32	39	33	103
7:00—9:00	方案 6	210	77	40	57	36	30
9:00—11:00	方案 8	180	56	39	47	38	136
11:00—12:30	方案 4	160	54	35	41	30	64
12:30—14:00	方案 5	160	54	35	41	30	55
14:00—16:30	方案 8	180	56	39	47	38	136
16:30—19:30	方案 7	210	77	40	57	36	165
19:30—21:00	方案 8	180	56	39	47	38	136
21:00—00:00	方案 3	150	46	32	39	33	103

⑤手动遥控器按钮设计见表 5-43。

表 5-43　东风东街-四平路手动遥控器按钮设计

按钮	按钮 1	按钮 2	按钮 3	按钮 4	按钮 5	按钮 6
对应阶段	阶段 1	阶段 2	阶段 3	阶段 4		
对应内容	东西直行（东西行人）	东西左转	南北直行（南北行人）	南北左转	黄闪	全红
备注	锁定 30s，无请求自动解锁					

7) 东风东街 – 潍州路。

①基本信息。

交叉口名称：<u>东风东街 – 潍州路</u>　　　交叉口编号：<u>　7　</u>

交叉口类型：<u>平交十字</u>

交叉口位置：<u>南北方向：潍州路</u>　　　东西方向：<u>东风东街</u>

交叉口上下游：<u>上游方向：四平路</u>　　下游方向：<u>鸢飞路</u>

②相位及灯组设计见表 5 – 44。

表 5 – 44　东风东街 – 潍州路相位及灯组设计

相位	A	B	C	D	E	F	G	H
说明	东直行	西直行	东西行人	东西左转	北直行	南直行	南北行人	南北左转
灯组	2组	2组	2组	2组	2组	2组	2组	2组

③交通组织设计见表 5 – 45。

表 5 – 45　东风东街 – 潍州路交通组织设计

阶段 1	阶段 2	阶段 3	阶段 4
C、A、B、C 方向示意	D 方向示意	G、E、F 方向示意	H 方向示意

④控制策略设计。交叉口采用本地无电缆协调控制方案。

a) 划分时段见表 5 – 46。

表 5 – 46　东风东街 – 潍州路划分时段

时间段	控制方式	控制方案
0:00—6:00	绿波带控制	方案 2
6:00—7:00	绿波带控制	方案 3
7:00—9:00	绿波带控制	方案 6
9:00—11:00	绿波带控制	方案 8
11:00—12:30	绿波带控制	方案 4
12:30—14:00	绿波带控制	方案 5
14:00—16:30	绿波带控制	方案 8
16:30—19:30	绿波带控制	方案 7
19:30—21:00	绿波带控制	方案 8
21:00—00:00	绿波带控制	方案 3

b）配时方案见表 5-47。

表 5-47 东风东街-潍州路配时方案

时间段	控制方案	周期/s	阶段1	阶段2	阶段3	阶段4	相位差/s
0:00—6:00	方案2	102	28	23	28	23	83
6:00—7:00	方案3	150	53	33	35	29	135
7:00—9:00	方案6	210	77	38	48	47	82
9:00—11:00	方案8	180	61	40	45	34	151
11:00—12:30	方案4	160	54	35	41	30	30
12:30—14:00	方案5	160	54	35	41	30	88
14:00—16:30	方案8	180	61	40	45	34	151
16:30—19:30	方案7	210	77	38	48	47	108
19:30—21:00	方案8	180	61	40	45	34	151
21:00—00:00	方案3	150	53	33	35	29	135

⑤手动遥控器按钮设计见表 5-48。

表 5-48 东风东街-潍州路手动遥控器按钮设计

按钮	按钮1	按钮2	按钮3	按钮4	按钮5	按钮6
对应阶段	阶段1	阶段2	阶段3	阶段4	黄闪	全红
对应内容	东西直行（东西行人）	东西左转	南北直行（南北行人）	南北左转		
备注		锁定30s，无请求自动解锁				

8）东风东街-鸢飞路。

①基本信息。

交叉口名称：<u>东风东街-鸢飞路</u>　　　交叉口编号：<u>　8　</u>

交叉口类型：<u>平交十字</u>

交叉口位置：<u>南北方向：鸢飞路</u>　　　东西方向：<u>东风东街</u>

交叉口上下游：<u>上游方向：潍州路</u>　　　下游方向：<u>虞河路</u>

②相位及灯组设计见表 5-49。

表 5-49 东风东街-鸢飞路相位及灯组设计

相位	A	B	C	D	E	F	G	H
说明	东直行	西直行	东西行人	东西左转	北直行	南直行	南北行人	南北左转
灯组	2组	2组	2组	2组	2组	2组	2组	2组

③交通组织设计见表 5-50。

表 5-50　东风东街-鸢飞路交通组织设计

阶段 1	阶段 2	阶段 3	阶段 4
C ← → ← A B → C ← →	D ⤢ D	G ↕ E F G ↕	H ↘ H ↓

④控制策略设计。交叉口采用本地无电缆协调控制方案。

a）划分时段见表 5-51。

表 5-51　东风东街-鸢飞路划分时段

时间段	控制方式	控制方案
0:00—6:00	绿波带控制	方案 2
6:00—7:00	绿波带控制	方案 3
7:00—9:00	绿波带控制	方案 6
9:00—11:00	绿波带控制	方案 8
11:00—12:30	绿波带控制	方案 4
12:30—14:00	绿波带控制	方案 5
14:00—16:30	绿波带控制	方案 8
16:30—19:30	绿波带控制	方案 7
19:30—21:00	绿波带控制	方案 8
21:00—00:00	绿波带控制	方案 3

b）配时方案见表 5-52。

表 5-52　东风东街-鸢飞路配时方案

时间段	控制方案	周期/s	阶段 1	阶段 2	阶段 3	阶段 4	相位差/s
0:00—6:00	方案 2	102	28	23	28	23	32
6:00—7:00	方案 3	150	51	33	37	29	21
7:00—9:00	方案 6	210	69	45	57	39	121
9:00—11:00	方案 8	180	62	40	45	33	19
11:00—12:30	方案 4	160	54	35	41	30	145
12:30—14:00	方案 5	160	54	35	41	30	134
14:00—16:30	方案 8	180	62	40	45	33	19
16:30—19:30	方案 7	210	69	45	57	39	71
19:30—21:00	方案 8	180	62	40	45	33	19
21:00—00:00	方案 3	150	51	33	37	29	21

⑤手动遥控器按钮设计见表 5-53。

表 5-53 东风东街-鸢飞路手动遥控器按钮设计

按钮	按钮 1	按钮 2	按钮 3	按钮 4	按钮 5	按钮 6
对应阶段	阶段 1	阶段 2	阶段 3	阶段 4		
对应内容	东西直行（东西行人）	东西左转	南北直行（南北行人）	南北左转	黄闪	全红
备注	锁定 30s，无请求自动解锁					

9）东风东街-虞河路。

①基本信息。

交叉口名称：<u>东风东街-虞河路</u>　　交叉口编号：<u>9</u>

交叉口类型：<u>平交十字</u>

交叉口位置：<u>南北方向：虞河路</u>　　东西方向：<u>东风东街</u>

交叉口上下游：<u>上游方向：鸢飞路</u>　　下游方向：<u>文化路</u>

②相位及灯组设计见表 5-54。

表 5-54 东风东街-虞河路相位及灯组设计

相位	A	B	C	D	E	F	G	H
说明	东直行	西直行	东西行人	东西左转	北直行	南直行	南北行人	南北左转
灯组	2 组	2 组	2 组	2 组	2 组	2 组	2 组	2 组

③交通组织设计见表 5-55。

表 5-55 东风东街-虞河路交通组织设计

阶段 1	阶段 2	阶段 3	阶段 4
C→ ←A B→ ←C	D↗ ↙D	G↓↑G E↑ F↓	H↙ H↙

④控制策略设计。交叉口采用本地无电缆协调控制方案。

a）划分时段见表 5-56。

表 5-56 东风东街-虞河路划分时段

时间段	控制方式	控制方案
0:00—6:00	绿波带控制	方案 2
6:00—7:00	绿波带控制	方案 3
7:00—9:00	绿波带控制	方案 6
9:00—11:00	绿波带控制	方案 8
11:00—12:30	绿波带控制	方案 4
12:30—14:00	绿波带控制	方案 5
14:00—16:30	绿波带控制	方案 8
16:30—19:30	绿波带控制	方案 7
19:30—21:00	绿波带控制	方案 8
21:00—00:00	绿波带控制	方案 3

b）配时方案见表 5-57。

表 5-57 东风东街-虞河路配时方案

时间段	控制方案	周期/s	阶段 1	阶段 2	阶段 3	阶段 4	相位差/s
0:00—6:00	方案 2	102	28	23	28	23	83
6:00—7:00	方案 3	150	51	36	35	28	51
7:00—9:00	方案 6	210	69	46	56	39	68
9:00—11:00	方案 8	180	63	43	41	33	60
11:00—12:30	方案 4	160	54	38	39	29	90
12:30—14:00	方案 5	160	54	38	39	29	112
14:00—16:30	方案 8	180	63	43	41	33	60
16:30—19:30	方案 7	210	69	46	56	39	74
19:30—21:00	方案 8	180	63	43	41	33	60
21:00—00:00	方案 3	150	51	36	35	28	51

⑤手动遥控器按钮设计见表 5-58。

表 5-58 东风东街-虞河路手动遥控器按钮设计

按钮	按钮 1	按钮 2	按钮 3	按钮 4	按钮 5	按钮 6
对应阶段	阶段 1	阶段 2	阶段 3	阶段 4	黄闪	全红
对应内容	东西直行（东西行人）	东西左转	南北直行（南北行人）	南北左转	黄闪	全红
备注	锁定 30s，无请求自动解锁					

10)东风东街－文化路。

①基本信息。

交叉口名称：东风东街－文化路　　交叉口编号：　10

交叉口类型：平交十字

交叉口位置：南北方向：文化路　　东西方向：东风东街

交叉口上下游：上游方向：虞河路　　下游方向：新华路

②相位及灯组设计见表5-59。

表5-59　东风东街－文化路相位及灯组设计

相位	A	B	C	D	E	F	G	H
说明	东直行	西直行	东西行人	东西左转	北直行	南直行	南北行人	南北左转
灯组	2组	2组	2组	2组	2组	2组	2组	2组

③交通组织设计见表5-60。

表5-60　东风东街－文化路交通组织设计

阶段1	阶段2	阶段3	阶段4
C←--→ ←A B→ C←--→	D←↙→D	G↕ E↕ G↕ ↕ F	H↘ ↖H

④控制策略设计。交叉口采用本地无电缆协调控制方案。

a)划分时段见表5-61。

表5-61　东风东街－文化路划分时段

时间段	控制方式	控制方案
0:00—6:00	绿波带控制	方案2
6:00—7:00	绿波带控制	方案3
7:00—9:00	绿波带控制	方案6
9:00—11:00	绿波带控制	方案8
11:00—12:30	绿波带控制	方案4
12:30—14:00	绿波带控制	方案5
14:00—16:30	绿波带控制	方案8
16:30—19:30	绿波带控制	方案7
19:30—21:00	绿波带控制	方案8
21:00—00:00	绿波带控制	方案3

b) 配时方案见表 5-62。

表 5-62 东风东街-文化路配时方案

时间段	控制方案	周期/s	阶段1	阶段2	阶段3	阶段4	相位差/s
0:00—6:00	方案2	102	28	23	28	23	32
6:00—7:00	方案3	150	51	36	35	28	91
7:00—9:00	方案6	210	73	47	50	40	20
9:00—11:00	方案8	180	61	43	43	33	102
11:00—12:30	方案4	160	54	38	39	29	127
12:30—14:00	方案5	160	54	38	39	29	75
14:00—16:30	方案8	180	61	43	43	33	102
16:30—19:30	方案7	210	73	47	50	40	121
19:30—21:00	方案8	180	61	43	43	33	102
21:00—00:00	方案3	150	51	36	35	28	91

⑤手动遥控器按钮设计见表 5-63。

表 5-63 东风东街-文化路手动遥控器按钮设计

按钮	按钮1	按钮2	按钮3	按钮4	按钮5	按钮6
对应阶段	阶段1	阶段2	阶段3	阶段4		
对应内容	东西直行（东西行人）	东西左转	南北直行（南北行人）	南北左转	黄闪	全红
备注	锁定30s，无请求自动解锁					

11) 东风东街-新华路。

①基本信息。

交叉口名称：<u>东风东街-新华路</u>　　　　交叉口编号：<u>　11　</u>

交叉口类型：<u>平交十字</u>

交叉口位置：南北方向：<u>新华路</u>　　　　东西方向：<u>东风东街</u>

交叉口上下游：上游方向：<u>文化路</u>　　　　下游方向：<u>虞河路</u>

②相位及灯组设计见表 5-64。

表 5-64 东风东街-新华路相位及灯组设计

相位	A	B	C	D	E	F	G	H
说明	东直行	西直行	东西行人	东西左转	北直行	南直行	南北行人	南北左转
灯组	2组	2组	2组	2组	2组	2组	2组	2组

③交通组织设计见表5-65。

表5-65 东风东街-新华路交通组织设计

阶段1	阶段2	阶段3	阶段4
C↔, ←A, B→, ↔C	D↘↗D	G↓ E↑ G, ↓F	H↘, H↓

④控制策略设计。交叉口采用本地无电缆协调控制方案。

a) 划分时段见表5-66。

表5-66 东风东街-新华路划分时段

时间段	控制方式	控制方案
0:00—6:00	绿波带控制	方案2
6:00—7:00	绿波带控制	方案3
7:00—9:00	绿波带控制	方案6
9:00—11:00	绿波带控制	方案8
11:00—12:30	绿波带控制	方案4
12:30—14:00	绿波带控制	方案5
14:00—16:30	绿波带控制	方案8
16:30—19:30	绿波带控制	方案7
19:30—21:00	绿波带控制	方案8
21:00—00:00	绿波带控制	方案3

b) 配时方案见表5-67。

表5-67 东风东街-新华路配时方案

时间段	控制方案	周期/s	阶段1	阶段2	阶段3	阶段4	相位差/s
0:00—6:00	方案2	102	28	23	28	23	83
6:00—7:00	方案3	150	51	33	37	29	132
7:00—9:00	方案6	210	73	44	53	40	175
9:00—11:00	方案8	180	61	40	45	34	151
11:00—12:30	方案4	160	54	35	41	30	10

(续)

时间段	控制方案	周期/s	阶段1	阶段2	阶段3	阶段4	相位差/s
12:30—14:00	方案5	160	54	35	41	30	33
14:00—16:30	方案8	180	61	40	45	34	151
16:30—19:30	方案7	210	73	44	53	40	175
19:30—21:00	方案8	180	61	40	45	34	151
21:00—00:00	方案3	150	51	33	37	29	132

⑤手动遥控器按钮设计见表5-68。

表5-68 东风东街-新华路手动遥控器按钮设计

按钮	按钮1	按钮2	按钮3	按钮4	按钮5	按钮6
对应阶段	阶段1	阶段2	阶段3	阶段4	黄闪	全红
对应内容	东西直行（东西行人）	东西左转	南北直行（南北行人）	南北左转		
	锁定30s，无请求自动解锁					

2. 分段绿波协调控制方案

第一段：安顺路-和平路，绿波控制方案见表5-69。

表5-69 安顺路-和平路绿波控制方案

绿波带交叉口	时间段	控制方式	控制方案	公周期/s	相位差/s					
					安顺路	永安路	月河路	向阳路	和平路
安顺路-和平路	0:00—6:00	绿波带控制	2	102	60	37	60	3	41
	6:00—7:00	绿波带控制	3	150	136	53	75	117	4
	7:00—9:00	绿波带控制	6	210	173	41	85	127	180
	9:00—11:00	绿波带控制	8	180	133	28	56	96	149
	11:00—12:30	绿波带控制	4	160	96	138	101	40	133
	12:30—14:00	绿波带控制	5	160	141	97	141	43	103
	14:00—16:30	绿波带控制	8	180	133	28	56	96	149
	16:30—19:30	绿波带控制	7	210	163	75	41	194	146
	19:30—21:00	绿波带控制	8	180	133	28	56	96	149
	21:00—00:00	绿波带控制	3	150	136	53	75	117	4

第二段：四平路 – 新华路，绿波控制方案见表 5 – 70。

表 5 – 70 四平路 – 新华路绿波控制方案

绿波带交叉口	时间段	控制方式	控制方案	公周期/s	相位差/s					
					四平路	潍州路	莺飞路	虞河路	文化路	新华路
四平路 – 新华路	0:00—6:00	绿波带控制	2	102	47	83	32	83	32	83
	6:00—7:00	绿波带控制	3	150	103	135	21	51	91	132
	7:00—9:00	绿波带控制	6	210	30	82	121	68	20	175
	9:00—11:00	绿波带控制	8	180	136	151	19	60	102	151
	11:00—12:30	绿波带控制	4	160	64	30	145	90	127	10
	12:30—14:00	绿波带控制	5	160	55	88	134	112	75	33
	14:00—16:30	绿波带控制	8	180	136	151	19	60	102	151
	16:30—19:30	绿波带控制	7	210	165	108	71	74	121	175
	19:30—21:00	绿波带控制	8	180	136	151	19	60	102	151
	21:00—00:00	绿波带控制	3	150	103	135	21	51	91	132

5.2.4 运行效果

1. 路况分析

2018 年 3 月 29 日至 2018 年 4 月 4 日，路况来源为高德地图实时路况，时间为早高峰 7:00—8:30，晚高峰 17:00—19:00，3 月 29 日至 4 月 4 日早晚高峰路况分别如图 5 – 18 ~ 图 5 – 24 所示。

图 5 – 18 3 月 29 日早晚高峰路况（见彩插）

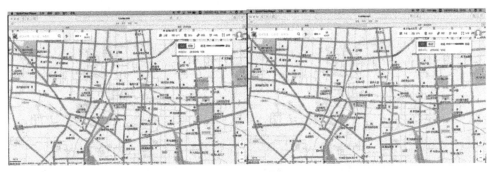

图 5-19　3 月 30 日早晚高峰路况（见彩插）

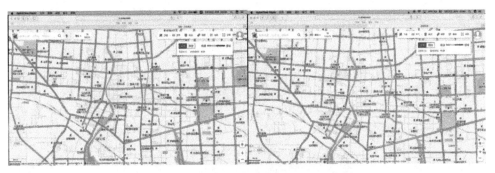

图 5-20　3 月 31 日早晚高峰路况（见彩插）

图 5-21　4 月 1 日早晚高峰路况（见彩插）

图 5-22　4 月 2 日早晚高峰路况（见彩插）

图 5-23 4月3日早晚高峰路况（见彩插）

图 5-24 4月4日早晚高峰路况（见彩插）

2. 旅行时间和停车次数

2018年3月29日至2018年4月4日，数据来源为浮动车测试，时间为早高峰 7:00—8:30，晚高峰 17:00—19:00，测试为往返两次。早晚高峰停车次数与行驶时间见表 5-71。

表 5-71 早晚高峰停车次数与行驶时间

路线	时间	早高峰		晚高峰	
		停车次数	行驶时间/min	停车次数	行驶时间/min
安顺路-和平路	3月29日	1.5	7.5	1.3	7
	3月30日	1.4	7.5	1.8	8.5
	3月31日	1.2	7	1.3	7
	4月1日	1.2	7	1.2	7
	4月2日	1.6	8	1.4	7.5
	4月3日	1.5	7.5	1.4	7.5
	4月4日	1.7	8	2.0	9
	总体平均	1.44	7.50	1.49	7.64

(续)

路　　线	时　　间	早高峰		晚高峰	
		停车次数	行驶时间/min	停车次数	行驶时间/min
四平路－新华路	3月29日	1.6	8	1.4	7.5
	3月30日	1.4	7.5	1.9	8.5
	3月31日	1.3	7	1.3	7
	4月1日	1.3	7	1.3	7
	4月2日	1.5	7.5	1.5	8
	4月3日	1.6	8	1.5	7.5
	4月4日	1.8	8.5	1.9	8.5
	总体平均	1.5	7.64	1.54	7.71

从测试数据看，早晚高峰的停车次数和旅行时间均有所降低，通过观察东风街一周的路况可以发现，实施分段绿波后路况明显好转。

5.2.5 后续工作

1）绿波方案运行一段时间后，针对运行状况及驾驶员和民警的反应，对信号配时及控制方案进行适当调整，以适应实际需求。

2）收集更长时间的历史数据，进行数据分析，进一步掌握潍坊市交通运行规律。

3）近期完成胜利街－安顺路至胜利街－新华路干线的绿波协调控制方案。

4）通信条件具备后，整体上线交通信号控制系统，启动实时交通评价功能。

5.2.6 存在问题及建议

1. 路段掉头与行人过街对车流的影响

调查发现东风街干线路段采用护栏进行物理隔离，路段中开口较多，用途为车辆掉头和行人过街。

1）针对掉头车辆：由于路段开口距离交叉口较近，当东西直行相位放行时，掉头车辆对直行车辆影响较大，能够明显降低车队速度，对绿波协调干扰较大，如图5-25所示。

2）针对行人过街：行人过街开口一般位于路段中央，考虑到机动车礼让行人的规定，行人过街对于绿波车队的中途影响较大，如图5-26所示。

图 5-25　掉头车辆影响

图 5-26　行人过街影响

2. 建议

针对发现的问题，提供以下建议。

1）针对掉头车辆，建议取消路段掉头，可采用多个路口设置一个掉头车道或掉头灯。

2）针对掉头车辆，可采用微循环方式，借用支路完成掉头。

3）针对行人过街，建立合并路段上行人过街，设置行人过街信号灯，将信号灯纳入干线绿波协调的整体方案中。

4）非机动车辆对交通的影响如图 5-27 所示。应加强对非机动车辆（包括电动自行车、三轮车、自行车）的监管，对于交叉口内部空间较大、非机动车辆较多的交叉口可增加非机动车通行等待区，保证非机动车辆的行车安全，以及交叉口整体的通行能力。

图 5-27　非机动车辆对交通的影响

基于大数据的时代特点,以及交通控制的未来发展方向,可对各种设备采集到的数据进行整理和分析,可进行 OD 分析、旅行时间预测、交通流特性分析、出行规律分析等,还可展开相应的研究和控制策略的调整,既能提高现有信号控制的效果,还能适应未来交通增量情况下的交通控制需求。

5.3 城市道路路网区域智能控制研究

5.3.1 数据采集

路口检测常用于信号感应控制、协调优化配时、路口服务水平检测等。检测器埋设位置可依据不同信号控制器厂家要求指定,本项目在距离停车线 5~10m 处每个车道布设一组。系统数据采集外场结构如图 5-28 所示。

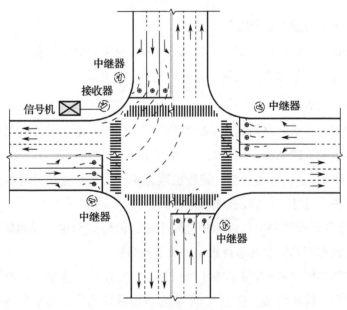

图 5-28 系统数据采集外场结构

1. 实时交通全息状态解析

交通状态信息全息是交通管控发展的新阶段,行业内以多种检测器互相配合的方式,实现路口及路段状态的全息数据采集。车辆检测器是交通信息检测系统的重要组成部分,广泛应用于城市交通信号控制系统,配合城市交通控制系统中的交通信号控制器对路口交通信号实施控制,为信号控制优化配时提供基础数据。道路全息交通信息采集如图 5-29 所示。

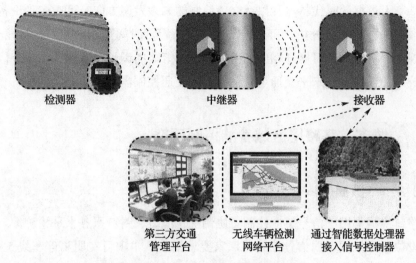

图 5-29 道路全息交通信息采集

2. 交通流实时预判及分析

流量数据采样时间可自定义，目前以 1min 为采样周期上传中心系统，用于配时的实时优化和数据统计，为本课题研究提供了基础数据。

3. 数据融合处理

利用本书第 2 章对路网的部分缺失数据进行补全，数据补全的目标是实现道路交通流参数的准确估计，包括以下几个环节及方法。

1）数据的过滤：通过阈值、路段关联逻辑、历史数据统计等方法对采集到的交通数据进行过滤，即错误数据剔除。

2）交通异常数据判别：以地磁检测采集到的信息为主，视频数据为辅，基于交通异常数据判别对交通事件影响区域进行分析。

3）基于潍坊路网的道路结构，利用路网信息图像化方法，将路网交通流时空信息抽象为二维矩阵图，建立 GAN 算法的数据训练库，为缺失数据补全奠定数据基础。

4. 数据可视化

交通状态全息状态检测为交通信号智能控制提供了眼睛。检测器数据可视化如图 5-30 所示。系统支持按时间特征、流量特征及区域特征进行统计。交通数据可以按照小时、日、周、月、年进行报表统计，也可自定义统计。2019 年 2 月份部分路口高峰流量情况如图 5-31 所示。

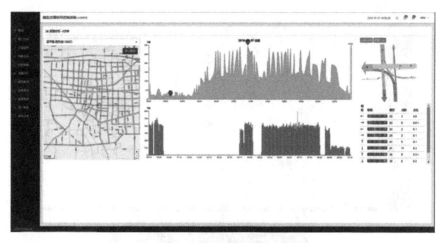

图 5-30　检测器数据可视化

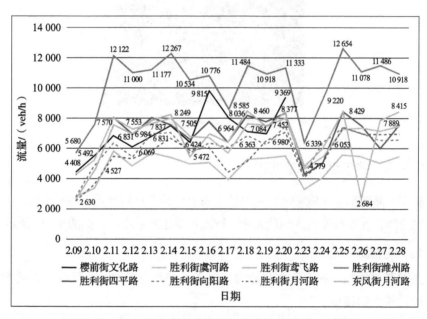

图 5-31　2019 年 2 月份部分路口高峰流量情况（见彩插）

5.3.2　信号远程控制

信号控制系统打通了控制系统与前端设备的网络通路，能够通过网口和串口与控制中心联网，实现系统的联网控制，每台联网路口信号机都能够接收并响应控制中心的命令，控制路口交通运行，实现远程配时修改和控制，为下一步控制算法输出执行方案提供技术基础，如图 5-32 所示。中心客户端和区域客户端都能够设置信号机的控制参数，同时也可调看和修改路口信号机的配时参数。

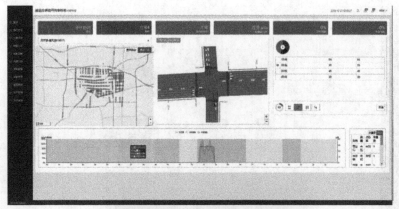

图 5-32　系统远程控制实现

5.3.3　子区划分算法实现

根据道路级别及车流需求，在潍坊市主要道路节点划分若干控制子区，实现区域协调控制，使通行能力达到最大化，行驶延误达到最小化，如图 5-33 所示。

1. 划分原则

关键路口原则：根据第 3 章的内容定义了交叉口权重和路段权重，关键路口就是权重较大的路口。

均衡原则：划分后子区内的节点数目不等，但节点权重之和近似，均衡划分是将权重大、对路网影响较大的节点以子区的形式均衡地分布在路网中；划分后的子区内权重大的节点是实现子区协调控制的关键节点，便于设计具有针对性的控制策略以实现路网的总体控制目标。

车流特征原则：若相邻路口之间的车流量大或者车流特征相近，说明两个路口之间的关联性较强，则将这两个路口划分到同一个信号控制子区内。

距离原则：若相邻路口之间距离较小，说明两路口之间的关联性较强，则将这两个路口划分到同一个信号控制子区内。

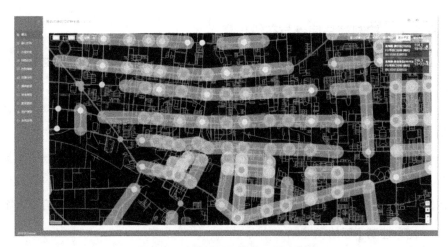

图 5-33 控制子区划分（见彩插）

2. 划分流程

在子区划分过程中，按交叉口权重从大到小的顺序对整个路网中所有路段进行考察，并以周期原则和协调控制目标原则为约束，分析合并后的交叉口权重之和是否大于定义的阈值，以确定路网是否达到均衡的目标。

3. 信号控制子区动态调整方法

将不满足协调控制目标原则的子区，以及与之相邻的子区确定为需要动态调整的路网范围，并对此路网范围再按信号控制子区动态调整逻辑流程进行重新划分，如图 5-34 所示。

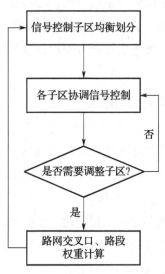

图 5-34 信号控制子区动态调整逻辑流程图

5.3.4 控制算法编辑与在线仿真

依据检测到的全息数据，依靠计算机的强大算力，引入人工智能算法，通过进口交通状态初期研判、放行过程车流运行状态和趋势分析、其他路口进口车辆输入的估计、出口交通状态评估和放行末段预判的控制逻辑，形成路网的智能化控制策略和逻辑。

控制系统以 3s 为一个控制步长进行系统的优化方案评估，最终根据车队的情况，确定延误最小的最优方案。按照优化控制理论，在可行域范围内存在唯一的最优解，本系统区别于控制算法思路，能够在周期内解算出最优的信号方案。

1. 信号控制子区协调控制

在信号控制子区实施绿波带优化协调控制，是为了使更多的车辆处于绿波带中，可以无阻滞地通过信号控制路口。因此绿波带优化协调控制应该使尽可能多的车流处于绿波带中，让它们在绿灯时间通过路口，减少在红灯时段到达路口的车辆数。非对称双向绿波带分配目标是红灯结束时刻，双向停车线前的排队车辆长度相等。

2. 交通仿真

系统具有路口控制方案仿真功能，可通过模拟信号机和系统交通仿真模块实现。可以利用系统的地图模型建立与系统显示界面一致的路网，车辆输入、信号灯参数可进行调节。

可将仿真的控制方案下载到模拟信号机，模拟信号机根据系统的控制算法生成实际的信号控制配时方案，路网输入车流量在当前的模拟方案下进行仿真运行。最后，交通仿真模块能够生成控制方案的评价指标，主要包括平均延误、停车次数，如图 5-35 所示。

3. "管—控—评" 一体化技术路线

控制系统实现了"管—控—评"三位一体的交管模式：

管：从交警设施大队日常业务出发，针对设施台账、设施设备主动报警与维护等多个维度，为大队提供便利的管理工具，最大限度减少大队的日常工作量，实现了由人工报表到智能信息化的过渡。

控：通过控制系统实现多元化、智能化、实时化的动态（交通信号控制、交通流检测、日常设备报警）和静态（交通组织、设施设备台账等）交通控制，最终实现交通管控的目标。

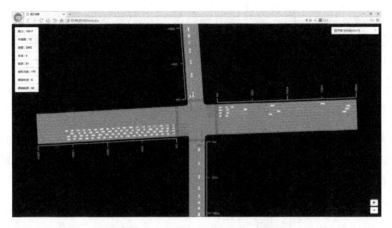

图 5-35　单路口仿真（见彩插）

评：通过地磁流量数据的采集和现状信号管控策略的双重作用，在平台上实现路网系统的运行状态评价，评估实际交通需求下信号的控制效果，进一步可以分析当前信号控制效果的极限刚性，为全市范围的交通应急、事件管控提供决策依据。

"管—控—评"是一个循环、持续的过程，即需要通过不断地"管理"，持续"评估"，进而调整"控制"手段和策略不断循环迭代，持续优化改善路网交通运行状况，最终实现智慧城市的终极目标。"管—控—评"一体化技术示意图如图 5-36 所示。

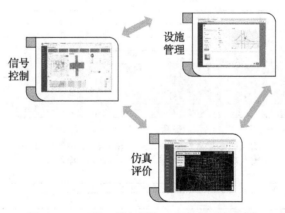

图 5-36　"管—控—评"一体化技术示意图

5.3.5　控制效果评价

依托潍坊市交警支队"潍坊市城市道路交通优化组织实施建设项目"的建设内容，以潍坊市实际路网为仿真原型搭建 VISSIM 仿真环境，通过项目中布设的地磁检测器采集的交通流数据来校验仿真系统，并对控制方法中的某些控制参数（转向比例、放行比例、信号配时参数等）进行校验和辨识。根据第三章的分区结果，如图5-37所示，对路网在施加协调控制后的效果进行整体评价。

选用早高峰（8:00—9:00）、平峰（10:00—11:00）、晚高峰（18:00—19:00）、夜间（0:00—1:00）四个时段的流量数据作为仿真系统的流量输入，选取车辆平均延误时间、车辆平均停车次数、路网内部车辆数、路网通过车辆数作为评价指标，分别选用固定配时、子区内部牵制控制、子区间协调牵制控制3种不同的信号控制方式进行仿真，每次仿真时间为4 500s，前900s为仿真系统车流流入路网内部的时间，选取后3 600s的仿真结果数据进行整理分析。

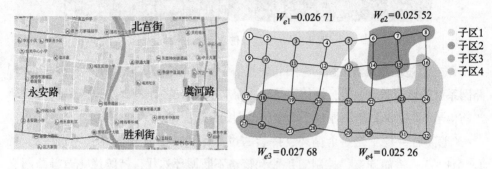

图5-37 潍坊实际路网及分区结果（见彩插）

在4 500s仿真周期内区域路网各边界输入流量如图5-38所示。

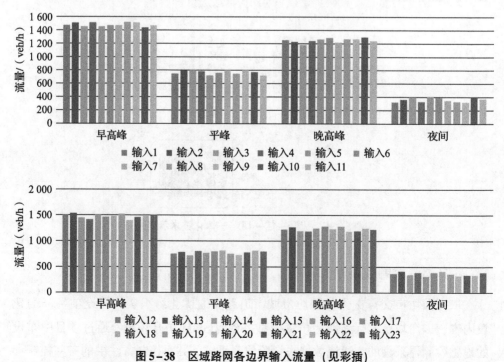

图5-38 区域路网各边界输入流量（见彩插）

表 5-72 为路网四个时段的不同交通流量下 3 种控制方式的控制效果对比，其中子区间协调牵制控制在不同流量状态下控制效果最好，子区内部牵制控制的控制效果介于其他两种控制方式之间，但在平峰和夜间流量较小的状态下，固定配时和子区内部牵制控制的控制效果相差不大。在仿真过程中，发现固定配时在个别路口的控制效果较好，但放在整体路网的宏观角度来看，总体控制效果较差；不考虑子区协调的单子区牵制控制，路网控制效果比固定配时在一定程度上有提升，但在子区的边界路口高峰时拥堵较严重，下游无法及时消化上游流入流量。高峰时段，子区间协调牵制控制的控制效果明显优于其他两种方法，但在平峰向高峰过渡的时段，部分道路拥堵较为严重，是因为仿真系统是开环控制，而仿真路网中的车辆到达是一种随机分布，控制参数不能随系统状态实时改变，现实的路网中可以利用控制系统的反馈作用通过调整控制周期来适应流量的变化，因此控制效果也会进一步提升。

表 5-72　控制性能指标对比

控制方式	指标	早高峰	平峰	晚高峰	夜间
固定配时	车辆平均延误时间/s	856.478	276.354	712.757	158.851
	车辆平均停车次数	102.307	14.493	77.747	3.24
	路网内部车辆数/(veh/h)	10 685	3 129	9 646	966
	路网通过车辆数/(veh/h)	19 483	16 517	19 569	8 163
子区内部牵制控制时间	车辆平均延误时间/s	587.475	174.157	578.796	120.457
	车辆平均停车次数	90.45	12.487	64.124	3.14
	路网内部车辆数/(veh/h)	9 145	2 487	9 572	1 247
	路网通过车辆数/(veh/h)	20 131	17 045	19 214	6 841
子区间协调牵制控制时间	车辆平均延误时间/s	475.185	163.487	468.457	100.27
	车辆平均停车次数	85.57	8.567	46.147	2.854
	路网内部车辆数/(veh/h)	8 940	2 147	8 247	891
	路网通过车辆数/(veh/h)	21 246	17 762	20 457	8 427

综上所述，通过分析指标数据，可以得到考虑协调的牵制控制控制效果较好，相比其他两种方法在车辆平均延误、平均停车次数以及路网通过车辆

数等指标上有明显的改善，一定程度上能够缓解拥堵，并加速车辆在路网中的消散，进而提升了路网的通行效率，也从仿真的角度验证了所提方法的有效性。

小结

本章以应用案例为主题，考虑到理论研究要支撑实际应用，为此介绍了两个典型的实施案例，希望能够为读者提供一些实践思路。

结 语

城市道路交通网络先进控制是面向人、车、路和环境的交互，是在保障交通参与者通行安全的基础上提高通行效率的一种管控的理论和技术，是广义交通控制中的重要研究方向之一。本书为研究团队在该领域系统阐述交通控制理论与技术的第二部专著。第一部专著《城市道路交通主动控制技术》从控制理论角度出发，对混合交通流交通状态辨识和道路交叉口主动控制两部分内容进行详细描述。本书将研究对象从交叉口扩展到道路网络，进一步研究控制建模、区域划分、控制算法和控制系统等典型问题，并对其进行实践应用，得到了一些结论。但由于作者自身水平限制，仍有大量问题需进一步深入研究，具体可概括为以下两方面：

1) 随着大数据和交通检测技术的不断迭代，多源数据融合研究有了更丰富的内涵，但该方面仍有很多工作值得研究：①对于交通网络的突发事件，体现在数据上的可视变化有待做进一步分析论证。②移动数据与固定检测器数据的互补关系及融合算法也是下一步需要重点关注的工作之一。③基于多源数据的交通状态预测及交通信号控制效果评估，可为不同层次的交通决策提供数据基础，也是现阶段的交通信号控制领域的重要研究方向。

2) 针对实际应用场景的交通信号区域协调控制开展研究工作。包括本书研究的算法在内的大部分已有控制算法都可以在理论上解决大部分交通场景，但在实际应用方面并未得到充分验证，特别是对于路网结构复杂、车流分布不均的交通条件。下一步将在实际环境中充分验证两部书的方法，进一步融合宏微观视角，同时研究边界协调控制与内部节点优化共同作用下提高路网效率的可行性。

行至文末，作者依然坚信，无论是当下还是未来，城市道路交通控制都需要进行广泛而深入的研究和实践！

参考文献

［1］姜桂艳. 道路交通状态判别技术与应用［M］. 北京：人民交通出版社，2004：62-75.
［2］王晓原，张敬磊，吴芳. 交通流数据清洗规则研究［J］. 计算机工程，2011，37(20)：191-193.
［3］LAÑA I, OLABARRIETA I, VÉLEZ M, et al. On the imputation of missing data for road traffic forecasting: New insights and novel techniques［J］. Transportation Research Part C Emerging Technologies, 2018, 90(5): 18-33.
［4］LV Y, DUAN Y, KANG W, et al. Traffic flow prediction with big data: a deep learning approach［J］. IEEE Tran-sactions on Intelligent Transportations Systems, 2015, 16(2): 865-873.
［5］NI D, JOHN LEONARD I I. Markov chain monte carlo multiple imputation using bayesian networks for incomplete intelligent transportation systems data［J］. Transportation Research Record Journal of the Transportation Research Board, 2005, 1935(1): 57-67.
［6］TAN H, FENG G, FENG J, et al. A tensor-based method for missing traffic data completion［J］. Transportation Research Part C Emerging Technologies, 2013, 28(3): 15-27.
［7］QU L, LI L, ZHANG Y, et al. PPCA-based missing data imputation for traffic flow volume: a systematical approach［J］. IEEE Transactions on Intelligent Transportation Systems, 2009, 10(3): 512-522.
［8］LI L, LI Y, LI Z. Efficient missing data imputing for traffic flow by considering temporal and spatial dependence［J］. Transportation Research Part C, 2013, 34(9): 108-120.
［9］LI R, ZHANG W, SUK H I, et al. Deep learning based imaging data completion for improved brain disease diagnosis［J］. Medical Image Computing and Computer-Assisted Intervention-MICCAI 2014. Springer International Publishing, 2014, 17: 305.
［10］DONG C, CHEN C L, HE KM, et al. Image super-resolution using deep convolutianal networks［J］. IEEE Transactions on Pattern Analysis and Machine Intelligence, 2016, 38(2): 295-307.
［11］KAPPELER A, YOO SW, Dai QQ, et al. Video superresolution with convolutional neural networks［J］. IEEE Transactions on Computational Imaging, 2016, 2(2): 109-122.
［12］YAGODA H N, PRINCIPE E H, VICK C E, et al. Subdivision of signal systems into control areas［J］. Traffic Engineering Inst Traffic Engr, 1973, 43(12): 42.
［13］CHANG C P. How to decide the interconnection of isolated traffic signals［C］//Conference on Winter Simulation. ACM, 1985.
［14］LIN L, HUANG H. A linear model for determining coordination of two adjacent signalized intersections［J］. Journal of Modelling in Management, 2009, 4(2): 162-173.
［15］PARK J Y. Network-wide signal control with distributed real-time travel data［D］. Irvine: University of California, 2009.
［16］陈晓明. 交通控制子区动态划分指标研究［D］. 长春：吉林大学，2007.

[17] 高云峰. 动态交叉口群协调控制基础问题研究[D]. 上海：同济大学, 2007.

[18] 马万经, 李晓丹, 杨晓光. 基于路径的信号控制交叉口关联度计算模型[J]. 同济大学学报(自然科学版), 2009, 37(11)：1462-1466.

[19] 卢凯, 徐建闽, 李轶舜. 基于关联度分析的协调控制子区划分方法[J]. 华南理工大学学报(自然科学版), 2009, 37(7)：6-9.

[20] 杨晓光, 黄玮, 马万经. 过饱和状态下交通控制小区动态划分方法[J]. 同济大学学报(自然科学版), 2010, 38(10)：1450-1457.

[21] MOORE J E, JOVANIS P P. Statistical designation of traffic control subareas[J]. Journal of Transportation Engineering, 1985, 111(3)：208-223.

[22] LIN L T, TSAO S M. A system approach on signal grouping for areawide control of computerized traffic system[C]//Proceedings of the 79th TRB Annual Meeting. Washington DC：TRB, 2002.

[23] 莫汉康, 彭国雄, 云美萍. 诱导条件下交通控制子区自动划分[J]. 交通运输工程学报, 2002, 2(2)：67-72.

[24] 陈宁宁. 信号控制子区动态划分及区域自适应协调控制研究[D]. 广州：中山大学, 2010.

[25] 钱喆, 过饱和交通状态下的信号控制关键技术研究[D]. 广州：华南理工大学, 2014.

[26] ERNESTO C, GAETANO R. Combined signal setting design and traffic assignment problem[J]. European Journal of Operation Research, 2004, 155(3)：569-583.

[27] MARIAGRAZIA D, MARIA P F, CARLO M. A signal timing plan formulation for urban traffic control [J]. Control Engineering Practice, 2006, 14(11)：1297-1311.

[28] PUTHA R, QUADRIFOGLIO L, ZECHMAN E. Comparing ant colony optimization and genetic algorithm approached for solving traffic signal coordination under oversaturation conditions[J]. Computer-aided Civil and Infrastructure Engineering, 2012, 27(1)：14-28.

[29] LIU Q, XU JM. Coordinated control model of regional traffic signals[J]. Journal of Traffic and Transportation Engineering, 2012, 12(3)：108-112.

[30] 王力, 李岱, 何忠贺, 等. 基于多智能体分群同步的城市路网交通控制[J], 控制理论与应用, 2014, 31(11)：9.

[31] 李岱, 区域交通信号网络协调控制技术及一致性研究[D], 北京：北方工业大学, 2014.

[32] ARIMOTO S., KAWAMURA S., MIYAZAKI F. Bettering operation of robots by learning [J]. Journal of Robotics Systems, 1984, 1(2)：123-140.

[33] HOU Z S, XU J X. Iterative learning control approach for ramp metering [J]. Journal of Control Theory and Applications, 2005, 3 (1)：27-34.

[34] HOU Z S, XU J X, ZHONG H W. Freeway traffic control using iterative learning control-based ramp metering and speed signaling [J]. IEEE Trans. Vehicular Technology, 2007, 56(2)：466-477.

[35] CHI R H, HOU Z S. Dual stage optimal iterative learning control for nonlinear non-affine discrete-time systems[J]. Acta Automatica Sinica, 2007, 33(10)：1061-1065.

[36] HOU Z S, XU J X, and YAN J W. An iterative learning approach for density control of freeway traffic flow via ramp metering[J]. Transportation Research, Part C, 2008, C(16)：71-97.

[37] HOU Z S, XU J X, JIANG DM. The iterative learning control based local traffic volume control approach via ramp metering [C]//Proceedings of 44th IEEE Conference on Decision and Control, and the European Control Conference, 2005.

[38] YAN J W, HOU Z S. Iterative learning control based ramp metering tracking various trajectories [C]//Contributed regular paper, 17th IFAC World Congress, Seoul, Korea, 2008.

[39] 陈关荣, 汪小帆, 李翔. Introduction to complex networks: models, structures and dynamics [M]. 北京: 高等教育出版社, 2014.

[40] XIA, W. G, CAO, M. Cluster synchronization algorithms. In Proceedings of the American Control Conference, 2010.

[41] LIU Y Y, SLOTINE J J, BARABASI A L. Controllability of complex networks[J]. Nature, 2011, 473(7346): 167-173.

[42] WANG W X, NI X, LAI Y, et al. Optimizing controllability of complex networks by minimum structural perturbations[J]. Physical Review E. 2012, 85(2): 026115.

[43] POSFAI M, LIU Y Y, SLOTINE J J, et al. Effect of correlations on network controllability[J]. Scientific Reports, 2013, 3: 1065.

[44] LIU Y Y, CSOKA E, ZHOU H J, et al. Core percolation on complex networks[J]. Physical Review Letters, 2012, 109(20): 205703.

[45] DING J, LU Y Z, CHU J. Studies on controllability of directed networks with extremal optimization[J]. Physica A: Statistical Mechanics and its Applications, 2013, 392(24): 6603-6615.

[46] SUN J, ADILSON E M. Controllability transition and nonlocality in network control [J]. Physical Review Letters, 2013, 110(20): 208701.

[47] LIU Y Y, SLOTINE J J, BARABASI A L. Control centrality and hierarchical structure in complex networks[J]. Plos one, 2012, 7(9): e44459.

[48] DELELIS P., BERNARDO M. D, GAROFALO F., Adaptive pinning control of networks of circuits and systems in Lur'e form[J]. IEEE Trans. Circ. Syst. -I, 2013, 60(11): 3033-3042.

[49] KOO G. B., PARK J. B., JOO Y. H., Intelligent digital redesign for nonlinear systems using a guaranteed cost control method[J] Int. J. Contr., Auto. Syst., 2013, 11(6): 1075-1083.

[50] LIU B, LU W L, CHEN T P. Pinning consensus in networks of multiagents via a single impulsive controller[J]. IEEE Transactions on Neural Networks and Learning Systems, 2013, 24(7): 1141-1149.

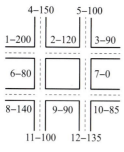
a) 路网流量信息

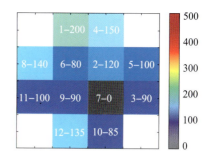
b) 路网流量信息图像化

图2-3 路网二维信息图像化

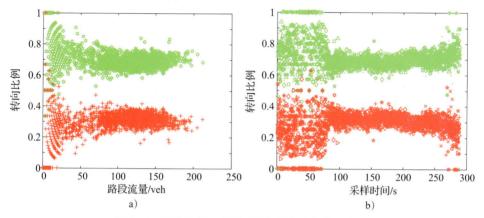
a)
b)

图2-4 路段流量、采样时间与转向比例关系曲线

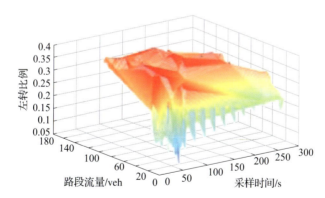

图2-5 路段关联关系曲面图

图2-8 路网卫星

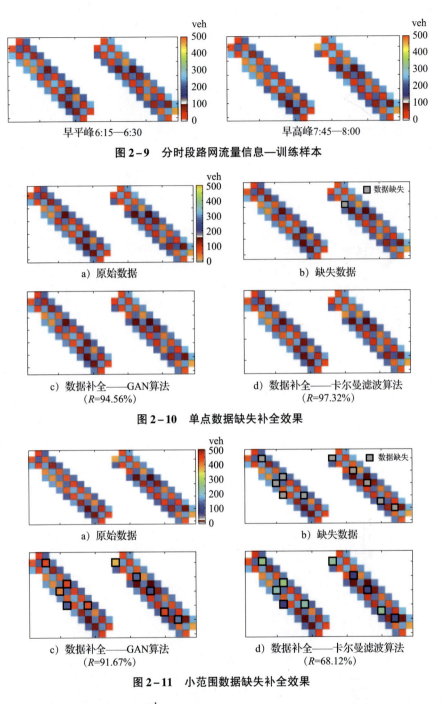

早平峰6:15—6:30   早高峰7:45—8:00

图 2-9 分时段路网流量信息—训练样本

a) 原始数据   b) 缺失数据

c) 数据补全——GAN算法
(R=94.56%)

d) 数据补全——卡尔曼滤波算法
(R=97.32%)

图 2-10 单点数据缺失补全效果

a) 原始数据   b) 缺失数据

c) 数据补全——GAN算法
(R=91.67%)

d) 数据补全——卡尔曼滤波算法
(R=68.12%)

图 2-11 小范围数据缺失补全效果

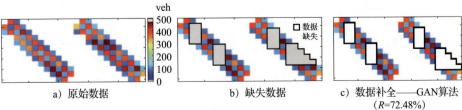

a) 原始数据   b) 缺失数据   c) 数据补全——GAN算法
(R=72.48%)

图 2-12 大范围数据缺失补全效果

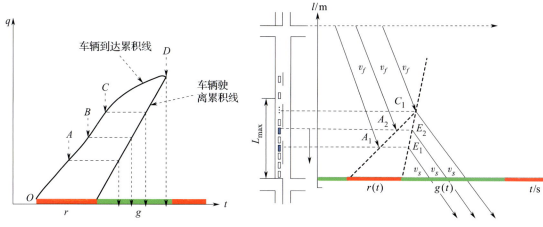

图 2-15　交叉口车辆到达–驶离　　　　图 2-16　受控交叉口的车辆行驶轨迹

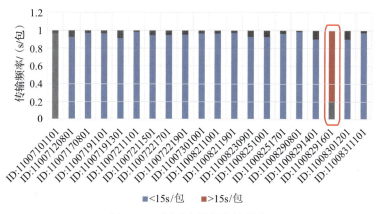

图 2-23　浮动车数据传输频率

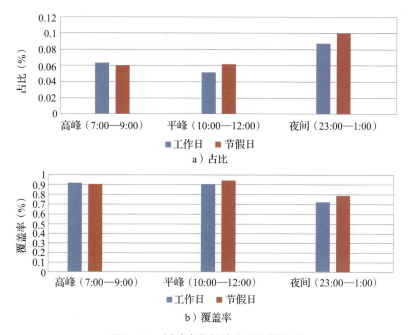

a）占比

b）覆盖率

图 2-24　浮动车数据的占比和覆盖率

图 2-26 仿真干线

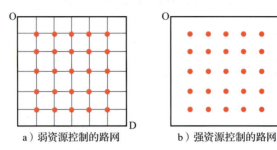

a）弱资源控制的路网　　　b）强资源控制的路网

图 3-1 路网形态的变与不变

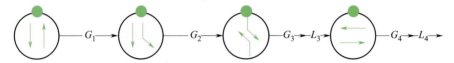

图 3-10 初始化运行方案

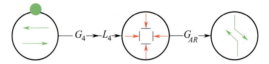

图 3-11 车道控制运行

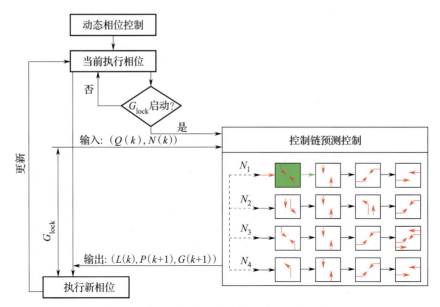

图 3-12 基于模型预测控制思想的相位控制算法

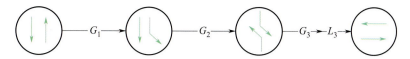

图 3-13 交叉口控制链

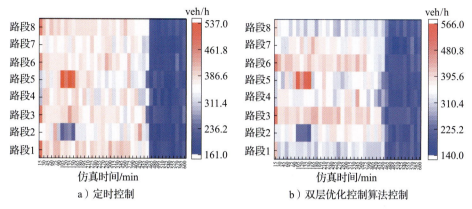

a) 定时控制　　　　　　　　b) 双层优化控制算法控制

图 3-16 交叉口各进出口路段流量变化

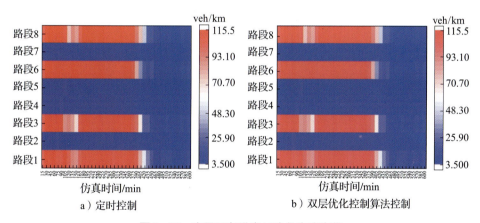

a) 定时控制　　　　　　　　b) 双层优化控制算法控制

图 3-17 交叉口各进出口路段密度变化

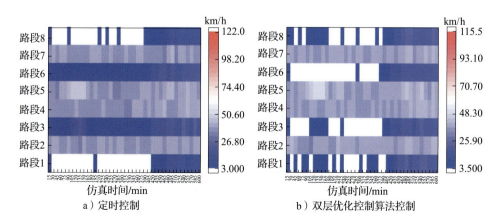

a) 定时控制　　　　　　　　b) 双层优化控制算法控制

图 3-18 交叉口各进出口路段速度变化

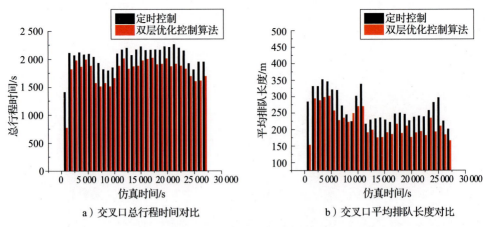

a）交叉口总行程时间对比　　　　　　b）交叉口平均排队长度对比

图 3-19　定时控制与双层优化控制算法控制效果对比

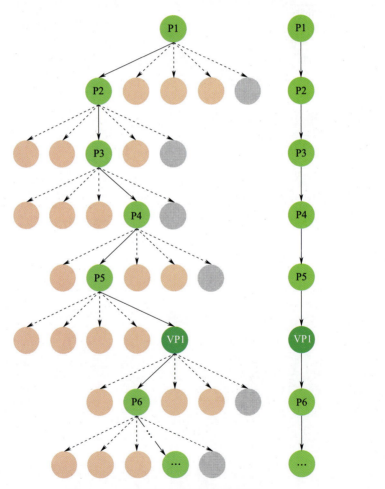

图 3-33　动态相位与虚相位树状演化

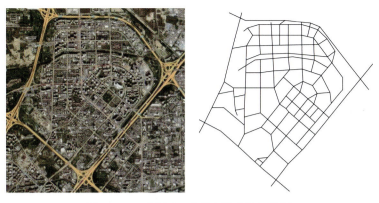

图3-46 以交叉口为节点的路网拓扑图

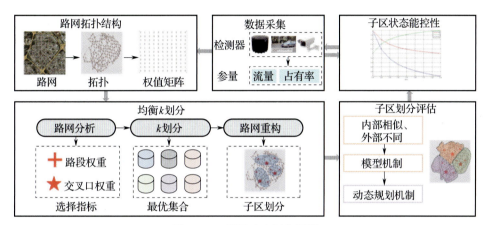

图3-47 子区动态划分逻辑

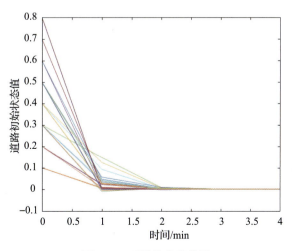

图4-9 系统的仿真结果

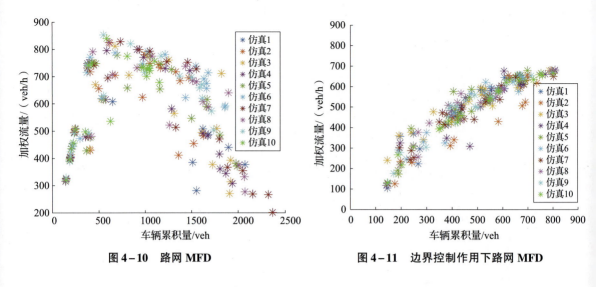

图 4-10 路网 MFD   图 4-11 边界控制作用下路网 MFD

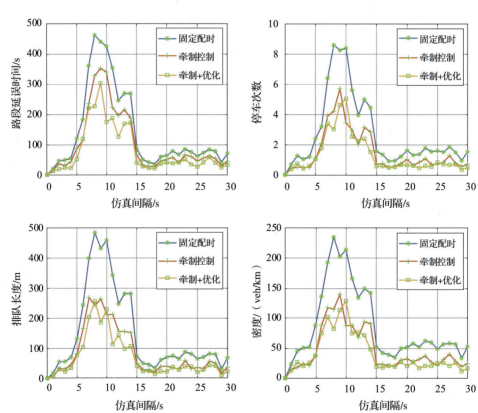

图 4-12 路段 6 车辆四类评价指标对比

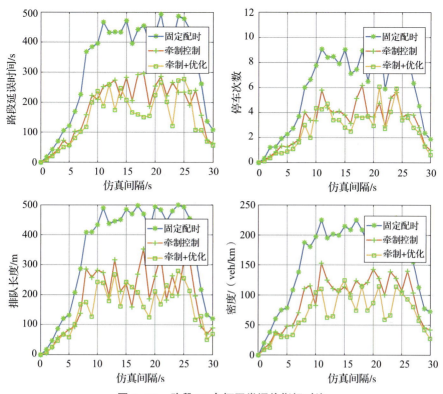

图 4-13 路段 10 车辆四类评价指标对比

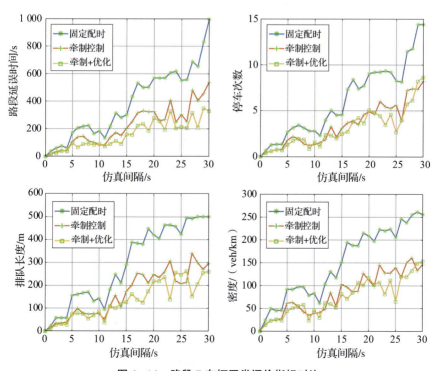

图 4-14 路段 7 车辆四类评价指标对比

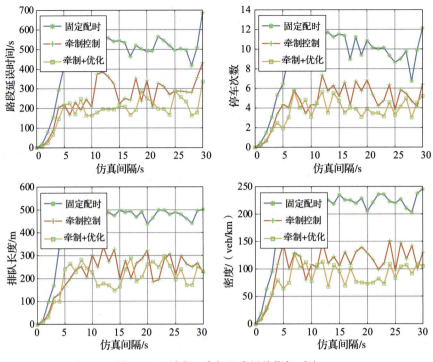

图 4-15 路段 8 车辆四类评价指标对比

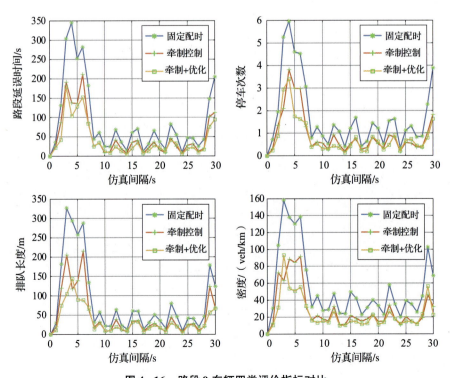

图 4-16 路段 9 车辆四类评价指标对比

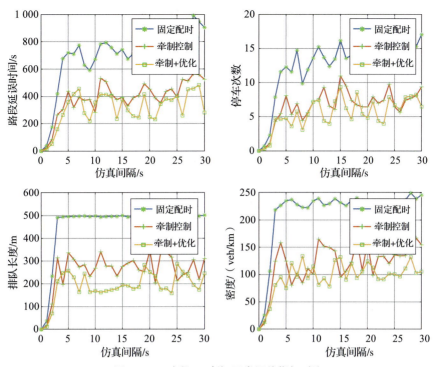

图 4-17 路段 17 车辆四类评价指标对比

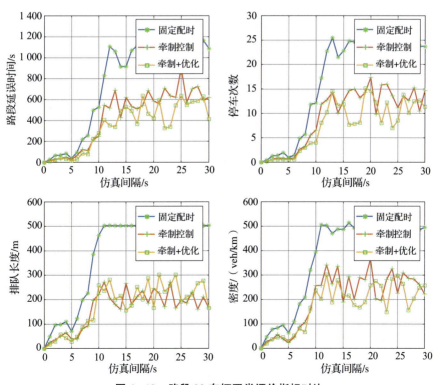

图 4-18 路段 23 车辆四类评价指标对比

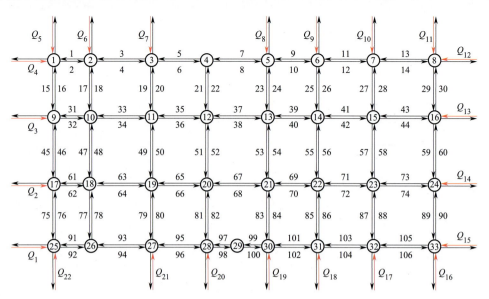

图 4-22 潍坊路网拓扑示意图

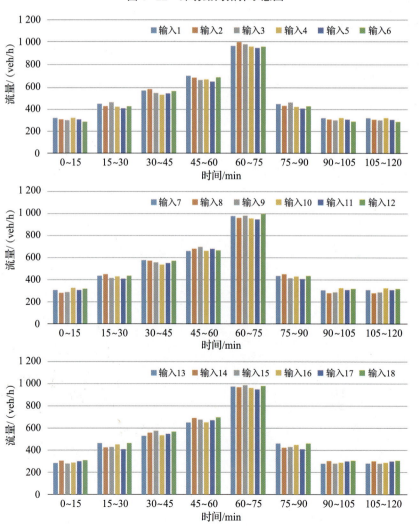

图 4-25 区域路网各边界输入流量

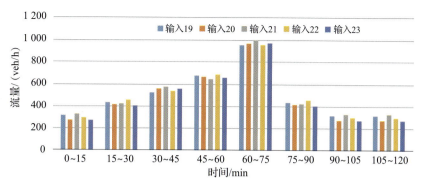

图 4-25 区域路网各边界输入流量（续）

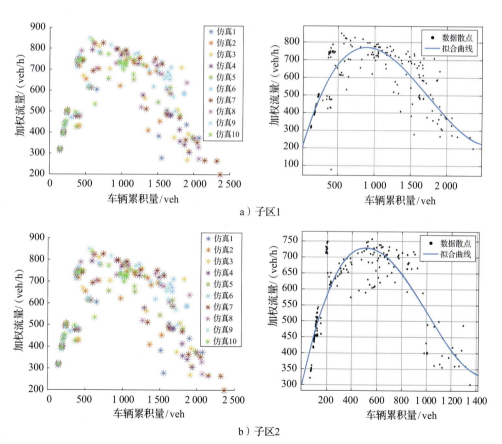

图 4-26 区域路网各子区 MFD

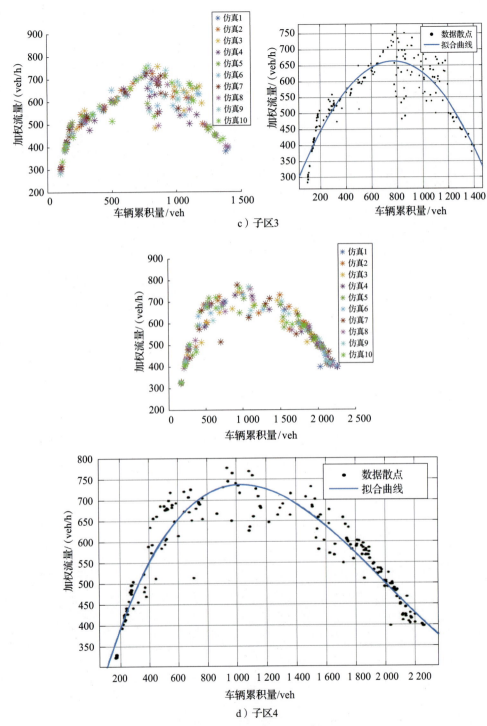

图 4-26 区域路网各子区 MFD（续）

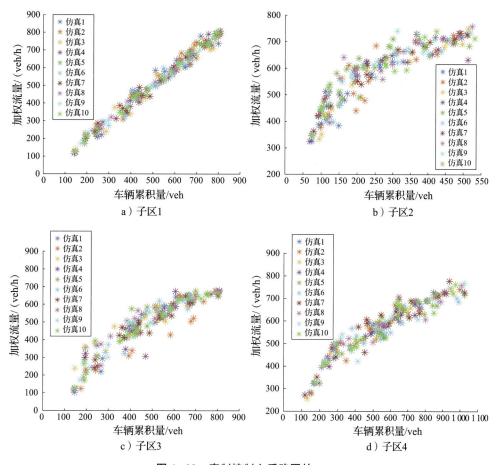

图 4-28 牵制控制之后路网的 MFD

图 4-33 控制系统主界面

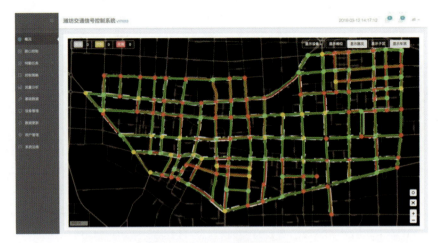

图 4-34 系统车队仿真界面

图 4-35 系统控制策略界面

图 4-36 系统勤务任务界面

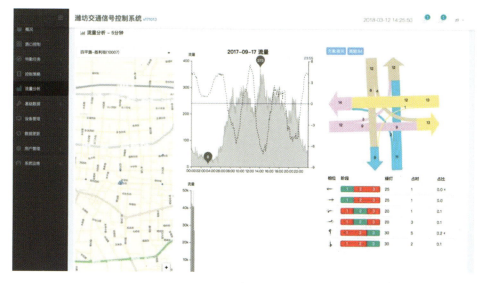

图 4-37　系统数据分析界面

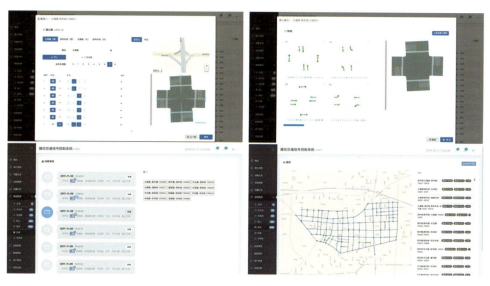

图 4-38　系统数据管理界面

图 4-39　系统设备设施管理界面

图 4-40　系统用户管理界面

图 4-41　系统数据更新界面

图 4-42　系统运维界面

图 5-4　杨庄路-阜石路绕行路线

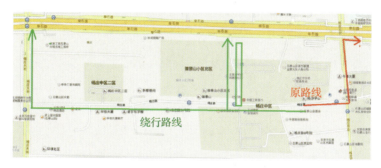

图 5-5　杨庄路-杨庄东街绕行路线

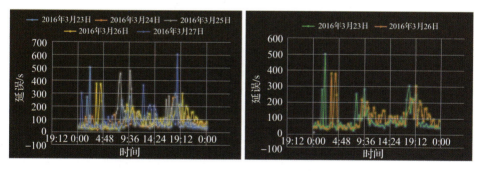

图 5-7　路段 37691 工作日与节假日车辆延误对比

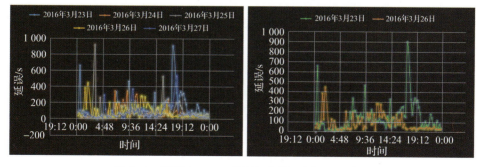

图 5-8　路段 37693 工作日与节假日车辆延误对比

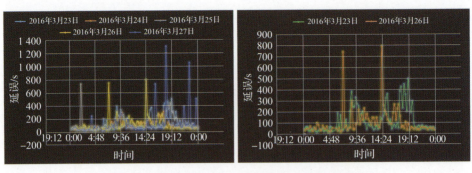

图5-9 路段30253 工作日与节假日车辆延误对比

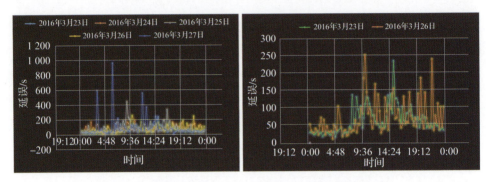

图5-10 路段36664 工作日与节假日车辆延误时间对比

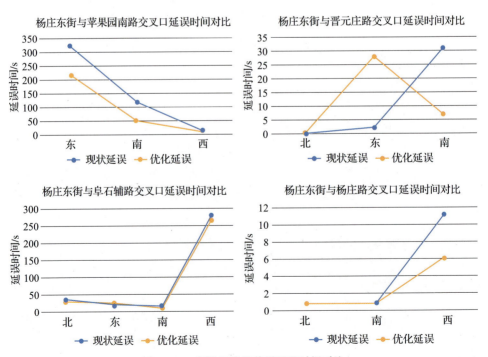

图5-11 各路口改进前后延误时间对比

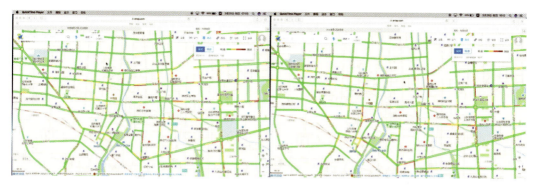

图 5-18　3 月 29 日早晚高峰路况

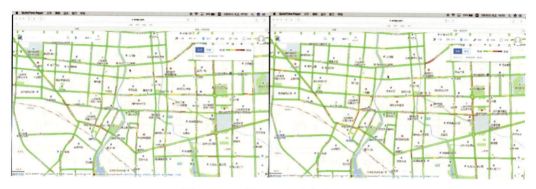

图 5-19　3 月 30 日早晚高峰路况

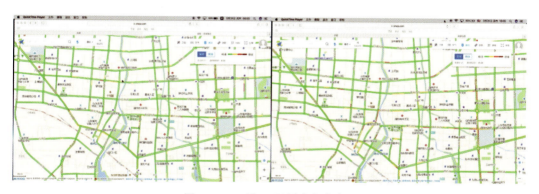

图 5-20　3 月 31 日早晚高峰路况

图 5-21　4 月 1 日早晚高峰路况

图 5-22　4 月 2 日早晚高峰路况

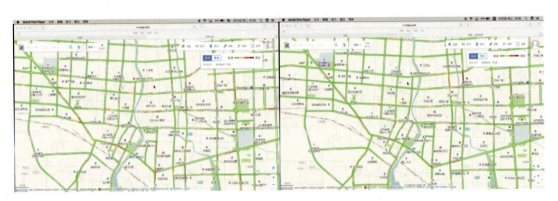

图 5-23　4 月 3 日早晚高峰路况

图 5-24　4 月 4 日早晚高峰路况

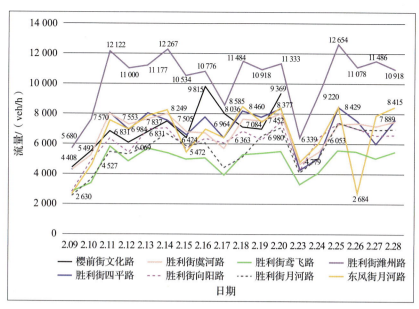

图 5-31　2019 年 2 月份部分路口高峰流量情况

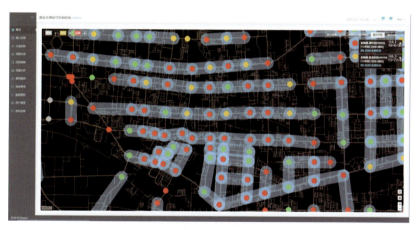

图 5-33　控制子区划分

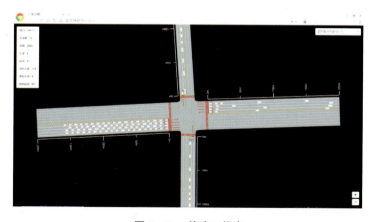

图 5-35　单路口仿真

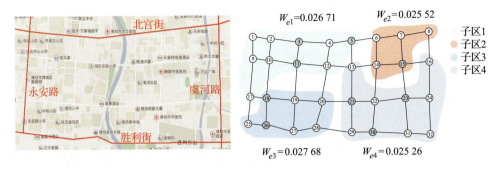

图 5-37 潍坊实际路网及分区结果

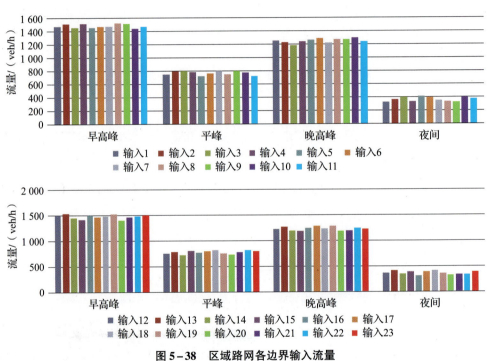

图 5-38 区域路网各边界输入流量